# 《法兰西思想评论》学术顾问、主编及编委会

*Études de la pensée française, 2018*

# 法兰西思想评论·2018

高宣扬◎主编

人民出版社

# 目　录

## 专栏四:译　文

# 前　言

《法兰西思想评论·2018》，共包括四个专栏，分别为：中法哲学比较与对话、法国现象学研究、当代法国哲学诸面向、译文。和以往各期一样，本期致力于从法国现象学、后现代主义、法国黑格尔主义、法国精神分析、笛卡尔主义等多个方面，来呈现出法国哲学内在具有的充沛的创造性与多样性，而且也通过第一个专栏的四篇论文来深刻地呈现中国与法国两大哲学传统的比较与对话，这也充分揭示出对于法国思想的理解、研究、吸收和批判，也许有可能为处在生成与发展之中的中国思想与文化提供积极有益的理论资源。

在西方国家中，法国在汉学研究方面，可谓得风气之先。早在 16 世纪，就已有不少耶稣会的传教士来华传教，将西方的宗教、思想、科学等引入中国的同时，他们学习了中国的语言和文化，同时也将中国文化加以翻译和介绍引入欧洲。例如，1687 年首次出版了儒家文献的一部选集，书名为《中国哲学家孔子》(*Confucius Sinarum Philosophus*)。在欧亚大陆的另一端，有着一个幅员广大、人口众多、物产丰富并且有着发达的政治制度和优雅的精神文明的国家，并且这个国家竟然是世俗的、非宗教的，这对于欧洲人而言是难以想象的。对于习惯了基督教和伊斯兰教这些一神教传统的欧洲人而言，对于刚从弥漫着宗教气氛的中世纪走出来，正要高举理性、科学、宗教宽容、自由等口号的知识分子们而言，中国这样一种文明的存在，恰恰是可供他们用来反思和批判欧洲的一面镜子。因此，从莱布尼茨、伍尔夫、马勒伯朗士，再到启蒙运动时期的伏尔泰、孟德斯鸠等人，欧洲顶尖的哲学家都十分关注中国，并且各自都有不同的关于中国的著作或者文章流传下来。在这方面，莱布尼茨的《论中国人的自然宗教》、伍尔夫的《中国人实践哲学演讲》、伏尔泰的《中国孤儿》、马勒伯朗士的《一个基督教哲学家和一个中国哲学家的对话》，皆是我们再加以阅读和反思的文学与哲学作品。而且，当时欧洲的一流哲学家，诸如莱布尼茨、马勒伯朗士,都特别地重视中国哲学并将其视作平等对话的他者,尽管他们两人对于中国哲学的认识相当有限,但由于他们两人本身已经具有完备而深刻的哲学思想以及敏锐的理论洞察力,因此他们的这些文本,仍然能够从有限的知识资源中获得一些天才般的洞见。

法国也是最早建立汉学这一学问的西方国家之一。早在1814年,就在巴黎最高的学术讲坛之一法兰西学院(Collège de France)开设了"中国与鞑靼——满族之语言与文学讲席",首任学者为19世纪著名的汉学家雷慕沙(Jean-Pierre Abel Rémusat,1788—1832)。在雷慕沙之后,又陆续出现了儒莲、沙畹、伯希和等汉学大师。因此,可以说汉学(sinologie)这一学术之出现,法国学者功莫大焉。而这一讲席,其名称虽屡经变迁,但是薪火相传、从未间断,如今传至程艾蓝(Anne Cheng),已然是第十任。

专栏"中法哲学比较与对话"中的四篇论文中,有两篇讨论当代的两位汉学家,即朱利安与葛兰言,而另外两篇,则是分别从德勒兹与福柯的思想出发,展开中西思想的比较研究。陈志伟的论文,以朱利安关于孟子的研究为切入点,深入地剖析了朱利安的理论立场与诠释方法。而赵鸣的论文,则是对于朱利安和葛兰言的阴阳观加以分析和比较,从而呈现出两位哲学家对于中国文化中的阴阳理论的不同诠释。陈群志则从福柯晚年所作的关于认知性真理与精神性真理出发,将其建立为可以用来理解东西方哲学的理论框架,并进而用此框架来考察蒙田、尼采、海德格尔、西田几多郎、阿罗颇多、熊十力、牟宗三等七位哲学家。张能则从德勒兹的理论出发,在这位后现代主义哲学家之前与中国汉代哲学家王充之间构建了一场别开生面的理论对话。

本期的第二个专栏则是关于法国现象学的研究,在当代法国哲学之中,法国现象学占有重要的地位,也备受国内学者的关注。林华敏的论文,从亲密性、困扰等概念入手,为我们呈现了以《异于存在或本质之外》一书为代表的列维纳斯晚期思想。黄旺的论文,则是从记忆问题入手,在与德里达、利科等人展开理论对话的基础上,区分出两种记忆,即启蒙记忆和创伤记忆,并且试图将记忆问题论证为哲学的基本问题之一。

本期的第三个专栏"当代法国哲学诸面向",则力图呈现出法国哲学与思想文化的多重面向。曾怡的论文与拉比诺的文章,带领我们进入康吉莱姆的思想世界,可以视作本刊上一期关于康吉莱姆的专栏的继续。拉比诺的文章,对康吉莱姆的思想做了比较全面的梳理与介绍。曾怡的论文,通过梳理古代思想与现代哲学的根本性差异,从而呈现出康吉莱姆从医学问题入手,如何带给当代法国哲学以一种革命性的哲学观念。接下来,黄云的论文呈现的,则是在女性主义的理论框架下,来考察克里斯蒂娃通过其作品与思考所带来的理论突破和创新。蔡婷婷和周文莲的论文,各自以不同的视角来呈现拉康的精神分析哲学。蔡婷婷比较了在萨特和拉康那里“目光”概念的不同含义及用法,并进而带出拉康关于欲望、主体、客体小 a 的理论。周文莲则深入地剖析了“爱梅个案”在拉康的精神分析思想发展史之中的独特而重要的地位。阳育芳的论文,深入地剖析和比较了黑格尔的“他者”与科耶夫的“他者”之间的联系与区别,从而也揭示出科耶夫的这种解读尽管偏离了黑格尔的原义,却也有着创造性的理论贡献,并且为 20 世纪后半叶法国哲学的发展提供了重要的理论参照。杨小刚从当代哲学的视角出发,分析了比较了普罗丁、奥古斯丁、笛卡尔三人的心物二元论,从而论证了何以在笛卡尔这里心物二元论最终达到了理论的完成。在唐佳路、马彦卿的论文中,则基于翔实的社会学分析和考察,来衡量与思考教育哲学之中一个重要的问题,即精英教育与教育公平的关系问题。

　　本期的第四个专栏,收入了三篇译文。第一篇译文,乃是马勒伯朗士的《关于谦卑与忏悔的沉思》。在于斯曼所编的《法国哲学史》之中,曾区分了“大笛卡尔主义者”与“小笛卡尔主义者”,后者有科德谟瓦(Géraud de Code-moy)、雷吉斯(Pierre-Sylvain Régis)、德加白(Robert Descabets)等人,他们努力于传播和完善笛卡尔的理论,并且在某些观点方面进行了一些推广或者拓展。而前者当然就是指马勒伯朗士、斯宾诺莎、莱布尼茨等人。“大笛卡尔主义者是这样一些人,他们既能够真正地继承笛卡尔,同时又深刻地改变了他的思想以形成完全独立的体系:他们的名字是斯宾诺莎或马勒伯朗士。”①然而,马勒伯朗士的哲学却有着与斯宾诺莎哲学完全不同的命运。今天,在康德之前的早期近代哲学诸位大师之中,斯宾诺莎也许是除了笛卡尔之外,被阅读得最多的哲学家。众所周知,阿尔都塞对斯宾诺莎情有独钟,受他的影响,当代法国学术界出现了一批优秀的治斯宾诺莎哲学的学者。与之相反,马勒伯朗士的

①　于斯曼:《法国哲学史》,冯俊、郑鸣译,北京:商务印书馆 2015 年版,160 页。

哲学在法国则几乎被人们所遗忘。梅洛—庞蒂也许是最后一位在其作品中评述马勒伯朗士的哲学家。与法国类似，在汉语学界，马勒伯朗士及其哲学也无情地遭到了忽视，他的著作被翻译过来的，实际仅有一本小书《一个基督教哲学家和一个中国哲学家的对话》①。而庞景仁先生的《马勒伯朗士的"神"的观念和朱熹的"理"的观念》，亦是仅见的唯一的研究性专著。柏格森曾指出，马勒伯朗士是法国哲学史上最伟大的形而上学家，他所建立的形而上学体系，完全可以与斯宾诺莎、莱布尼茨等人相媲美。希望《关于谦卑与忏悔的沉思》这篇小文，能够增进汉语学界对于马勒伯朗士的思想的理解。

第二篇和第三篇译文，其作者均为2017年因病离世的达缅教授。达缅教授的研究专长是政治哲学，但其学术背景，却是来自以巴什拉、康吉莱姆、达高涅（François Dagognet）等人为代表的科学史与科学哲学传统，这使得达缅教授能够从康吉莱姆等人那里获得知识史、概念史的研究方法，切入到他对于政治哲学的研究。如果说康吉莱姆、达高涅等人致力于去揭示医学、生物学等学科的内在逻辑，达缅则致力于去揭示政治哲学的内在逻辑。他曾是西巴黎南泰尔大学的资深教授，主要著作有《图书馆与国家》（*Bibliothèque et État, naissance d'une raison politique*, 1995）、《作者的恩典》（*La grâce de l'auteur*, 2001）、《王公的参谋：从马基雅维里到今天，一种民主模型的诞生》（*Le conseiller du prince de Machiavel à nos jours, genèse d'une matrice démocratique*, 2004）、《主权颂》[*Éloge de l'autorité, généalogie d'une (dé) raison politique*, 2013]、《马基雅维里》（2016）。他特别重视法国的社会主义传统，在他的支持下蒲鲁东的《什么是所有权？》于2010年得以重版。此处所收的《论蒲鲁东的社会主义》一文，可以呈现出达缅教授对于普鲁东为代表的法国社会主义（圣西门、傅立叶、普鲁东）所作出的全新诠释，充分地呈现出普鲁东思想的当代意义。而《互联网真的存在吗？》一文，从中我们可以看到一位好学不倦的哲人，以一种积极的态度，去面对互联网这一新生事物并进而展开哲学的考察。

《法兰西思想评论》自2005年创刊以来，就一直致力于法国哲学、思想与

---

① 庞景仁：《马勒伯朗士的"神"的观念和朱熹的"理"的观念》，冯俊译，北京：商务印书馆2005年版。此书的199页至236页收入庞景仁先生所译的这篇对话。另外，陈乐民也将此文译出，并附收马尔盖神父及安德烈神父所著评论文字，以《有关神的存在和性质的对话》为书名出版，北京：生活·读书·新知三联书店1998年版。

文化的传播与研究,努力呈现法国思想本身的活力四射与丰富多彩。我们一方面积极地呈现法国思想在不同历史时期所表现出来的不同特色,如笛卡尔、卢梭思想的多重面貌,另一方面也广泛地呈现当代法国思想在多个领域涌现出来的具有创造性的思想人物及其理论贡献,例如马里墉(Jean-Luc Marion)、巴迪欧、克里斯蒂娃等。但是,毕竟法国是一个文化大国,法国思想与文化仍然有许多方面,对于汉语学界来说仍然是陌生的,例如许多重要的法国哲学家和理论家,如帕斯卡尔、蒙田、马勒伯朗士、毕航(Maine de Biran)、古赞(Victor Cousin)、明科夫斯基(Eugène Minkowski)、阿尔多(Antoine Artaud)、西蒙东、梅亚苏等,还有待我们去重新发现。因此本刊将一如既往、保持开放的心态,接收来自各个学科领域(哲学、社会学、人类学、历史学、政治理论、文学理论、艺术理论、精神分析、教育学、法国汉学等)的有关法国思想的论文、译文与书评,也欢迎学术界同仁的批评与指正。

邓　刚

# 专栏一:中法哲学比较与对话

# 迂回曲当,泛应无余

## ——朱利安孟子学研究方法论及其运用[*]

陈志伟[**]

**摘要:**法国汉学家朱利安开辟出一条值得关注的中西哲学比较的新路,即通过"迂回"的方式,以中国传统哲学为他者视角,寻找进入西方哲学因熟识而被忽视了的诸多问题的途径。他的这一方式也为我们以新的视域反思传统提供了借鉴,即朱利安的"迂回"之路不仅可以通向西方,而且在他看来,中国传统哲学的基本理路即是"迂回"的范式,孔子和孟子从不用直接定义和概念分析的方式推进问题,而总是用敲山震虎、触类旁通的手法表达其观点。这种表达手法以人与人或事物之间的整体感通为基础,孟子正是以这种普遍性的感通能力为道德奠基,即沟通怜悯心与道德行动,将恻隐之心转化为道德行动的动力,避免了西方哲学主客二分和追寻本质的理路从而陷入割裂怜悯心与道德行动、摧毁道德基础的窠臼。朱利安比较了孟子和卢梭、康德、尼采等人的道德思想,从孟子哲学中找到了解决西方道德根基虚无化的方法。对孟子

* 国家社会科学基金项目"西方汉学中的孟子学与心性哲学研究"(14BZX058)的阶段性成果。

** 陈志伟,男,哲学博士,西安电子科技大学人文学院教授,主要研究方向为中国先秦哲学,海外汉学,中西哲学比较。

和卢梭而言,重视怜悯心是他们的共同关切,而从怜悯心到道德行动转化的可能与否则是二者的根本差异。

**关键词**:朱利安,迂回,孟子,卢梭,道德奠基

19世纪中叶,法国汉学已经进入了专业的学院派,以雷慕沙及其弟子儒莲为核心形成的汉学家群体,在中国思想文化研究方面作出了突出贡献,其中儒莲对诸多儒家经典进行翻译和研究,尤其是他以一个纯粹学者的身份对孟子给予了较多关注。进入20世纪,法国汉学可以说硕果累累,在中国历史、文学、佛教、敦煌学、边疆史、民族学和人类学等诸多领域都有大量不容忽视的建树。孟子学研究方面,当以弗朗索瓦·朱利安(François Jullien,1951-,又译"于连")的"迂回与进入"思考方式影响最大。朱利安希望寻找他者视角,通过"迂回"的路径,在一种他者文化的参照之下,回观西方哲学和文化,重新定位和进入西方思想的深处以探求因熟识而导致的对西方文化精微之妙的视而不见之弊的路径。

朱利安认为,由于西方人囿于自己的学术理路无法跳脱,其固定的学术视野往往会阻碍他们对自己文化的反思,因此需要从一个"迂回"的路径,即先寻找一个外在的视角,通过对这个外在视角的全面审视,探寻反思自己思想文化的新方法和新道路,朱利安找到的这个外在视角就是中国传统哲学和文化,在长年的中国哲学与文化的研究之后,他重新反观西方哲学,在中西哲学互镜和跨文化交际中揭示西方哲学中被遮蔽的内容。

以迂回之路径,朱利安还注意到中国哲学和西方哲学之间的显著差异。从古希腊的苏格拉底开始,西方哲学就以辩证法和逻辑推理为其特长,希望从纷繁杂多的经验世界中寻找到具有普遍性的不变的事物之本质,并用定义将其固定下来,因此定义法或概念分析的方法成为西方哲学的典型特点,也被认为是西方人的优长之处。但中国哲学却与此不同,以孔子所创立的儒家为范例,中国哲学强调处境的特殊性,中国传统儒学虽然也将道德问题当做其学问的核心,但从没想到要定义道德以及与道德相关的其他德性概念。按照柏拉图的观点,只有通过概念才能为我们提供简捷而平常的答案,并为"科学"的进展提供前提,而没有概念,"人们就会走无尽的弯路"(《泰阿泰德篇》,147e)。概念成为思想长驱直入的必要工具,没有这个工具,我们只能盘旋于

蜿蜒曲折的没有尽头的"迁回"弯路中。而中国思想恰恰是跟随孔子走上了这样一条迁回之路,只不过孔子所指引的道路也通向普遍性,一种与苏格拉底的定义法所引导的完全不同的普遍性,一种不追求固定不变的本质的普遍性。①

因此,朱利安所说的"迁回"与"进入"有两层含义,其一是指通过对中国哲学研究的他者视角反观西方哲学的走出与回返之路,另一是指中国哲学的思维方式是"迁回"式的,即不通过定义的方式而是在具体的道德情境中当场指示的方式来寻找道德原则的普遍性。对我们而言,"迁回"的第二种意义显然更为重要。

## 一、对《论语》思维方式的考察

通过对《论语》文本的详细考察,朱利安发现,孔子在各种情境下针对不同的提问者提出的相同问题所给予的不同回答,"更应被看作是一种'指示(indication)',这种指示是要开启思考的方向",他"关心的不是其标准为普遍性的定义",②而是每一个具体的个人因其性格和特殊的境遇(在这方面会有社会地位、阶层、身份、职业等等的差异),在面对同样的道德难题时如何选择最合适的方式去应对,从而给出最佳的道德行为选择,并使行为承受者获得最有利的对待,在这一过程中,行为者本身亦能获得德性上的精进乃至圆满。因此,"这是一种在完全取决于环境的'过分'与'欠缺'之间的平衡:因为我们清楚地知道,规则不源于事先设定并超越事件进程的原则,而是源于一种其一致性是内在的纯粹指示性的(indicative)关系(即与作为'理性'的逻各斯相对的中国的'理')。孔子之言因此不是追求一种能够归入各种情况的差异的抽象定义,而是成为可演变的过程。这种言论期望的'恰当'使它变得精确严格,这种恰当不

① ［法］弗朗索瓦·于连(朱利安):《迁回与进入》,杜小真译,北京:生活·读书·新知三联书店2003年版,第231—232页。朱利安的这本书还有一个副标题:"中国与希腊的意义策略(Strategies of Meaning in China and Greece)",所以他在此书中的目的之一是,从中西哲学比较的视野出发探求中国哲学文本意义展开方式的独特性。

② 同上书,第233、234页。

是在个别与普遍之间,而是在陈述与其机遇之间的恰当。"①孔子正是通过在提出相同问题的不同提问者之间作出不同的回答的方式,从各个角度深入到各种不同的观点之中,并使提问者"进入"问题之根本:道德行为的选择不是给出简单的固定答案,而是要在不同的生活场境下给出最"恰当"的、最符合于当下情境的那个选择。有时候,我们可能会面对道德上的两难境地,但随着我们在各种当下情境中的选择的练习,终有一天我们会达到一种精熟的程度,如此一来,我们就能做到像孔子本人七十岁时的境界:从心所欲不逾矩(《论语·为政》)。重视道德问题自身的适宜性,而不是特定原则的固定不变(本质),这是朱利安在对中国儒学的研究中以"迂回"之势达到"进入"目的的真正含义所在。

按照朱利安的观点,定义是从理论上对所定义的对象在诸多层面上的分离而实现的,包括具体与抽象的分离、个别与观念的分离等,而从策略上来看,定义是与所定义对象的正面接触,是一种直接"进入"主题的意义阐发的理论策略。孔子却在一切层面上避免上述直接的、正面的"进入"主题的意义阐述策略。一个典型的案例是孔子对"仁"的态度。孔子从没有对"仁"下一个确定无疑从而远离变通的定义,他总是针对提问者的具体情况给出具体的回应,不是直接的、正面的回应,而是间接的、迂回的但却正中提问者由各种具体特征如性情、脾气、家境、身份、地位、职务、所承担的使命等等所构成的人格,而每一种回应似乎都与其他回应不同,但这种不同又隐约统一于一个大的整体之中,从而所有不同的回答共同构成了对"仁"的意向直观的整全视域,每一种回答都从各个不同的角度深入到一个或另一个观点之中并使之"进入"问题之根本。② 孔子的这种方法并不能使我们得到关于仁的一个证明,并使之成为一个概念,也没有以此揭示仁的根据,而是在"不断坚持的切入点"之中"让我们永远能够更深刻地估量它的重要性"。正是这种语言的迂回转折和简捷明了而使我们对仁的直观得以稳固。③ 孔子的语言策略能够促使我们以

---

① ［法］弗朗索瓦·于连(朱利安):《迂回与进入》,杜小真译,北京:生活·读书·新知三联书店2003年版,第235—236页。笔者参考英译本对译文有改动。See François Jullien: *Detour and Access*: *Strategies of Meaning in China and Greece*, translated by Sophie Hawkes, New York, Urzone, Inc., 2000, p.227.

② 同上书,第238—239页。

③ 同上书,第239页。

对仁的直观来向道德开放，这样，"仁"就不是一种概念，而是一个在道德生活中活泼泼的灵动的范畴，孔子的话语让我们通过对"仁"的这种直观与现实的背景相沟通，而不是由于定义或概念的那种与具体事务的分离性将我们与现实隔离开来，进入理论的玄思中，因为，"定义，首先就是'限定'（参考希腊文orizesthai），它标志着诸如两块土地那样的两个种类分离的界限"，正是因此，"孔子不能定义仁，而是指明'仁之方'（《论语·雍也》），指明如何与之接近（《论语·子路》：刚毅、木讷，近仁。）"。① 孔子不会直接说及"仁"的本质如何如何，因为"他永远只是迂回地触及仁的意义"。②

在朱利安看来，孔子的这种指示性言辞将我们带进了变化无穷的迂回之中，从而表面看来是间接的启发式语言，但由于它以整全性为背景，每一句话都隐含着存在自身的开显，因此它的所有话语都让人隐约看到一切，因此它与西方哲学定义法是同样直接的，③这种直接性以我们"直观"的能力为中介，使我们能够向着万物之根基开放，它与理论的建构不同，理论建构的目的是体系化，其中又以定义方法使概念固定下来以形成本质性的意义联结为目的，而指示性言辞则朝向无休止的知行过程，其中还隐含着像一根"线"一样的主题，贯穿于作为生命体的人的整个生命的知行过程之中：

　　　子曰："参乎！吾道一以贯之。"

　　　曾子曰："唯。"

　　　子出，门人问曰："何谓也？"曾子曰："夫子之道，忠恕而已矣！"（《论语·里仁》）

朱利安认为，这段对话中孔子的确什么也没有说，但正因为他没有具体地说到什么特别的东西，"他才能说出本质并坚持了'全'"。④ 这里的本质当然不是西方哲学意义上的固定不变的"本质"，而是指孔子用"一以贯之"道出了其道德生命的真实过程，因此说他"坚持了'全'"，而西方哲学的"本质"概念是在牺牲了"整全"和诸多细节之后所获得的事物之核心，对于孔子来说，这

---

　　① ［法］弗朗索瓦·于连（朱利安）：《迂回与进入》，杜小真译，北京：生活·读书·新知三联书店2003年版，第242页。

　　② 同上书，第244页。

　　③ 同上书，第245—246页。

　　④ 同上书，第251页。

是不能接受的思维方式,甚至在饮食方面,孔子都要极其讲究细节(《论语·乡党》:"食不厌精,脍不厌细。"其实整个《乡党》篇,孔子都是在不厌其烦地描述儒家之礼的细节,这些细节貌似无关紧要,但在孔子看来,它们与生命在庄严肃穆的形式中所开显的意义密切相关)。朱利安指出,关注原始儒家对细节的强调,目的是避免将我们所观察到的各种丰富对比"封闭于原则的相异性之中并且看不见我们所研究的各种现象的复杂性"。① 但孔子的"一以贯之"却在这种现象的复杂性中给我们开辟出一条简易之路(道),同时又不失对存在之整全的坚持,朱利安所说的"迂回"也包含着这样一种"曲当"的意义,即孔子言语上的变化正是要符合于"天道"的要求,恰如《易经》所说:"其言曲而中,其事肆而隐。""曲"即迂回,之所以能"中",就是因为"曲"达于整全,是在存在整体之思的前提下对隐微的具体之事的适宜权衡。

　　朱利安指出,孔子以"贯"字所透示的"统一","不是通过抽象获得的统一","这种统一在理解各种物的形态时并不把它们归于独一的类型之中,而是让它们与外部沟通"。② 持续的沟通就是持续的调整变化过程,朱熹给予了孔子这种持续沟通以一个普遍性的前提,即"理":"圣人之心,浑然一理,而泛应曲当,用各不同。""夫子之一理浑然而泛应曲当,譬则天地之至诚无息,而万物各得其所也。"③通过化"道"为"理",理学家们将儒家思想中隐含的普遍性更为突出地彰显出来,"浑然""泛应"都是突出儒家道德生命的普遍性和整全性特征,一方面是道德生命中持续一贯的过程的普遍性,另一方面则是贯穿于道德生命过程的"道"或"理"的普遍性,在孔子那里,"道"自身就是生生不息的道德生命之涌动,而朱熹的"理"则已经从生命灵动之过程向不变的生命之质迈出了很大的一步,虽然朱熹之后的理学在道德生命的质性要求上又有反动,而且在质性要求中仍然保留着变化过程的天道背景,所谓"天地至诚无息"是也,但朱熹这关键的一步已经迈出去了。朱利安虽然引用了上面朱熹的第一句注释,但很显然他并没有发现从先秦原始儒家到宋明理学的这种变化。在孔子那里,道德生命的普遍性不是靠抽象的本质追求来实现的,而是通

　　① [法]弗朗索瓦·于连(朱利安):《迂回与进入》,杜小真译,北京:生活·读书·新知三联书店2003年版,第257页。
　　② 同上书,第252页。
　　③ 朱熹:《四书章句集注》,北京:中华书局2012年版,第72页。

过迂回曲当之路，浑然泛应于天地万物的方式达到的。

## 二、中西比较视域下的孟子学

孟子延续了孔子的内在精神和思维方式。朱利安确认孟子在中国传统哲学中的地位，他之于孔子，犹如柏拉图之于苏格拉底，但同时朱利安也注意到这种对比的不对称，即柏拉图总是以苏格拉底的名义说话，除了他的《第七封信》，不过后者只是柏拉图的题外话；而孟子则直陈胸臆，并且将孔子所关心的话题置于自己的中心课题所在。孟子与柏拉图之间对比的不对称性，关系到更为严重的后果，即柏拉图虽然在《第七封信》中涉及了间接和迂回路径的可能性，但由于他的主要对话的主人公是苏格拉底，因此上述可能性就让位给了后者的清晰直接的辩证法和定义；而孟子则将孔子的间接和迂回的路径从自明性带到了反思的主题之中。①

与其他汉学家一样，朱利安也注意到《孟子》文本"缺少分析和连贯，演绎和对比"，但他没有像刘殿爵那样"想补救《孟子》的哲学声名"，"力图在其中发现暗含的环节并以时代规范的名义为类比的'方法'辩护"，他认为最重要的事情不是为孟子的辩论方法进行辩护，而是需要"询问《孟子》中所谓的争论究竟有何用处，这种争论的目的可能是什么"，在他看来孟子的类比方法没有能力去揭示什么，但在阐明某种观点时，它们却能引发思考，"这些类比的目的不是证明事实，而是体验各种立场"。② 类比的方法不是为了揭示事物之本质或某种抽象的知识，而是像孔子那样达到一种指示的目的，即在具体的道德情境中给我们指引适宜的行为，并唤起我们潜藏在内在本心中的德性，使之在形体及其行为中完美地呈现出来。

但朱利安并没有完全忽略孟子的论证方法，而是对此做了充分的阐释工作。他关注的《孟子》文本是《公孙丑上》"集义而生，非义袭而取之"和"必有事焉而勿正，心勿忘，勿助长也"，《尽心上》"流水之为物也，不盈科不行；君子之志于道也，不成章不达"，以及君子的"五教"："有如时雨化之者，有成德者，

---

① ［法］弗朗索瓦·于连（朱利安）：《迂回与进入》，杜小真译，北京：生活·读书·新知三联书店 2003 年版，第 259 页。

② 同上书，第 274 页。

有达财者,有答问者,有私淑艾者"这几段。从这几段话中朱利安概括出孟子德性养成的基本方法是一种渐进的、间接的内在的自然转化过程,而不是像西方哲学那样,是一种直接奔向本质的对德性的定义和认知。孟子认为,我们所关注的目的并不是像一个外在的物件那样,是可以抓取在手从而施加控制,一个人必须给予其充分的时间以使其自然发生。孟子坚持如下双重建议,对于我们想要学习掌握的一切,有必要时刻关心,但同时又不能企图"直接"达到目标。既不放弃,又不助长,这其中的丰富张力,使得如下关系变得清晰,即如果一个人要有所进展,他就必须结合对整个过程的开放性实施个人介入,还需要一种勤勉和自然的工夫,既严苛认真又逍遥自在。① "流水"和"时雨"也是这样的特点。首先,对于水而言,首先需要积累,不能随便跨越某个阶段直接进入想要达到的目标,但一旦水盈,就会自然流出从而走向更远的地方,水因其自然的流动特性,会推动其自身持续变化,与此类似,从经由我们的努力而变得清晰的事物发端,我们所获得的光明会自行扩散,并经我们的精神自行传播。② 其次,"时雨"的特点是恰恰在作物正需要雨水时它就从天而降,此时的作物自然就迅速及时地开始走向成熟。孟子以此表明,内在进展的过程基于个体之思,与(或者是自主的或者是源于意志的)行动无关,只与(既是离散的又是广泛的)转化有关。朱利安指出,孟子意义上的进展过程都是无声无息地发生的,我们个人的介入只能是间接的,但又必须及时出现,我们不能刻意去规定目的的进展过程或者有意地去直接关注,应该放弃那种直接操控的念头,但同时又必须精心照料,使其自然生长。③

在这里面,朱利安突出强调的是孟子哲学中工夫论的自然性特征。对于孟子的工夫论,朱利安用"apprenticeship"一词来表示,在《迂回与进入》的中译本中,杜小真教授将这个词译为"实践"或"实践过程",但似未达其意。这个词,apprenticeship,是指学徒关系,或学徒的学习过程,与"实践"存在明显的

---

① François Jullien：*Detour and Access：Strategies of Meaning in China and Greece*，translated by Sophie Hawkes，New York，Urzone，Inc.，2000，p.252.

② ［法］弗朗索瓦·于连：《迂回与进入》,杜小真译,北京:生活·读书·新知三联书店2003年版,第262页。

③ François Jullien：*Detour and Access：Strategies of Meaning in China and Greece*，translated by Sophie Hawkes，New York，Urzone，Inc.，2000，p.253.

差异,跟着师傅学习的学徒,其对技艺的掌握,是日积月累的一个过程,当然与实践有密切的关系,但其内涵溢出了"实践"概念,还有一些更多的东西在里面,或者说其中还包含一种"巧劲儿"。比如,我们经常说有些技术的掌握是靠长时间地"磨"出来的,这个"磨"字,就是指工夫,"磨"到最后,就是技艺的精熟或娴熟(maturation)。"工夫"这个词将时间和因长时间的打磨而拥有的技巧融合为一,非常微妙地表达出某种技艺的掌握过程,同时又超越了技艺的范畴,转用到儒家德性养成的领域,却极其恰切地传递出德性生命自然生长、日趋成熟的自我修养的整体经历。朱利安举人弹奏乐器为例,很好地说明了这样一种意思:比如我们弹钢琴,不是在学习了多少理论知识明白了多少曲谱以及钢琴的内在机理之后,突然就会弹奏高超的曲子了,而是在日常练习的过程中,不知不觉地进步,慢慢地就会弹了,而且技巧会逐渐提高。这是一个间接的缓慢的对某一事物整全地熟练、成熟或娴熟过程(maturation)。①

在分析《孟子》中其他的文字时,朱利安意在突出孟子面对各种问题时,并不直接给出答案,而是通过讲故事或讲述前人事迹的方式,婉转地表达自己的立场。这也是一种迂回的方式,不是针对问题本身,给出一个或肯定或否定的直接的答案了事,而是经由他者,曲折地展露心迹,回答者自是心照不宣,提问者亦已有所授受。例如,当齐国发生饥荒,有人问孟子是不是应该再去请求齐王发放赈灾粮以救济灾民时,孟子并没有直接回答,而是讲了一个冯妇搏虎的故事(《孟子·尽心下》):一个叫冯妇的晋国人,擅长打虎,但最终变成善人不再打虎了,有一天他到野外看到很多人在追逐一只老虎,老虎负隅顽抗,没有人敢去直接跟老虎斗。大家看到冯妇来了,就请他去打虎除害,冯妇这时忘记自己已经转变身份,不再以打虎为业,却捋起袖子要去打虎。请他打虎的人都很高兴,但有识之士却讥笑他不知道自己是什么人。孟子以这样一个故事表明自己的态度,即如果他再去请求齐王开仓赈灾,无异于冯妇忘记自己的身份而受到他人的讥笑,虽没有直接拒绝,却将退意表达得淋漓尽致。饥荒发生一次,还可原谅,发生两次就不可原谅了,其中牵涉到政治的失利问题,孟子对此十分清楚,因此不会再去请求齐王。这里面涉及什么是好的政治的问题,好

---

① François Jullien:*Detour and Access:Strategies of Meaning in China and Greece*,translated by Sophie Hawkes,New York,Urzone,Inc.,2000,p.254.

的政治不是一次次地展示惊人的壮举,而是润物细无声地让民众得到实惠,其中谨慎与平和是其特征,各种优良的政策是在不知不觉中推行的,而不是大张旗鼓地宣传。① 直接干涉民众的生活事务,是只有在特殊的例外状态下才能施展的政治措施,而频繁地运用这种方式,只会造成适得其反的效果。

朱利安形象地指出:"孟子并没有直接回答提出的问题,也没有就自己说出任何事情(尽管人们正是向他询问如何行为的问题);但他却描述了一些情况(只涉及其他人),不露声色地确定了自己的立场。通过并置与差异,这些故事产生了构成答案的一个体系。"②孟子面对弟子、官员、君主等人的提问时所给出的回答,要依据于特定的情境来理解,只能在各种不同的处境中进行评估。"孟子不是直达一种原则,而是陈列一系列的情况。在行文中设置的标尺并没有规定一种行为,而是让我们经历它的平衡过程。因为理想中的中正立场要不断根据形势加以改变,那就不能对之进行规范。这种经常居中的立场构成了真正的一致,但如是却从未静止(因为它要不断地适应事物的变化),它因此不能成为真理。"③所以,孟子在避开直接的辩论时,取消了论述真理的理论性要求和证明的需要,他面对其他人的提问时,不是陈述自己的理论,而是根据各种不同的立场使辩论再次具体化。④ 但这种迂回的言说方式并非词不达意,言说者往往期待听众随着言说的过程而发生领悟上的飞跃,朱利安称此为"实现的飞跃(the leap of realization)",像孔子的"不愤不启,不悱不发",孟子的"心勿忘勿助长"以及"时雨化之"的教育方式等其目的都是为了使弟子实现突然的领悟,或令处于修养工夫中的人实现德性的精进。

朱利安认为,以如上方法,孟子并没有给出什么结论,他只是将各种观点按照各种不同的立场加以平行排列或重新归置(reconfiguration),⑤面对观点

---

① [法]弗朗索瓦·于连:《迂回与进入》,杜小真译,北京:生活·读书·新知三联书店2003年版,第270页。

② 同上书,第271页,根据英译本对译文有改动,see François Jullien:*Detour and Access*: *Strategies of Meaning in China and Greece*, translated by Sophie Hawkes, New York, Urzone, Inc., 2000, p.264.

③ 同上书,第272页。

④ 同上书,第265页。

⑤ François Jullien:*Detour and Access*:*Strategies of Meaning in China and Greece*, translated by Sophie Hawkes, New York, Urzone, Inc., 2000, pp.258−259.

对立的人,面对论敌,"孟子只是巧妙回避","但是根本的东西在辩论之外发挥作用;它就在走向娴熟的过程之中,外在于双方的对抗"。① 朱利安在这个地方的注释里又进一步指出,对我们而言,孟子象征着对哲学争论的拒绝。② 在孟子这样做时,由于他自己的立场立于所有观点和立场的核心,那么,他的观点就因这样一种核心地位而无形中凸显出来。孟子以这种方式干预了他那个时代的思想潮流,从而维护了儒家的道统。朱利安的这种解释显然带有强烈的诠释过度的嫌疑。孟子在与他人辩论时,自己的立场是十分鲜明的,他并非只是将论敌的观点按照各自的立场加以平行排列或重新归置,更不是对哲学争论予以拒绝,而是一一给出明确的反驳,或者直接给予破斥,或者给出自己的观点并以类比的方法加以论证。在《迁回与进入》出版之后,朱利安马上出版了另一部在中西哲学比较视域下解读中国哲学的专著,即《道德奠基:孟子与启蒙哲人的对话》,在这本书中,朱利安承认,孟子面对时人纷争不断的关于人性的观点,"他不能不驳斥,不能不争辩:因为人一旦以有理为乐,那往圣前贤的含蓄启发便不够了,而各家之间也自此纷争不绝。"只是孟子在驳斥对手时,选择从侧面入手。③ 这就与他此处所说孟子面对论敌只是巧妙回避而不参与真正的争辩甚至拒绝哲学争辩的看法相龃龉。朱利安上述解读,是在其现象学的学思背景之下,过于注重海德格尔意义上的存在之自发涌现的观念,而导致在对孟子的阐释中带上了过多的现象学存在论色彩。当然,朱利安的这种解读是十分新颖的,仅从创新性上来说,他是成功的,但符合不符合孟子或儒家的真义,却是颇值得商榷的。而尤其令人怀疑的是,朱利安自身的立场并不是儒家的,他借重于对中国传统哲学的审视,将其作为一个他者,意图从这种他者视角出发,以迁回于另一个文化世界的方式,再回观他自己的乡土——西方哲学和文化,从而寻求理解其本土思想的新路径和新方法。所以,朱利安有时随意地处置中国传统文献资料,在解读的过程中,以一种过于激进的方式榨取中国传统哲学和文化的内涵,刻意地求取创新,就是可以理解的事

---

① François Jullien:*Detour and Access:Strategies of Meaning in China and Greece*,translated by Sophie Hawkes,New York,Urzone,Inc.,2000,p.267.

② Ibid.,p.405.

③ [法]弗朗索瓦·于连:《道德奠基:孟子与启蒙哲人的对话》,宋刚译,北京:北京大学出版社 2002 年版,第 41 页。

情了,但显然他的这种方法并不普遍适用于对中国传统经典的诠释。

## 三、对朱利安孟子学研究方法的反思

《迂回与进入:中国与希腊的意义策略》一书,是朱利安研究中国传统哲学的方法论著作,他自己明确说这是他的"推理方法"。① 我们通过对此书中关于孔子、孟子的解读,发现他的方法确实具有强大的推陈出新的诠释能力。以现象学的本质直观、现代语言哲学意义分析理论和后现代对现代性反思的视角为理论基底,朱利安深入到中国传统哲学的前理解结构之中,在这样做的同时,他始终将西方哲学的发端古希腊哲学立于一旁,从我们这一面来看,是将其作为参照,来解读中国传统哲学,而从朱利安那一面来看,则是以希腊哲学为对照,以透视中国传统哲学,并进一步反观西方哲学,他始终"期待着回归的可能"。② 我们的视角必然将西方哲学视为他者,朱氏则恰恰相反,我们才是他的他者,类似于用一架本不属于他的镜子反射出来的光,照向他所由之而来的乡土,使异于乡土的另一种光照于其中,反衬出新的不同于西方主流哲学家所看到的映像。我们对朱利安的这一独特方法,完全可以反其道而用之,即将他的解读作为一个他者的视角,拿来对照中国传统经典文献,"能够让我们从某种外在出发提出问题",③以期在当前略显晦暗的思想世界中射进一缕异域之光,从而开显出一条不同于当前中国学界的诠释之路。如果对传统的批判总是从内在进行,就很容易陷入封闭,朱利安意识到了这一点,他说:"西方哲学如此醉心于自身的超越,总是只对内在提问题。而批评又如此要求彻底,所以总是相对封闭的,总是各种立场由之能够互相摆脱的某种未言明的期待。总存在着某种我们由之自问而由此不能对之提问的东西。"④这种洞见无疑是明智的,而我们中国哲学界也存在着相同的问题,甚至由于民族主义情绪的左右,我们在这方面的问题还更严重。朱利安的如上洞见能否为我们摆脱

---

① 　[法]弗朗索瓦·于连:《迂回与进入》,杜小真译,北京:生活·读书·新知三联书店2003年版,第379页。

② 　同上。

③ 　同上。

④ 　同上。

对待传统的态度上所陷入的美化怪圈，当然是有疑问的，因为按照他在《迂回与进入》一书中所指出的中国传统思维模式来看，我们在言说上已经惯于旁敲侧击，惯于间接性的迂回，而不习惯直面问题本身，不习惯直接对任何事物提出批评。这恰恰是值得我们反思的。从这个角度来看，朱利安的中国哲学研究对我们的意义也是显而易见的。而这不正是朱利安在解读中国传统思想时所开示出来的"迂回与进入"之道路吗？

方法找到之后，接下来就是对方法的具体运用了。朱利安的《道德奠基：孟子与启蒙哲人的对话》一书就是对"迂回与进入"的方法的娴熟运用。《迂回与进入：中国与希腊的意义策略》一书法文版初版于1995年，同年稍后，朱利安又出版了《道德奠基：孟子与启蒙哲人的对话》。他撰写《道德奠基》的目的就是要"以古老的中国为题"，打破"理论圈子内部争端的自我封闭"，恢复"研究课题逐步丧失了的活力"。① 这几乎就是对上引《迂回与进入》"结论"中的文字的复制，因此《道德奠基》是接着《迂回与进入》来讲的，是对后者所总结归纳出来的中国哲学"迂回"进路的具体运用。

但这种运用却并非是对上述方法惟妙惟肖的模仿，而是有所抉择，有所安排。我们在上面曾经总结了朱利安"迂回"一词的双层含义，一层含义是指将中国哲学作为他者，以客家眼光和他者视角回观西方的本乡文化和故土哲学，从而打破自我封闭的西方思想圈子；另一层含义是指中国哲学内部本身即是一种迂回的思维方式，即中国哲人甚至一般的中国人总是以间接的而非直接的、过程的而非本质的、侧面的而非正面的、讽喻类比的而非理论论证的、起兴的而非逻辑的、讲故事的而非推理的叙述方式来言说，其中修辞和伪饰的讲究大于对真理和知识的追求。《迂回与进入：中国与希腊的意义策略》具有这双层目的，但其侧重点则是揭示中国哲学言说方式的"迂回曲当"和"泛应无余"；《道德奠基》则与此相反，它意在通过对中国传统儒家的代表人物之一——孟子——所遗下的文献的细致分析，为陷入奠基困境而无所适从的西方道德哲学寻找新的出路。我们看到，《道德奠基：孟子与启蒙哲人的对话》一书的第二章简短地梳理了西方道德哲学的历史，从而揭示出它是如何一步

---

① ［法］弗朗索瓦·于连：《道德奠基：孟子与启蒙哲人的对话》，宋刚译，北京：北京大学出版社2002年版，"前言"第6页。

步从上帝、理性跌落到习俗，并持续受到质疑，最终变成只堪与其他道德观念进行比较的历史产物的层层蜕变过程。① 朱利安的真正目的，即经由他者视角反观西方本土哲学，在外围中"迂回"了一段道路之后，才开始正式提上日程。

## 四、道德何以可能：以孟子与卢梭的比较为例

《道德奠基》以孟子的道德哲学思考为敲开西方哲学在道德领域所陷入的困境之密钥，希望从孟子的不忍之心、四端之情和性善论这些角度反观卢梭、康德、叔本华和尼采乃至整个西方哲学在道德问题上所陷入的基础虚无病症，寻求为道德奠基的新路径。之所以要为道德奠基，原因是西方启蒙哲人在思考道德问题时走入了歧途，并且由于没有外部理论资源作为参照，从卢梭到康德，从叔本华到尼采，虽经东突西杀，仍然摆脱不了自我封闭而导致的理论闭环。朱利安用两章的篇幅描述了西方哲学从近代以来在道德问题上陷入的理论困境，他的描述非常清晰，简单说来，即是如下线索：古典时代西方道德奠基于宗教信仰之上，即使在古希腊时期柏拉图的至善之理念也是信仰的一种形式，上帝之言是道德根源，但启蒙运动时期理性摧毁了宗教的权威，一切皆需放在理性的法庭之上来确定其合法性，道德根基被拔除，需要对道德重新奠基，即从道德自身寻找其根据，而不是求助于任何外在的可能性。卢梭提出怜悯心的概念，认为以此概念可以为道德奠基，但他面临从我这个个体到他人之间的过渡问题，即为什么我看到遭受痛苦之人会产生同样的痛苦之情？怜悯心是如何产生的？卢梭认为是由于我害怕也遭受同样的痛苦在自己身上，因此会同情并付诸行动去帮助遭受痛苦的人，但这样一来，道德的根基就不再是怜悯心了，而是必须以自我对他人的感受（想象力）以及对自我利益的关切为中介，朱利安认为这样就会导致道德的不纯粹，因为其中掺杂了自利，而道德是以利他为标准的。康德受卢梭以及英国苏格兰学派的影响，在最初也重视道德感在道德根源中的地位，但自从批判哲学的目标确立之后，康德就放弃了

① 参见［法］弗朗索瓦·于连：《道德奠基：孟子与启蒙哲人的对话》，宋刚译，北京：北京大学出版社2002年版，第6—15页。

道德感，转而寻求完全剔除了一切经验情感和利益关切的道德律令，从道义论上为道德提供理性基础。康德的努力克服了卢梭的道德不纯之病，但却丧失了道德动力，即如何从纯然理性和先验的道义转向道德行动的施行，在道德律令与道德行动之间出现了鸿沟。一方面是情感或怜悯，另一方面是理性或道义，走情感之路就会导致道德基础的不纯，走纯粹理性之路，则又会丧失道德行动的动力之源。这一两难，构成了西方现代哲学在思考道德问题时的最重要的出发点。有鉴于此，叔本华重新回到卢梭怜悯心的思路上来，同时也吸取了康德的教训，一方面要保证道德的纯粹性，剔除道德考虑中的利益绑架，另一方面又需要驳斥认为怜悯心有赖于我们的想象力的观点，但如此一来，问题就更为复杂了：究竟是什么原因使得一个本不是我的、与我其实没有关系的痛苦可以转变成我的内在动力，去采取行动付诸于道德行为呢？叔本华最终求助于人的认知，通过对外在于我的他人的知识，也就是他人在我头脑中的印象，将他人转变为我自己，但这仍然无法解释怜悯心产生的当下自发性。最终，叔本华只能承认怜悯心是一个谜，他一面认定怜悯心是人类意识中一个不容否认的事实，并且具有普遍性，另一方面又认为怜悯心的产生无从理解，他只好求助于形而上学，认为他人并不是区别于我的另一个人，而是与我是一个整体，他人与我都是世界之表象的表现形式，而怜悯心则是真实无欺之世界的真象，表象与真象的二分最后统一于意志，由此叔本华放弃了怜悯心为道德根基的构想，转而以一种形而上学的建构草草了结了道德奠基的问题，其实并没有解决这个问题。随后的尼采以一种怀疑精神对前此以往的道德理论都加以彻底的否定，把人的道德看做是相对于某个族群的创造，于是道德被虚无化，奠基就此无从谈起。①

　　既然西方哲学在道德奠基上已然陷入"无法奠基"的僵局而束手无策，朱利安认为，应该从别处寻找解决这个问题的途径。他找到的这个别处，就是中国哲学，而他选择孟子哲学作为"道德奠基"的最佳方式："我们希望能重建与中国的对话：这并非是去中国寻找这些矛盾的答案，而只是想把问题本身打开——将它回放于对话之动态当中而已。"②孟子为什么有这样的能力？上述

----

① 　以上是根据朱利安《道德奠基》的第二章和第三章所做的简单概括。

② 　［法］弗朗索瓦·于连：《道德奠基：孟子与启蒙哲人的对话》，宋刚译，北京：北京大学出版社 2002 年版，第 32—33 页。

启蒙哲人以个体主义为基本前提来考察道德的根源问题,必然遭遇个体之间的对立,所以才提出"intersubjectivité"①,即"主体间性"这样的概念,以解决自我与他人以及任意个体之间的相互认同和沟通的问题。但朱利安认为中国传统观念超越了个体主义的视角,它"既不是个人主义的(从'我'出发来构想世界),也不否认个体性(因为所有的现实都是通过个体化而实现的),其视野可谓是'通个体式'的(生存由其整体看去,是自内'沟通',不断相互反应的)。'怜悯心'只是生存所特有的这种通个体、通感性的本质之体现"。② 这样,上述启蒙哲人所遇到的问题在中国哲学中就不再是问题,个体之间的沟通成了自然而然的事情,因为"感通"即是在二元之间自然地发生,如天与地、阴与阳、内与外、己与群等,这里的二元不再是西方对立的主体与客体,而是一个对世界的二元辩证构想,世界仅仅是这二者相互作用之下的一个显现过程。③朱利安认为,孟子的"不忍之心"就是这样一个"通个体性"的在个体与他人之间的感通、感—动过程,是道德生命的真正实情。在此,朱利安强调我们生命的"共通的生存意义"④,这种共通性或感通性,恰恰能开启西方启蒙哲人已然失败了的道德奠基的新道路。最后,朱利安将这种共通性和感通归结为中国人的关系性思维模式,即中国哲人不是从个体性的角度思考道德问题的,而是从人与人、人与物之间生生不息、互动不止的关系角度涉及道德思考的,怜悯心之产生,"真正具有本质意义的,是二者之间的这个互动性而已",而充斥于这种互动性之中的是"共同生存"所产生的生存境遇中"一股贯穿我们而过、令我们为之颤动的生生之气"。⑤ "共通的生存意义"所指向的,是生生之气融贯其中的道德生命。

## 五、朱利安哲学理路中孟子的地位

由此可见,朱利安在《道德奠基》一书中貌似将孟子及其思想置于一个十

---

① ［法]弗朗索瓦·于连:《道德奠基:孟子与启蒙哲人的对话》,宋刚译,北京:北京大学出版社 2002 年版,第 26 页。

② 同上书,第 25 页。

③ 同上书,第 24—25 页。

④ 同上书,第 27 页。

⑤ 同上书,第 26 页。

分显赫的地位,用中国传统儒家的一位思想家来对应启蒙哲人的群像,但细究下来即能发现,他的问题意识全然是西方的,孟子及其思想只是开示启蒙哲人因内在圈子的封闭而导致的理论困境的一把钥匙,或一个工具。他的这个工作虽然客观上能使我们重新建构孟子哲学的问题意识,但这个问题意识完完全全是西方式的,而不是从中国本土生发出来的,即使按照朱利安本人的推理线索来看,中国传统儒家就没有"道德奠基"的问题,因为自其发端起,儒家哲人尤其是孟子就是从根基出发的,中国传统儒家所关心的只是如何由根基出发走向人的完善,根基是自明的,因此无需证明,只需提示"不忍之心"和四端之情是内在于我们本心的道德事实,如何由此推扩、充盈于我们的道德生命中,即"成己"与"成物",才是他们的终极关切之所在。当然,或许正是由于"道德奠基"在中国传统儒家尤其是孟子那里不成问题,朱利安才能安然地利用这种现成的资源来为西方启蒙哲人在道德问题上所陷入的理论困境寻找突破。

虽然如此,朱利安对《孟子》文本的分析显现出极为精熟的解读功力,而且他坚实深厚的哲学理论基础以及对西方哲学的熟练掌握,使他在理解孟子的观点时,能够在一定程度上超越汉学家的视野,开拓出一般汉学家所无力染指的极具创新性的理论疆土。另一方面,西方汉学家的身份又使他避免了中国哲学界的自我封闭性,在中西哲学比较方面拥有独特的优势,能够突破由于中国学者对传统经典的熟识和先入之见而自然产生的理论盲区,看到我们已经熟视无睹因此视而不见的东西。

首先,朱利安明察到中西哲学在根本性的思维模式上的差异。上文指出,朱利安将中国人思维模式归结为一种关系性的互动模式,因此没有西方个体主义的视角,从而避免了主体、客体两分所造成的理论困境,但也正因如此,孟子在与告子进行人性争辩时,缺乏阐明相关问题的范畴,所以难以区分个体与他者的界限,只能用"内"、"外"这样的模糊指称来讨论作为个体的"我"与他者之间的差异。朱利安说:"总的来说,中国思想在此反映出它难以把握道德动因之个人性的弱点,这使我们看到了这一思维模式思考生存之超个体性的便利所带来的负面(或是负担)结果。"西方启蒙哲人自一开始就进入主体我的视野,而一旦如此,他们便"再难理解我是如何能走'出'我自己的",也就无法洞察像怜悯反应促动我付诸道德行动的原因。另一方面,孟子把现实看成是一种互动反应的过程,这样由怜悯所带来的自发反应(行动力)就容易理解了,但却又使我们"再难深入到心这个'独特'的世界了",只能以极具模糊性的"内""外"范畴来摹写心的世界,虽然这也不影响孟子对心官之思的认识与强调,但这种摹写是很难称得上精确的,后世儒者往往以"统"这个字来应对心与之包含和呈现出来的性、情:"心统性情。"①但确实如朱利安所说,中国哲学就此丧失了探颐索隐心的概念的可能性。中西方哲学在这个问题上各自选择了自己的思考路径。就西方哲学而言,主体我与他者如何有效沟通以及由此带来的道德感通和道德行动的动力机制等问题,从近代直至现当代仍然是一个重大的伦理问题,从休谟到卢梭再到康德,从叔本华到尼采再到摩尔和维特根斯坦,都对这个问题给予了足够的重视,但仍然没有提供出一个足以令所有人满意的解决方案,对这个问题的怀疑主义与信念论交相登场,形成了现代西方伦理学的核心问题域之一。② 中国传统儒家在这个问题上往往采取了更为乐观的态度,如孔子"我欲仁斯仁至矣"(《论语·述而》),"为仁由己,而由仁乎哉?"(《论语·颜渊》),孟子"是不为也,非不能也"(《孟子·梁惠王上》),发政施仁而王天下"由反手也"(《孟子·公孙丑上》),两者都只强调道德施行者的意志力,而几乎不考虑接受者的感受以及施行者与接受者之间的关系。这一点在孟子那里以凡事皆反求诸己的方式鲜明地表达出来:"仁者如射,射者正己而后发。发而不中,不怨胜己者,反求诸己而已矣。"(《孟子·公孙丑上》)"爱人不亲反其仁,治人不治反其智,礼人不答反其敬。行有不得者,皆反求诸己,其身正而天下归之。"(《孟子·离娄上》)中国哲学以反求诸己的方式对自我提出了更高的要求,但却无形中忽略了自我与他人之间在道德情境中的互动性,这与朱利安的如上分析似乎不太一致。孟子以"同"这个

---

① 宋儒张载首先提出"心统性情"的命题:"心统性情者也。有形则有体,有性则有情。发于性则见于情,发于情则见于色,以类而应也。"(宋)张载:《性理拾遗》,见《张载集》,北京:中华书局1978年版,第374页。后来朱熹对此亟称之,并反复加以申明:"性者理也,性是体,情是用,性情皆出于心,故心能统之。""统,犹兼也。心统性情,性情皆因心而后见,心是体,发于外谓之用。""心是神明之舍,为一身之主宰。性便是许多道理,得之于天而具于心者,发于智识念虑处皆是情,故曰心统性情。"(宋)朱熹:《朱子语类》,见《朱子全书》第十七卷,上海:上海古籍出版社、合肥:安徽教育出版社2002年版,第3304—3305页。
② 参见[英]P.F.斯特劳森:《怀疑主义与自然主义及其变种》,北京:商务印书馆2018年版,此书围绕道德哲学中作为主体的我与他者之间关系的问题,讨论了各个哲学家如休谟、摩尔、维特根斯坦等的立场和解决方法。

字加以弥补,即在孟子看来,无论何人,都具有共同的欲望,而圣人与普通人也是"同类者",因此人心都是相类同的,这决定了人的情感可以互通,人的行为具有一致性,在道德选择上也有趋同意识,所以当每个人都关心"我"之本心以及"我"之所为,则道德秩序自然建立并得以维持。

其次,在人性问题上,朱利安由"天道"出发,归纳出先秦儒家两种思考人性的道路。其一是化天道为人性的道路,以《中庸》《易传》为代表,如"天命之谓性","乾道变化,各正性命"这样的表述。另一种是孟子的思路,朱利安认为,他不是从天出发来推导人性,而是从人的经历及其所显示的意义出发来理解"天",①这即是"尽心知性知天"的路数。这两条路明显是相反相成的。朱利安从荀子对人性的论述反观孟子的性善论。荀子批评孟子混淆了先天而生和后天所得的区别,先天而生只能在自然主义的意义上呈现,即我们天生就能听能看,这些无需后天学习的感知能力,孟子认为是良知良能,从而赋予其以道德属性,荀子则反驳说这是不对的,道德属性只能来自于后天的"人为"(伪),后者以经验立场来看待人性,这与孟子产生了严重的对立。朱利安指出,荀子的经验论立场并不适合于道德问题,并且其以现实主义的名义对孟子的批判也没有真正触及后者的问题意识。这表现在,荀子在批判孟子时,不知不觉地返回到了孟子的观点上,因为荀子在谈人性时,只就善的公共性、社会之治的角度来谈,而完全没有涉及"心"的概念,显然孟子并没有忽视善的社会公共性,所以荀子的批判对孟子而言是片面的;另外,当有人问为什么市井之人也能成为道德上高尚的人时,荀子指出,一方面道德本身具有一种"理"可以被每个人所认知,另一方面我们每一个人都具有知和行的能力,正是在这一点上,荀子回到了孟子性善论的起点上,即良知良能。只有当每个人在知和行上都具备这种"良"的天性,才会有孝、悌、礼等社会行为规范的遵守,既然这是人的天性,那么荀子在批判孟子的同时,也要预设某种向善的天性。如果不预设这样一种向善的天性或天生的"良"的可能性,圣人制礼作乐是如何可能的(《荀子·性恶》:"圣人积思虑,习伪故"),荀子就无法给出一个确切的答案。② 朱利安对孟荀关于人性论的比较可以说抓住了问题的根本,但这种

---

① [法]弗朗索瓦·于连:《道德奠基:孟子与启蒙哲人的对话》,宋刚译,北京:北京大学出版社2002年版,第47—48页。

② 同上书,第56—57页。

思路却是现代新儒家的一个共识,总体而言,朱利安的如上分析,并没有超出新儒家就相关问题给出的论述。① 紧接着朱利安用"复性"说来解决一切人性论者所面临的恶的来源问题,他认为孟子也是按照"复性"的思路来理解人为什么作恶:即人在日常中丧失了其本性。② 但朱利安也坚决反对人具有"共同本质"之类的观点。在中西哲学比较的视野中,朱利安指出,卢梭与孟子关于人性的共通点有两个,其一是二者都以怜悯不忍为人的自然反应和道德基础,其二是他们都没有对"人"下一个概念,而只是强调"人应当做一个人","人之是人"。③ 以这种方式,朱利安认为就避免了设定"共同本质"的多余之举。因此,他把孟子的人性论引向了一种人道主义,并强调人与人之间在人禽之辨意义上的团结。以这种人道主义为中介,随后朱利安就转向了孟子的社会理想方面的内容,在这方面朱利安展开了对孟子的批判,他认为孟子虽然在人性论上提供了一个浑融无碍的整体一元的道德学说,但却忽略了道德与法律之间的关系问题,同时虽然孟子突出了心在道德领域的作用,但却没有提出"意志"概念,他用了"意志之虚"④这样的表述,这使得孟子无法提供对"自由"的思考,关注责任而忽视自由,是中国传统儒家的一个思想特点。如上种种,反映了朱利安的问题意识仍然是西方的,他解读孟子的目的是寻求对西方伦理道德的自我理解,虽然这种自我理解需要借道中国传统,但道路走过即成过往,目的还在前方,他所关注的核心目标还是自我的理解和对自己的认识。从他反对"共同本质"的角度来看,朱利安将孟子的人性看做是一种有待实现的潜能;但从"人之是人"的角度而言,他又将孟子的人性视为人之为人的根据。因此,综合来看,朱利安倾向于反对将孟子的人性看做是发展的动态过程概念,他意识到了道德修养的工夫过程与人性不是一回事,人性为工夫修养过程提供奠基,也就是为道德本身奠基,而工夫修养过程则是人性在具体的人身上的逐渐呈现,作为人性自身则属于人本心之所属,只是朗现,而无需发展或完

---

① 参见劳思光:《新编中国哲学史》第一卷,北京:生活·读书·新知三联书店 2015 年版,第 249—250 页。劳思光于 1968 年开始撰写《中国哲学史》,由香港中文大学崇基书院初版,1974 年重新编纂为《新编中国哲学史》,由台北三民书局出版。

② [法]弗朗索瓦·于连:《道德奠基:孟子与启蒙哲人的对话》,宋刚译,北京:北京大学出版社 2002 年版,第七章是"失性复求",第 58—70 页。

③ 同上书,第 71—72 页。

④ 同上书,第 90 页以下、第 106 页以下。

善它。这种观念无疑是由对于《孟子》文本的解读所必然带来的一个结果。

# 六、小结:中西哲学之异同

朱利安以"迁回与进入"的方法论切入对中国传统儒家哲学的研究,在将这种方法运用于孟子学的考察中时,他正式步入了他所期待的以他者视角反观西方哲学的视域之中,利用孟子在道德哲学领域提供的各种睿见,重新思考西方伦理学中的一个重大问题,即个体自我与他人如何实现沟通并产生道德感应的问题。但他在这样做的同时,却给我们提供了一个解读孟子的范例,即运用中西哲学比较的方法,以某一问题意识为引导,来展开对《孟子》文本的分析。不过,我们仍然要提醒的是,朱利安的问题意识是全然西方的,虽然我们现在正处于中西交融汇通的新时代,但在面对中国传统经典文本时,我们也时刻需要注意从我们的现实经验生活中寻找自己本土的问题意识,面对我们自身的问题,从古典中寻找答案,或寻求理解自身问题的途径。

还有一个问题或许也应该提及,朱利安把卢梭与孟子加以比较,并得出在怜悯心这个问题上两者有很大的相通性,但他却只字不提卢梭本人对中国传统文化的态度。在《论科学与艺术》一书中,卢梭曾讽刺中国的古典文化及文人:

> 在亚洲有一个广阔无垠的帝国,在那里文章得来的荣誉就足以导向国家的最高禄位。如果各种科学可以敦风化俗,如果它们能教导人们为祖国而流血,如果它们能鼓舞人们的勇气,那么中国人民就应该是聪明的、自由的而又不可征服的了。然而,如果没有一种邪恶未曾统治过他们,如果没有一种罪行为他们不曾熟悉,而且无论是大臣们的见识,还是法律所号称的睿智,还是那个广大帝国的众多居民,都不能保障他们免于愚昧而又粗野的鞑靼人的羁轭的话;那么他们的那些文人学士又有什么用处呢? 他们满载着的那些荣誉又能得出什么结果呢? 结果不就是充斥着奴隶和为非作歹的人们吗?①

卢梭正处于 18 世纪整个欧洲对中国传统文化的态度急转直下的时期,他对当时巴黎学者崇拜中国的风气并不欣赏,这与同时代的伏尔泰形成了鲜明

---

① [法]卢梭:《论科学与艺术》,何兆武译,上海:上海人民出版社 2007 年版,第 29 页。

的对比。应该说,朱利安的比较研究还是很有说服力的,卢梭的怜悯心与孟子的不忍之心之间确实存在着诸多类似之处,这也印证了孟子的如下观点:"东夷""西夷""地之相去也,千有余里;世之相后也,千有余岁,得志行乎中国,若合符节。先圣后圣,其揆一也"。(《孟子·离娄上》)在中西哲学比较的领域,由于中西方思想家在地理和语言上的隔阂,虽然他们在乍一相遇、偶然交锋时会因陌生文化之间的异质性而产生观感上的冲突和对立,但细察之下,其思考的某一问题以及得出的结论可能是相同或类似的,因为在这个领域内的度量法式(揆)是一致的。

　　**Abstract**:François Jullien, the famous French Sinologist, opened up a new way to compare Chinese and western philosophy, that is, through a detour, from the perspective of traditional Chinese philosophy as the Other, to find a way to access into many problems neglected by western philosophy due to familiarity. His path provides a new horizon of reflection on the Chinese traditional philosophy for us, that is, Julien's detour can not only lead to the Western Philosophy, and in his view, the basic concept of Chinese traditional philosophy is the paradigm of detour, because Confucius and Mencius never advanced the question by directly definition and conceptual analysis way, and always expressed their views with beating around the bush. This expression is on the basis of the whole communication between people and things. Mencius lay the foundation for morality with the universal reso-nating ability, namely communicating compassion and moral action, and converting the compassion to moral action, to avoid the subject-object dichotomy and pursuing the nature of the concept in Western philosophy, and thus falling into the trap of dissevering compassion and moral action to destroy moral base. Julien compared the moral thoughts of Mencius and Rousseau, Kant, Nietzsche, and found a solution to the nihilization of Western moral foundation from Mencius' philosophy. For Mencius and Rousseau, it was their common concern to attach importance to compassion, and the possibility of transformation from compassion to moral action was the funda-mental difference between them.

　　**Key Words**:François Jullien, Detour, Mencius, Rousseau, compassion

# 海外汉学与本土立场的视界融合

## ——反思葛兰言与朱利安的阴阳研究*

赵　鸣**

**摘要:**法国汉学家葛兰言与朱利安通过对历代文献典籍中关键词"阴阳"的多角度研究,一致得出中国思想以"内在性"为特征,缺乏"上帝"观念的结论。本文在梳理归纳汉学家观点的基础上,试图从历史发展的视角对这一标签式的结论进行反思,中国思想不是从未有过"上帝"的观念,而是没有深入发展"上帝"的观念。

**关键词:**法国汉学,葛兰言,朱利安,阴阳,上帝

## 一、背景的建立

随着海外汉学成果的日益增多和不断引进,如何理性看待海外汉学,从本土学术的角度对其短板局限进行反思,成为国内学术界的热点议题。本文欲以法国两代汉学家葛兰言(Marcel Granet,1884－1940)与朱利安(François Julien,1951－,亦译于连)对中国古代阴阳观的研究为例,一方面了解不同汉学家的治学思路以做参考,另一方面探讨如何从本土立场对汉学视角作出适当补充。

葛兰言与朱利安都以跨界身份从事汉学研究:前者的作品带有强烈的社会学及人类学色彩,后者主张将中国概念置入西方哲学的场域加以考察,以哲

---

　　* 本文为2017年教育部人文社科研究青年基金项目"法国当代哲学家弗朗索瓦·朱利安对中国传统文化的阐释研究"(项目批准号:17YJC720040)的研究成果。

　　** 赵鸣,武汉大学外国语言文学学院法语系讲师,法国波尔多第三大学文学博士,武汉大学外国语言文学学院博士后,主要研究方向为当代法国汉学、中西哲学比较。

学治汉学。1934 年,葛兰言发表了《中国文明》的姊妹篇《中国思想》(*La pensée chinoise*),探讨主宰中国人精神生活的观念及象征,第二卷"主导思想"重点分析中国古代的阴阳观。葛兰言认为,阴阳是主宰中国哲学的核心概念,"道"又是理解阴阳的另一关键词,它们都不为一门一派所独有,而是作为思想奠基广泛地存在于各类文献传统当中。朱利安在《过程或创造:中国文人思想导论》(*Procès ou création, une introduction à la pensée des lettrés chinois*, 1989)一书中也对阴阳进行了解读并指出,中国思想整体上是以阴阳互动为基础的过程型思维,中国式的创造并非是从无到有意义上的创造,而是如何在发展变化中不断产生效能。

## 二、葛兰言的阴阳研究

受时代背景所限,葛兰言对阴阳的解释带有向西方人科普的性质。他首先纠正了历来对阴阳的两种错误认识,一种将阴阳定义为现代物理学意义上的"力"(force),另一种从实体二元论出发,将阴阳看做"实体"(substance),"道"成为凌驾一切的终极现实,接近于神。这两种认识在葛兰言看来均偏离了阴阳的本质,要理解它们,最直接的办法是广泛深入中国早期经典查找相关记载。

### (一)阴阳:自然现象

葛兰言认为,阴阳之说起于中国人对自然现象的直接观察,最初就是指日月二物。《山海经》以神话笔法描述了日月的由来,羲和为太阳之母:"东南海之外,甘水之间,有羲和之国,有女子名曰羲和,方日浴于甘渊。羲和者,帝俊之妻,生十日"(《山海经·大荒南经》),常羲为月亮之母:"有女子方浴月。帝俊妻常羲,生月十有二,此始浴之"(《山海经·大荒西经》)。羲和浴日和常羲浴月,分别代表了日月当班。《归藏》①以更为明确的文字说明了日月出落

---

① 中国古代有"三易"之说,《周礼·春官宗伯·大卜》云:"(大卜)掌三易之法,一曰连山,二曰归藏,三曰周易";《山海经》云:"伏羲氏得《河图》,夏后因之,曰《连山》,黄帝氏得《河图》,商人因之,曰《归藏》。列山氏得《河图》,周人因之,曰《周易》";郑玄《易赞》云:"夏曰《连山》,商曰《归藏》,周曰《周易》。连山者,象山之出云连连不绝。归藏者,万物莫不归藏于其中。周易者,言易道周普无所不备"。《连山》和《归藏》两种均已失传,《周易》成为唯一以阴阳五行为思想基础的占卜之书。

的交替性:"瞻彼上天,一明一晦。有夫羲和之子,出于阳谷"(郭璞《山海经注》引《归藏·启筮》),阳与阴,即是日月轮班昼夜交替带来的明与晦。阳谷是浴日之所,阳字意为太阳、光亮,月亮为阴,代表黑夜、无光。罗泌《路史·前纪》引《归藏·启筮》,虽将羲和与常羲合二为一共掌日月,明晦交替之意却是一致的,"空桑之苍苍,八极之既张,乃有夫羲和,是主日月,职出入,以为晦明"。先有日月的阴阳二分,继而拓展外延,所有明亮的、温热的、运动的、外向的、上升的都属于阳,所有晦暗的、寒冷的、静止的、内守的、下降的都属于阴。

葛兰言考察的第二个重点是《诗经》,阴阳在其中仍然保留了朴素的原始含义,有别于后来的阴阳五行之学。"梧桐生矣,于彼朝阳"(《诗经·卷阿》),"阳"为本意"太阳"。"既景乃冈,相其阴阳"(《诗经·公刘》),这是风水学的雏形,以日光向背确定阴阳,向日为阳,背日为阴。"在洽之阳,在渭之涘"(《诗经·大明》),地理方位上的阴阳以山南水北为阳,山北水南为阴。再比如时间,"曰归曰归,岁亦阳止"(《诗经·采薇》),"阳"即夏历中的"阳月",指每年的第十个月,中国民间至今保留了"十月小阳春"的叫法,四月则被称为"阴月",阴阳成为划分时令的标记,一天中的正午、一年中的夏季为阳气最盛之时,反之,子时、冬季阴气最盛。儒家名篇《礼记·月令》将时令进一步系统化,不同的历象物候对应阴阳之气的此消彼长:"季春之月,生气方盛,阳气发泄,句者毕出,萌者尽达",开春到初夏,大自然中的阳气呈不断升发之势。"仲夏之月,日长至,阴阳争,死生分",夏至是一年中太阳最长的一天,阳气达到极点的同时阴气也开始萌发,呈相斗之势。唐代孔颖达《礼记正义》引东汉郑玄之注:"争者,阳方盛,阴欲起也。分犹半也",孔疏曰:"死生分者,分,半也。阴气既起,故物半死半生。""仲秋之月,日夜分,雷始收声。蛰虫坏户,杀气浸盛,阳气日衰,水始涸",秋季阳气渐收而阴气渐长。"仲冬之月,日短至。阴阳争,诸生荡。安形性,事欲静,以待阴阳之所定",冬至太阳最短,此时"阴方盛,阳欲起也",阴阳重回争斗之势。《月令》以礼制对生产生活及国家时政进行了巨细靡遗的规定,行王政的基础在于顺阴阳,奉四时。

**(二)阴阳:万物象征**

《周易》标志着阴阳意义的抽象,从具体的现象走向了对现象的归纳,阴阳被符号化,代之以阴爻(- -)和阳爻(—)。《系辞》开篇曰:"日月运行,一寒一暑。乾道成男,坤道成女",乾卦皆由阳爻组成,纯阳为天,坤卦皆由阴爻组成,纯阴为地。乾坤象征的阴阳二元普遍存在于世界之中,天地人伦,阴阳之道一以贯之。如何理解作为"天地之大理"(语出《管子·四时》)的阴阳呢?葛兰言在翻译"一阴一阳之谓道"时受到启发,若译为"un côté Yin, un côté Yang"(一面阴一面阳),指空间上的阴面与阳面作为对立共存;若译为"unefois Yin, unefois Yang"(一时阴一时阳),则是从时间上考虑,日月明晦有先有后,循环往复。这就是说,阴阳的关系兼具了对立与交替。先来看对立,阴阳象征所有处于相反状态的事物或现象,他在《系辞》之外引用了《墨子·辞过》中的一段话:"凡回于天地之间,包于四海之内,天壤之情,阴阳之和,莫不有也,虽至圣不能更也。何以知其然? 圣人有传:天地也,则曰上下;四时也,则曰阴阳;人情也,则曰男女;禽兽也,则曰牝牡雄雌也。"由此可见阴阳有具体的指代,只是指代的对象不确定,或者说无所不包。葛兰言在《中国思想》里写道:"中国人避免借助概念进行思考,即在抽象的时空背景下对某个概念做出超越现实的定义。比起定义概念,中国人更喜欢使用带有丰富联想性的象征,他们不去分辨独立存在的实体,而是要在具体的环境中进行象征物之间的互动。"[1]他用了一个表达 rubrique-maîtresse 来定义阴阳,作为万物象征的"阴阳"如同树木的主干,其上生出日夜、寒暑、天地、男女、雌雄、上下、动静等无数对立性质的枝叶,这实际意味着一种人为秩序的建立,通过构筑一组组对立来认识万物、组织思维。此外,令葛兰言好奇的是中国人不对事物进行种类(espèce)细分,也不谈语法意义上的阴阳性(genre),而是从生物学的角度理解性别(sexe),简单以阴阳划出对立(Granet:118)。究竟阴阳是如何与性别挂钩的呢? 北京大学哲学系教授吴飞在探讨"生生之谓易"的问题时给出了一种解释,从《系辞下》"天地絪缊,万物化醇。男女构精,万物化生"一句推断,中国人是以男女雌雄交合产子反过来推想天地元气交泰、化生万物之事,进而抽象出阴阳两大原则。"作《易》者将天地想象为一对父母,并画卦而为乾坤,这对父母生出三男三女,就构成了其他六个卦,即所谓'乾坤六子'。再由这最简单的八卦,重卦而为六十四卦,遂使天地生生之德更加抽象化,成

---

[1]　Marcel Granet, *La pensée chinoise*, Paris: Albin Michel, 1988, p.125.

为一个更加丰富的易学体系。"①另一方面,葛兰言又认为阴阳之间的对立是一种有别于"存在—非存在"、"善—恶"的相对的对立,对立之外更重要的关系是互根。《系辞上》:"阖户谓之坤,辟户谓之乾,一阖一辟谓之变,往来不穷谓之通。"一阖一辟,周而复始,正如日升月落、寒来暑往,象征阴阳配合的有序性和节奏感,类似的表达在汉语中比比皆是,如葛兰言引《庄子·外篇·天运》一段:"四时迭起,万物循生。一盛一衰,文武伦经。一清一浊,阴阳调和。流光其声,蛰虫始作,吾惊之以雷霆。其卒无尾,其始无首。一死一生,一偾一起,所常无穷,而一不可待。"盛衰、清浊、死生、偾起,在对立之外,也以对方的存在作为自己存在的前提,互补共生。

**(三)道与阴阳五行**

传统上将"道"的概念归入道家一派,葛兰言判断为年代久远、文献有限之故,"道"应属中国思想所共有。从字源考证,"道"之本意与阴阳有密切关系,应该继续从"一阴一阳之谓道"入手探析。"道"同时包含阴与阳两面,但它不是二者的总和,而是阴阳交替的过程。"道是一种调节,它本身并不创造事物,只是让万物各安其位、各守本分,道是主宰时空万物的节奏"(Granet:269)。"道"即"中",表示无所偏倚、中正调和,与五行渊源颇深。《尚书·洪范》中,殷商遗臣箕子向周武王陈述治理天下之法,提出了五行,水、火、木、金、土相克相生,对应五味、五方、五事、五福、五德等等。战国末期阴阳家邹衍将阴阳与《洪范》"五行"结合,创造出阴阳五行儒学,用"五德终始说"解释了历史朝代的更迭规律。黄帝为土德,夏为木德,商为金德,周为火德,秦为水德,后一朝代的象征物要克前一朝代,由此形成封闭循环。"五行"的提法并非偶然为之、毫无理据,而是反映出中国人对"中"的崇尚,正所谓"东木西金,南水北火,戊土居中"。数字五及文字五,均有"正中"之意,《系辞下》云:"天数五,地数五,五位相得,而各有合"②,天数(奇数)为阳,地数(偶数)为阴,五居阳数正中。至于"五"字的构造,《说文》云:"五,五行也。"清代段玉裁注:"古之圣人知有水火木金土五者,而后造此字也。从二,像天地。阴阳在天地

---

① 吴飞:《论"生生"——兼与丁耘先生商榷》,《哲学研究》2018年第1期。

② "天数五"即1、3、5、7、9五个数字,"地数五"即2、4、6、8、10五个数字,"五位相得,而各有合"即25(1+3+5+7+9)+30(2+4+6+8+10)=55。

间交午也。"甲骨文"五"写作"Ⅹ",寓意阴阳二气交错,后添两横,上为天,下为地,阴阳二气在天地间交错。"行"与"道"本意一致,"道,所行道也",指四通八达的大路,"行,道也",甲骨文作𣥽,金文作𤙠,意为十字路口、交通要道。"五"与"行"皆寓"交叉"、"中点"。

葛兰言对"道"还有第二重理解,它是中国文化发端之际打造的一个政治词汇。大禹治水的传说中,应龙甩尾在前,为禹除道,旋龟负息壤在后,"禹乘四载,随山刊本,定高山大川",帝王所行之道,是为王道也,后与最高权力嫁接成为一种最高准则,由此建立起理想的社会秩序,最大限度地保证国家机器的运转效率。葛兰言引贾谊《新书·修政语上》对黄帝的记述:

> 黄帝曰:"道若川谷之水,其出无已,其行无止。"故服人而不为仇,分人而不谭者,其惟道矣。故播之于天下而不忘者,其惟道矣。是以道高比于天,道明比于日,道安比于山,故言之者见谓智,学之者见谓贤,守之者见谓信,乐之者见谓仁,行之者见谓圣人。故惟道不可窃也,不可以虚为也。故黄帝职道义,经天地,纪人伦,序万物,以信与仁为天下先。然后济东海,入江内,取绿图,西济积石,涉流沙,登于昆仑。于是还归中国,以平天下。天下太平,唯躬道而已。

"道若川谷之水"的说法与《道德经》中的"上善若水,水善利万物而不争,处众人之所恶,故几于道"并无二致,然而整段文字突出"道"为圣王统一天下的合法性来源,黄帝守道乐道、循道而行,故能平治天下。"道"在此处作两种解释:一是以"仁"为核心价值的道义,二是统治大法、治国之道。黄帝身为华夏文明之祖,将施行仁政作为君王追求的理想,成后世效法之典范,"故上缘黄帝之道而行之,学黄帝之道而赏之。加而弗损,天下亦平也"。葛兰言认为,从上古的"黄帝之道"开始,"道"在中国文化里就被打上了政治的烙印,其实质是一种"驭民之术"(Granet:251),以守中持正为本。《尚书·洪范》列治国大法九种,称"洪范九畴",第五畴"皇极"居中,讨论何为"王道":"无偏无陂,遵王之义。无有作好,遵王之道。无有作恶,遵王之路。无偏无党,王道荡荡。无党无偏,王道平平。无反无侧,王道正直。会其有极,归其有极。"顶点为"极",皇帝登"极"而小天下的前提是建立一套王道秩序,中正无偏,统领四方。

### （四）葛兰言的结论

通过对中国古代阴阳观的分析,葛兰言得出的第一个结论是:中国人的逻辑是一种秩序逻辑、效率逻辑和等级逻辑。他们对抽象的概念没有任何兴趣,认为精神不能脱离物质而独存,宇宙秩序非人为建立,而天然地由各种关联性构成。"道"是秩序和效率的升华,引导人们认识事物之间的关联,明确责任。以君王为代表,人在宇宙中的作用是维护秩序。接着这一点往下说,中国人只关心事物之间的横向关联,而不考虑纵深方向的原因、动力。以机械制造为例,葛兰言认为中国人尽管也表现出惊人的才能,但如庄子"轮扁斫轮"所言:"得之于手而应于心,口不能言",他们不解释原理,也不对运动、重量进行思考。《道德经》中称"道"为"天地之始"、"万物之母",似有将"道"作为宇宙第一动因之嫌,事实上,道既不是第一动因,也不同于造物主,它只是既有秩序的象征。

至此,葛兰言得出了他对中国思想的总体结论:中国思想没有对超越性的设计,没有任何关于上帝的观念,相应地也没有神权及教会系统。从神话的角度讲,中国的神话大多以圣人英杰为对象,并非是与人有不同本质的神。玉皇大帝是政治神话的产物,多见于文学作品,道教没有对其神圣性的真正思考。中国人的思维甚至从不被神所困,即便有也是暂时的、地域性的,节走神走。从造物的角度讲,世界不是被创造的,《史记·大禹本纪》记载:"大禹行山表木,定高山大川,左准绳,右规矩,载四时以开九州,通九道,陂九泽,度九山。"大禹这样的圣王并非世界的创造者,而是秩序的维护者,只能为山川万物命名布局。

## 三、朱利安的阴阳研究

葛兰言显然秉承法国汉学的传统路径,深入文化内部寻找线索,就中国论中国。朱利安则不同,他对阴阳的认识以明清思想家王夫之的两部著述为基础——《张子正蒙注》及《船山易学》①,在中国思想体系之外,采用了外部映

————————

① 朱利安之所以推崇王夫之,是出于后者打通古今的时代背景。明亡清兴之际,中国思想没有与西方进行实质性的接触,进而受到影响,王夫之的思考可以说完全承袭于传统,且在经历秦儒、汉儒、宋儒之后,为儒家正统提供了一种终极的反省与诠释。

照法,使中西互为镜像,透过西方文化为什么没有阴阳,反过头来理解中国思想为什么需要阴阳。

### (一)西方的一元与中国的一元

朱利安将中西对宇宙本体的回答作为理解阴阳的切入点。支撑西方文明的希伯来信仰和希腊理性,都是以"创造模式"思考世界从哪里来的问题。创造意味着从无到有,这个过程必然伴随"所造物"与"造物者"的对立。《圣经·创世纪》的描述无需赘言,早在哲学提出"第一推动力"的论断前,柏拉图也用类似的"神创说"解释过宇宙的起源。按照他的推理,天体或宇宙是有形物体,可见可摸,"可感知的物体总是在被创造的过程中,被造者必有原因","没有原因就没有生成"。在宇宙被创造以前,就有一个造物者是永恒存在的,继而"以永恒不变的存在作为模式创造万物"①,宇宙是造物者的摹本。其次,造物主造物并非杂乱无章,而是遵循一整套周密的计划,包括材料选择、比例形状、时间设计等等。虽说"创造模式"有太多无法自圆其说的逻辑漏洞,例如:沿着造物主与所造物的因果链向上追溯,造物主又由谁创造呢?如何解释创世之前的"时间"?等等,然而这套思考模式却被保留下来,固化为西方人的思维定式。其要点有二:第一,世界的起源是可以追因的,造物者为因,万物为果。当历史发展出现无法用逻辑推演的状况时,便诉诸于"事件"、"奇迹"这样的概念来弥补,典型如《圣经》的创世之谜、好人约伯的受罚、耶稣的死而复生。朱利安认为欧洲文化在这层意义上可以说是一种"事件文化"②,通过宏大叙事制造断裂、开启未知,是它自始至终都在传承的东西。第二,遵循目标(理式)到行动、起点到终点的线性思维。"时间"概念的发明、主体客体的区分、创世与末日之说、死亡哲学的发达,都与目的论思维有关。

阅读王夫之,朱利安看到了一种完全独立于西方的宇宙观。王批判老子、佛家的"有无生灭"论,认为二者实际都是从创有的意义上谈宇宙生成:

> 老氏以天地如橐籥,动而生风,是虚能于无生有,变幻无穷,而气不鼓动则无,是有限矣,然则孰鼓其橐籥令生气乎?有无混一者,可见谓之有,不可见遂谓之无,其实动静有时而阴阳常在,有无无异也。③

---

① 柏拉图:《蒂迈欧篇》,28B—28C,谢文郁译,上海:上海人民出版社 2005 年版,第 20 页。
② Cf.François Jullien,*Les Transformations silencieuses*,Paris:Grasset,2009,p.150.
③ 王夫之:《张子正蒙注卷一·太和篇》,北京:中华书局 1975 年版,第 9 页。

按照老子的推演,无在先,有在后,无中生有,世界的本源是虚空。王夫之从两点予以反驳:首先,虚空并非一无所有,"凡虚空,皆气也",虚空中充塞着弥沦无涯、希微不形的"气","虚涵气,气充虚,无有所谓'无'者";其次,以"有无"论万物不过是蔽于耳目闻见,"(气)聚则显,显则人谓之有,散则隐,隐则人谓之无",然而气是恒定存在的,未尝有"有无","聚而成形,散而归于太虚,气犹是气也"。佛家言"生灭",将宇宙演化分为成、住、坏、空四劫,与老子从无到有的创生论名异实同。王夫之以物质运动带来的形式转化为反驳,"水唯一体,寒可为冰,热可为汤",物质本身是永恒不灭的。本然之气充满太虚,富有形态上的各种变化(往来、屈伸、聚散、幽明),"其本体不为之损益"。四时流转,春夏为来、为伸,秋冬为往、为屈,"秋冬生气潜藏于地中,枝叶槁而根本固荣":

> 车薪之火,一烈已尽,而为焰,为烟,为烬,木者仍归木,水者仍归水,土者仍归土,特希微而人不见尔。一甑之炊,湿热之气,蓬蓬勃勃,必有所归,若庵盖严密,则郁而不散。汞见火则飞,不知何往,而究归于地。有形者且然,况其絪缊不可象者乎!未尝有辛勤岁月之积,一旦悉化为乌有,明矣。故曰往来,曰屈伸,曰聚散,曰幽明,而不曰生灭。生灭者,释者之陋说也。(张子正蒙注:7)

太虚之气流动洋溢,未尝止息,升扬飞降,便有阴阳之分,"轻者浮,重者沉,亲上者生,亲下者降,静而趋行者动,动而赴止者静,皆阴阳和合之气所必有之几"(张子正蒙注:1),"浮而上者阳之清,降而下者阴之浊"(张子正蒙注:12),昼夜交替、寒来暑往,"盖二气之嘘吸也"。阴阳的共存方式以太极图来展现:黑白两条大鲵分别代表阴阳,首尾相追,拼合为一个完整的圆形。阴阳殊体却又合一,独阴不成,孤阳不生,王夫之称这种浑沦的状态为"太极":"太极阴阳之本体,絪缊相得,和同而化,充塞于两间,此所谓太极也。"[1]阴阳二气不分先后,太极与阴阳也非创生关系:"太极生两仪(阴阳),非太极为父,两仪为子之谓也。阴阳无始者也,太极非孤立于阴阳之上者也。"(船山易学:516)由此总结,"创造模式"的一元即"第一动因",超然于万物之上,以外部介入的方式为混沌的宇宙建立秩序;气本论的一元实为二元合一,阴阳二体絪缊

---

① 王夫之:《船山易学》,台北:广文书局1981年版,第515页。

相荡,合于一气。

## （二）西方的二元与中国的二元

西方思想中有没有类似阴阳的二元关系呢？在朱利安看来,东西方均有成对出现的概念,但两者在构成方式上有本质差别。参照西方话语体系下二元关系的建构,可以帮助我们从另一个角度思考阴阳:

> 在西方思想中,成对的概念一个在上,一个在下,而且它们是相互隔离的、对立的,没有关联性。"绝对"和"相对"、"存在"和"现象"之间没有相互作用,只有降级和贬值。"实在"不能揭示"存在","现象"不能说明"真理"。①

乍看上述观点,很容易囫囵吞枣将西方式的二元关系简单理解为两极的决然对立。真正吃透朱利安的话中之意,有必要援引法国文论家热奈特在《辞格二集》中以日夜为例对二分法所做的经典分析。热奈特指出,日与夜在反义关系之外还存在包含关系,他将这种悖论称为"二分法的范式缺陷"（paradigme défectif de la dichotomie②）:对立关系中的一方可同时指代双方。Jour（日）一词在法语中除了表示日出到日落之间的白昼,与日落到日出之间的Nuit（夜）形成对立,还可以指全天24小时。因此,Bonjour既是"早安、日安",也可用于一天当中的任何时段,泛泛翻译为"你好",bonne nuit则只能表示"晚安"。同样,在homme（男）与femme（女）这组对立中,homme既单指男性,也是包含了男女两性的人的统称。热奈特试图说明,西方人是依照主客（Sujet-Objet）标准来建立二元关系的,在日—夜、男—女两组概念中,对立双方的地位从一开始就被设计为是不平等的,一个（日、男）为主概念,一个（夜、女）为次概念,一个为基础,一个为增补。朱利安上文的成对概念"一个在上,一个在下"、"没有相互作用,只有降级和贬值",表达的正是这层意思。

那么,阴阳是主概念和次概念的关系吗？显然不是。王夫之对阴阳关系的论证是层层推进的:首先,阴阳如昼夜、寒暑、动静、语默、行藏一样,为对立的殊体。阴阳二气一嘘一吸,一舒一敛,由此而来寒已而暑、暑已而寒,"春秋分而气易"的天道循环;对立之外,阴阳又相互依存。王夫之以阖辟论阴阳互

---

① 秦海鹰:《关于中西诗学的对话——弗朗索瓦·于连访谈录》,《中国比较文学》1996年第2期。

② Gérard Genette, *Figure II*, «Le jour, la nuit», Paris: Seuil, 1969, p.104.

根之理："阖辟者,疑相敌也,往来者,疑相反也,然而以阖故辟,无阖则何辟以辟? 故辟无阖则何阖,则谓阖辟以异情而相敌,往来以异势而相反。"(船山易学:1020)朱利安认为这一点道出了中西二元概念的本质区别,中国思想的成对概念处于同一层面,"一方的存在以另一方为前提,一方也是另一方"①。第三,太极中的阴阳,处于此消彼长的运动变化之中,"变化者,进退之象也","阳之退化者,阴之进"(船山易学:466),一方在自我展开的同时迈向并进入另一方,最终实现转化,"阴亢已极,则阳必奋起"(船山易学:45)。王夫之分别用了"变"和"通"来定义阴阳的互根与转化:"一阖一辟之谓变,往来不穷之谓通。"(船山易学:1020)以四时推迁解读,阖辟代表了冬夏,寒暑之间的转化需要依靠"春秋"两季的过渡,此时,"阴中有阳,阳中有阴","春温而不无凉雨,秋肃而不废和风"(张子正蒙注:64)。由冬入春是寒转为暑的变,由春到夏是热到更热的通,同样,由夏入秋是暑转为寒的变,由秋到冬是冷到更冷的通。"变"代表分岔,"通"代表接续,"变"为"通"开辟道路,"通"为"变"修损止耗,二者配合有序,环环相扣,即为通达。朱利安认为,中国人将最早的编年体史书命名为《春秋》,一来出于农耕文明对天道自然的依赖,二来说明中国思想不重"起点终点",而重"过渡"。

### (三)朱利安的结论

对比创有模式,朱利安将中国思想解释为一种过程模式,它最大的特点是:"不需要充当第一因和第一推动力的造物主,也没有对绝对超验性——上帝的体验。"(Jullien:75)阴阳循环的观念基础当然来自农耕文明对天运物象的直接观察,四时行而百物生,天地行不言之教。《圣经》则提供了另一种版本:人类为羊群,上帝如牧羊人,通过言语驱赶羊群、下达谕令。阴阳互抱于封闭的太极之中,意味着:一、无需借助外力,所有更新均由内部自行消化完成;二、起源问题被消解,只有过渡,没有始终。王夫之不以有无,而以聚散来解释"始终":"始终,非有无之谓也;始者聚之始,日增而生以盛,终者聚之终,数盈则日退而息于幽。非有则无以始,终而无则亦不谓之终矣,所自始者即所自终。"(张子正蒙注:336)朱利安从《易经》末尾两卦的排列得出更为宏观的结

---

① François Jullien, *Procès ou Création, une introduction à la pensée des lettrés chinois*, Paris: Seuil, 1989, p.51.

论,六十三卦"既济"指渡水之后,六十四卦"未济"反而回到渡水之前,以新的起点作为终点。这就是说,没有真正的开始与结束,只有不断地过渡,生成的生成。中国人不重视原初或末日之说,是因为思想自奠基之时便摒弃了对"始"与"终"的界定,而将关注点放在了中间的过程。古汉语讲"终始"不讲"始终",正是过程思维的反映。

# 四、本土视野的反思

从葛兰言到朱利安,承续了法国汉学重视阅读一手资料的大传统,只是在文本选择上有所差异:葛兰言立足于中国早期文本,关注阴阳与"道"的关系,认为阴阳的本质即秩序;朱利安以西方的创造观对比王夫之的气本论,认为阴阳构成了一个自我更新的闭环。二人运用不同方法对不同文本进行了分析,然而得出的结论却一致:无论阴阳秩序或阴阳太极,中国思想都体现出一种自给自足的"内在性",没有"上帝"的超验概念。上帝缺位,与其说是葛兰言和朱利安的结论,不如说是他们研究阴阳的理论预设,是西方汉学家乃至整个思想比较领域给予中国文化的既定标签,在此前提下,民族个性呈现出重实际黜玄想的特征。朱利安多部作品均论及它对中国思想走向的影响:由于缺少人格化的上帝,导致中国思想注重进程忽略创造,没有发展出与"时间"对立的"永恒"(参见《论时间》),中国人的道德只能依靠对人类天性的启发(参见《道德奠基》)等等。至于上帝缺位的原因,却不是他研究的内容。作为中国人,我们不能盲目接受这样的预设,而要从本土历史的视角进行回溯与反省,深入一步发问:中国文化是否真如汉学家所说没有"上帝"的概念? 究竟是从未有过,还是一度有过,却在某个时期,因为某些原因被隐去了?

## (一)殷文化与人格化的"帝"

中国文化是否从来没有人格神的概念? 答案绝对是否定的。最早出现"天"、"帝"的文献,就是郭沫若所说的"自一八九八年以来由安阳小屯出土的在龟甲兽骨上契刻着的殷代卜辞"[1]:

　　　　今二月帝不令雨。(在这二月天里天帝不会下雨。)——《卜》三五六

---

[1]　郭沫若:《中国古代社会研究》,石家庄:河北教育出版社 2000 年版,第 304 页。

帝其降堇(馑)？（天帝要降下饥馑吗？）——《卜》三七一

王封邑，帝若。（国王要建都城，天帝答应了。）——《卜》三七三及三

七四

卜辞即殷代太史太卜占卜吉凶的记录，说明至少从殷代开始，"帝"已经出现在中国文字当中，就是指人格化的天帝、上帝。对此郭沫若有一番详细的解释："由卜辞看来可知殷人的至上神是有意志的一种人格神，上帝能够命令，上帝有好恶，一切天时上的风雨晦暝，人事上的吉凶祸福，年岁的丰啬，战争的胜败，城邑的建筑，官吏的黜陟，都是由天所主宰，这和以色列民族的神是完全一致的"（郭沫若：310—311）。"帝"与"天"一开始并不混用，"天"最初指人的头顶，《说文解字注》中说："天，颠也。……颠者，人之顶也。以为凡高之称。"根据帝俊与玄鸟两种传说，"帝"既是人格化的至上神，也是与殷民族有血缘关系的祖先神。《山海经》有 16 处提到帝俊：

帝俊生中容。帝俊生晏龙。帝俊生帝鸿。帝俊生黑齿。有五彩之鸟相乡（向）弃沙，惟帝俊下友。帝下两坛，彩鸟是司。——《大荒东经》

帝俊妻娥皇，生此三身之国。帝俊生季厘。羲和者帝俊之妻，生十日。——《大荒南经》

帝俊生后稷。帝俊妻常羲，生月十有二。——《大荒北经》

帝俊竹林在焉，大可为舟。——《大荒北经》

帝俊生禺号。帝俊赐羿彤弓素矰。帝俊生晏龙，晏龙是为琴瑟。帝俊有子八人。帝俊生三身。——《海内经》

帝俊首先是日月之父，他的两个妻子羲和与常羲分别生下了十个太阳和十二个月亮，这就有天帝、至上神的意味了。帝俊又是最早的人王，"有子八人"，"帝俊妻娥皇"又将帝俊与帝舜联系到了一起，传说中尧的两个女儿娥皇、女英同嫁舜为妻。至上神与祖先神合二为一的痕迹可见一斑。

天命玄鸟，降而生商。——《商颂·玄鸟》

简狄在台誉何宜？玄鸟致贻女何嘉？——《楚辞·天问》

高辛之灵盛兮，遭玄鸟而致诒。——《楚辞·九章·思美人》

郭沫若认为，玄鸟与帝俊传说中提到的"五彩之鸟"都是指凤凰，有《离骚》诗句为证："望瑶台之偃蹇兮，见有娀之佚女。……凤凰既受诒兮，恐高辛之先我。""凤凰受诒"与《天问》中的"玄鸟致贻"，都是讲殷人祖先——王母

简狄的传说。玄鸟之"玄"并非黑,而是神玄。玄鸟遗卵于人间,简狄吞之而生契,契就是殷人的始祖。玄鸟自天上来,代表契是天帝之子。联想耶稣,玄鸟可以说象征圣父上帝,简狄是圣母玛利亚,而契就是圣子耶稣。耶稣究竟是人是神,或半人半神,始终模糊不清,存有争议。契这位殷人的祖先究竟是人是神也是个谜,说他是人,他的出生分明带有强烈的神话色彩,说他是神,他却由人母生出。然而不论怎样,这种模糊性再次证明了殷人文化里至上神和祖先神的同一。

神灵崇拜与祖先崇拜合二为一,导致了后来人格化的单一神的消失。朱建军在《中国的人心与文化》中分析过二者产生的不同文化结果①:神灵崇拜是一种集体性的活动,需要全社会建立一套祭司制度,由最初群体的领导者担任大巫师、大祭司,发展到后来的教皇、牧师、修士阶层。在犹太教和后来的基督教中,全体教众因同一个神灵、同一种信仰而团结。祖先崇拜是小范围内的家族活动,不需要西方式的教会组织,只要在家中供奉祖先牌位进行祭祀,每个家族的祖先即是他们的唯一神。家庭内部可以因同一个祖先团结起来,但整个社会却找不到共同的凝聚力。

**(二)周文化与去人格化的"天"**

公元前 11 世纪,周王朝取代殷商。随着政治权力的易主,"帝"的观念也发生了改变,人格化的"帝"逐渐向笼统化的"天"过渡,确切地说,周人将前代殷人的"帝"改换成了符合自己政治利益需要的"天"。《礼记·表记》中有一段孔子关于殷周两代鬼神观念的记述:"殷人尊神,率民以事神。先鬼而后礼,先罚而后上,尊而不亲。……周人尊礼尚施,事鬼敬神而远之。近人而忠焉,其赏罚用爵列,亲而不尊。"周人尊神,并非出于虔诚的宗教热忱,而出于实际的政治考虑。作为后起民族,周本身没有什么文化积淀,按照郭沫若的说法,"周人在古公即太王的时代都还在穴居野处,经过王季和文王的两代便突然兴盛了起来,仅仅五六十年终至把殷朝灭了"(郭沫若:317)。周人在军事上打败了殷人,在政治上替代了殷人,但在文化上却无法完全抛弃殷人已经建立的现成的宗教体系,只能选择承袭。

周人还是一个信奉"天"的西方集团,与东方信奉"帝"的集团(包括

---

① 参见朱建军:《中国的人心与文化》,太原:山西人民出版社 2008 年版。

殷人），在宗教文化传统上不同。与"帝"的观念相比，"天"的观念更朴素，更少人格意味，更接近自然。……这个人数不多的质朴民族，及其新兴的统治集团，在通过牧野一役突然攫取了文化先进的中原地区的控制权后，立即面临着多方面的挑战。其中，宗教文化上的压力比较突出。因为，这关乎周人发动的"殪商"战争是否正义、周人的新统治秩序是否合理等根本问题。①

殷人尊崇"帝"，因为他主宰殷人生活的方方面面，且与殷人有着血缘上的亲密。然而，他只是殷人的"帝"，正如耶和华只是犹太人的神，并非埃及人或希腊人、罗马人的神。周人与殷人有着不同的宗教文化背景，殷人的"帝"与新兴的周民族本无任何观念或血肉上的联系，但是出于冷静的社会政治方面的考虑，周初统治者迫切需要将这个"帝"加以改造而后利用，以使自己的灭商之举正义化、合理化，进而建立新的统治秩序。于是，周人创造了一个新的名词——"天命"。赵林认为，"帝"向"天"的转变是一个循序渐进的过程，《尚书·周书》中，"天"、"皇天"与"帝"、"上帝"并存，"天"的字眼频频出现，"帝"也没有完全消失。《尚书·召诰》中，"帝"与"天"的混杂使用（"皇天上帝改厥元子兹大国殷之命"）表明殷周的宗教观念正在一步步地融合演变：

> 周人接替商人的统治，并非只是一次政治权力的易手，而且还伴随着一场意义深远的宗教改革运动。这场宗教改革运动的实质是殷人原始宗教信仰的世俗化和伦理化。它的结果是伦理意识的天命观代替了生殖意识的祖神崇拜，抽象的"天"（或天命）代替了具体的"帝"，道德继承代替了血统继承，德行代替了祭祀，伦理文化代替了重巫文化。②

再举周初文献《康诰》中的例子，成王向弟弟康叔解释殷亡周兴的合理性时说："闻于上帝，帝休，天乃大命文王，殪戎殷，诞受厥命。"（谢选骏：204）帝知晓了周人的德行，因此赐福于周，天向文王下达了指令，命周人打败殷人，周人因此开始接受这个天命。殷人的"帝"模糊却又自然地过渡到了周人的"天"再到"命"。这是后者刻意制造的效果，保留殷人的"帝"，同时在旧的系

---

① 谢选骏：《空寂的神殿——中国文化之源》，成都：四川人民出版社1987年版，第202—203页。

② 赵林：《协调与超越——中国思维方式探讨》，武汉：武汉大学出版社2005年版，第61—62页。

统中注入新的观念,证明殷亡周兴的正当合理。表面看来,还是殷人的那个"帝",之所以不再维护自己的后代殷人而命令外族周灭掉殷,是因为周人有德,殷人失德,天帝要重新任命他在人间的代表。这一转变具有深刻的含义,它意味着殷人"至上神"与"宗祖神"的合一观念到了周人这里即告终结,周人割裂了殷王与其"帝"的亲缘关系,从此,新的王权法则不再是血统继承,改为道德继承。"帝"成为了空有其表的摆设,去人格化的"天命"成为新的权力继承标准。至此,我们可以说:中国历史发展到西周,纯粹人格化的上帝便逐渐隐去,直至完全消失了。

殷人与"帝"的交换关系,如犹太人与上帝。人向"帝"献上祭品,"帝"便以无条件地支持殷王作为回报。周天子以"天"、"命"替代了"帝","天"在挑选人间代表时有严格的标准,天命随"人德"转移,有德之人天命所归,无德之人自革其命。也正是从西周时代起,统治者启用"天子"之称为自己正名。周较殷之进步,就在于周人淡化了上帝的角色,发现天命与人的社会行为之间有绝对的密切关系,徐复观将这种主观精神的觉醒称为"忧患意识"的产生:

> 周人革掉了殷人的命(政权),成为新的胜利者;但通过周初文献所看出的,并不像一般民族胜利后的趾高气扬的气象,而是《易传》所说的"忧患"意识……忧患心理的形成,乃是从当事者对吉凶成败的深思熟虑而来的远见,在这种远见中,主要发现了吉凶成败与当事者行为的密切关系,及当事者在行为上所应负的责任。①

一方面,周人改人格化的、实指的"帝"为无形无名的、形而上的"天";另一方面,周人对天也抱持着强烈的怀疑态度,是实际上的无神论者。周人灭掉了殷商,却善于从这一事件中总结经验教训,知兴亡更替之道。"天命靡常,惟德是从",周文化中的"天"不是在指老天爷或天帝等,而根本就是蒙上了面纱的"德"。"天不可信,我道惟文王德延"(《君奭》)帝不可信,天不可信,高贵血统不可信,什么才可信呢? 只有德行可信。君王只有施行仁德,励精图治,才是江山稳固的根本。殷王朝之所以走向覆灭,完全由于是后来的统治者耽乐腐败,咎由自取,"生则逸,不知稼穑之艰难,不闻小人之劳,惟耽乐之从"(《尚书·无逸》)。反观殷朝初期的统治者太戊(中宗)、祖甲等,之所以能够

---

① 徐复观:《中国人性论史·先秦篇》,上海:上海三联书店2001年版,第18—20页。

"嘉靖殷邦",并不是因为"帝"的保佑,而是由于"天命自度,治民祗惧,不敢荒宁"。天命于是变得不再神秘虚幻,而是完全取决于人的责任感和道德努力。这一观念后来就演变成了《尚书》中那句不断引用的经典——"天视自我民视,天听自我民听"。周人的"天"、"天命"、"天道"已经具体化为民意。统治者的"天命"取决于人民的意见,民即天,民意即天意。

## (三)结语

在2018年11月召开的第六届世界汉学大会上,"海外汉学与本土学术"作为一个重要议题被提出。中国文化的传承与研究,一方面需要本土学者励精图治,另一方面也离不开汉学家的积极贡献。海外汉学有他者立场的天然优势,擅长"以众学治一学",提出的观点往往具有广阔的比较视野和更为普遍的参考价值,但正如中国人民大学文学院教授程光炜所言,汉学视角的最大问题在"国外学者与研究对象的隔膜","与中国的历史传统、文化气候、地理等结合比较生硬",反而一些具有敏锐眼光和深厚功力的本土学者可以将理论与史实结合,"通过严谨的分析层层推进得出更加令人信服的结论"①。总之,研究海外汉学,不但要了解不同汉学家的观点,还要同时参考中国学者的成果,从本土视角审视、反思海外汉学。多方思想的交叉映照,才可能带来对中国问题真正全面客观的认识。

# Fusion of sinology and localposition:
## Reflections on the Yin-Yang Studies of
## Marcel Granet and François Jullien

### Zhao Ming

(College of Foreign Languages and Literature, Wuhan University)

**Abstract**: Marcel Garnet and François Jullien have consistently concluded, through their multi-angled researches on the key words "Yin-Yang" in different Chinese classics, that Chinese thought is characterized by "inherence" and lacks the

---

①　《切实反思"汉学心态"》,《人民日报》2017年2月17日,opinion. people. com. cn/n1/ 2017/0217/c1003-29088710. html.

concept of"God".On the basis of summarizing the views of two sinologists,this paper attempts to reflect on this conclusion from the standpoint of local historical researches.The concept of"God"once existed,but has not been deeply developed in Chinese history.

**Key Words:**French sinology,Marcel Granet,François Jullien,Yin-Yang,God

# 福柯关于两种真理的
# 诠释与东西方哲学的共有范式

陈群志*

**摘要**:福柯晚期尤为重视处理主体与真理的关系问题,他区分了两种真理:认知性真理和精神性真理。作者从具体的文本入手,探究了福柯作此区分的根本动机,即对自笛卡尔以来的哲学思维进行批判反思。与此同时,福柯以"精神性"概念为理论策略,解释我们生命自身的修身实践。由此出发,文章进一步扩展到对东西方哲学思维方式的对勘考察。最终得出结论,认知性真理和精神性真理的划分作为一个共有范式,的确有其根据。从西方的蒙田、尼采和海德格尔到日本的西田几多郎和印度的阿罗频多,再到中国的熊十力和牟宗三,他们的思想表达都离不开对认知性和精神性两个向度的分疏。

**关键词**:认知性,精神性,真理,范式,福柯

在《主体解释学》手稿的结束语中,福柯(Michel Foucault,1926—1984)写道:如果说启蒙运动的目的是为客观知识体系奠定基础,那么实际上还有一个任务需要重视,即检视何谓人们修身体验模式的基础。① 在此思想的支配下,福柯特别关注伦理学向度的"自我关系"问题,尤其对"修身技艺"(techniques de culture)倾注着大量精力。他认为真理有两种:"认知性真理"和"精神性真

---

\* 陈群志,男,哲学博士,江苏师范大学哲学系校聘副教授、硕士生导师,研究方向:心性现象学、时间哲学与时间认知、修身哲学与修身伦理等。

① See M.Foucault,*L' Herméneutique du Sujet*,*Cours au Collège de France*(1981 - 1982),Paris:Gallimard,2001,p.467. 英译本(以下专门简称英译):M.Foucault,*The Hermeneutics of the Subject*,Graham Burchelltrans.,New York:PalgraveMacmjllan,2005,p.487. 中译本(以下专门简称中译)见福柯:《主体解释学》,佘碧平译,上海:上海人民出版社 2005 年版,第 506 页。本文所引此书段落,均参照了中译本,具体内容则根据法文本和英文本有所改动,后文不再说明,只注出译本及页码。

理"。前者注重求得对事物的知识解释,后者注重生命自身的精神实践。① 既
然如此,主体与真理的关系就决定着"修身技艺"的基础。但问题是:应该如
何理解福柯所谈的两种真理及其与自我的关系? 它们是否具有与东方哲学思
维的可堪比度? 针对这些关节点,本文一方面将考察福柯对两种真理的诠释,
另一方面由此扩展到对勘东西方哲学的共有范式。

## 一、两种真理观的提出及其动机

福柯在晚期提出了关于哲学的思维方式问题,认为哲学必须理解为自我
在真理中的内在体验,主体与真理相即不离,并非真理揭示主体,而是主体与
真理一体而显。换言之,哲学不再思考真假问题,它更关注我们自身与真理的
关系,以及存在者如何获得真理。② 犹如海德格尔所言:"真理只可能在'主
体'中,并随着'主体'的存在一道浮沉。"③福柯正是沿着这条路,凭借古代智
慧开启新的曙光,探索自古至今的人们以何种方式来认识生命。正因为如此,
福柯区分了"认知性真理"和"精神性真理"。前者只追问真假,而不问其他,
我只认识真理而可以不道德;后者则必须依靠主体自身的改造来实现,自我修
身与精神提升是其主要表现。

自笛卡尔以来,哲学为理性服务而大行其道,追求知识的确定性与可靠
性。但福柯指出,"笛卡尔时期"重新确立"认识自我",同时又摒弃了"关心自
我",为了获得真理,认知性诉求必然要取代精神性诉求。④ 福柯并不同意这
种方式,为此他不得不转变思维方式。受"康德问题"(我能够知道什么? 我
应当做什么? 我可以期望什么? 人是什么?)⑤的启发,福柯转换了提问内容:

---

① 参见陈群志:《阿道与福柯的修身哲学之争》,《世界哲学》2015 年第 6 期。

② Foucault, L' Herméneutique du Sujet, Cours au Collège de France (1981 – 1982), p.16. (英
译,第 15 页;中译,第 16 页)

③ 海德格尔:《存在与时间》,陈嘉映、王庆节译,北京:生活·读书·新知三联书店 2006 年
版,第 261 页。

④ Foucault, L' Herméneutique du Sujet, Cours au Collège de France (1981 – 1982), p.15. (英
译,第 14 页;中译,第 15 页)

⑤ 参见奇智:《从康德问题到福柯问题的变迁——以启蒙运动和人文科学考古学为视
角》,《中国社会科学》2011 年第 5 期。

人如何思考未思之物？人如何成为生命本身？人如何能成就劳动？人如何能
成为语言主体？① 通过这些转换，思考点已不是真理，而是存在；不是自然，而
是自身；不是认识明晰的可能性，而是源始模糊的可能性；不是就科学确定性
而言的那种理性霸权，而是领悟到现代人对确定性的追寻无法认识人自身。

　　上述看法在蒙田那里也能得到印证，蒙田说："当情欲毁了理智时，我们
成了有美德的人；当疯狂或死亡的形象吓跑了理智时，我们成了预言家和先
知。这真是我最乐意相信的了。神的真理在哲学家的心里引起一种纯洁的热
忱，恰是这种热忱违反了神的本意，强制我们的心灵处于平静稳定；哲学所能
为它争取到的最清醒的状态，不是它的最佳状态。我们醒时比睡时还昏昏沉
沉；我们的明智还不及疯狂明智；我们的胡思乱想比我们的推理更有意义；我
们最糟糕的做法是守着自己的心。"②依此，人类的最大虚妄就是以为得到了
可靠知识，以为用理智推理就能给人类活动确立正确的准则，而实际上，这种
推理是不可信的。真实生命没有通用的准则，只有发挥肉体和精神的一切潜
能，人才能成为最为真实的存在，而不是一个建立在任何确定知识上的抽象
概念。

　　以蒙田作参照，我们能够理解福柯为何拒绝单纯的理性认知，以及为何批
判虚构的自我。他也曾提到："必须由此观点出发重读蒙田，即力图重建一种
自身的美学与伦理学。"③在16世纪，正是蒙田的思考让现在的我们还能体味
到一种有关自身的伦理，一种有关自身的美学，并可以将其看作是希腊—罗马
时期那种"回归自身"思想的精神延续。源于此，若想真实接近主体与真理的
关系问题，那么首先就必须理解两种主体性构成："认知性"（笛卡尔时期）与
"精神性"（古希腊—罗马时代）。

　　福柯解释道："我们现代人所知晓的'主体从属于法律秩序，'而在希腊人
和罗马人那里则是'主体的塑造依靠真理的修行而达到自己的最终目的。'我
认为，这里存在着根本的异质性，提示着我们反对任何回溯性的描述。并且，

---

　　① 参见 M.Foucault,*Les Mots et les Choses*,Pairs:Gallimard,1966,p.334.

　　② 蒙田：《蒙田随笔全集》第2卷，马振骋译，上海：上海书店出版社2009年版，第228—229页。

　　③ Foucault,L' Herméneutique du Sujet,Cours au Collège de France(1981–1982),p.240.（英译，第251页；中译，第265页）

我要说的是,无论谁想要研究主体性的历史——或者,主体与真理之间的关系史——都必须力图揭示一种主体性构成(由知识的精神性和主体的真理实践来界定的)是如何极为长久地和缓慢地转换成另一种主体性构成的(这种主体性是由凭借主体自身的认识以及主体服从法律的问题来支配的)。事实上,这两个问题(主体对法律的服从和主体自身的认识)在古典文化思想中既不是真正根本的,甚至是不在场的。"①如其所言,在古典文化思想中,精神性诉求是第一位的,对知识的理解唯有藉由精神性的真理实践才能达成,这和单纯的认知性诉求完全不同。

认知性诉求,是从现代意义来界定的。当人们认为必须凭借认识来获得真理时,真理史上的现代就开始了。主体通向真理的途径唯有认识,精神性问题无足轻重,认知性问题举足轻重。在古代,亚里士多德可以看成是"现代哲学"的真正创立者。"众所周知,亚里士多德不是古代之顶峰,而是古代之特例",在他那里,"认知性"远远要重于"精神性"。② 而在现代,走"认知性"路线的,笛卡尔是始作俑者,福柯权宜地称之为"笛卡尔时期",在这个时期,"认知性"始终是第一位的,探求真理的哲学家们相信只有凭借认识活动才能获得真理。

这样的话,我们就进入了主体与真理关系史的新时代。在此时代里,通向真理之途的方式只有一种,那就是"认识"。主体达至真理被认为无可置疑,因为认识可以无止境地进行下去,且不涉及主体的存在,而那种通向真理之途的精神性要求却已一去不返。真理倘若如此,那么我们拿什么来拯救主体呢?这是福柯的内心疑问。为了解决这个疑问,他不得不以"精神性真理"作为理论策略。

## 二、精神性真理作为理论策略

承前所述,福柯区分两种真理的一个重要因素源自于他哲学思想的转变,

① Foucault, L'Herméneutique du Sujet, Cours au Collège de France(1981-1982), pp.304-305. (英译,第319页;中译,第333—334页)
② See Foucault, L'Herméneutique du Sujet, Cours au Collège de France(1981-1982), p.19. (英译,第17页;中译,第18页)

在此过程中,他更加重视自我修身问题,力图把哲学描述为一种生活方式。因此,理论策略的变更是内在要求。笔者认为,福柯的这种看法与其好友阿道(Pierre Hadot,1922—2010)的研究密切相关。① 阿道在《精神操练与古代哲学》中提出了"精神操练"的概念,此概念是根据对古希腊、古罗马和早期基督教修身传统的研究而重点强调的。他主张,哲学不应该化约为智解性的理论或文献性的注释,而应该是一种修行或生活技艺,哲学就是一种生活方式。②可以看出,福柯晚期转而对古希腊—罗马时期"精神性"哲学的关注受到了阿道的启发。

在此期间,福柯的法兰西学院讲座稿,最重要的文献之一就是《主体解释学》。凭借这个文献,我们能看到他关于主体解释路向的源始形态,能看到他关于生命哲学的内在出发点及其归宿,也能看到他对真理的区分以及如何把"精神性真理"作为最终依持。正如此讲座稿的编辑弗里德里克·格霍(Frédéric Gros)所言:"由福柯看来,哲学自笛卡尔以来就发展成了能够本然的达至真理的主体形象:主体可以先验的获得真理,而具有真实功能的伦理主体却居于次位:'我认识真理然而能够不道德'。此意味着,现代主体为了获得真理并不需要凭借一种伦理的内在行为的实现,相反,古代要让主体通达真理却需要依靠一种在它自身之中的强有力的伦理变革的转换活动。在古代的精神性中,主体获得真理可以基于他自身的改造,然而,对于现代哲学来说,主体改变治理他自己的方式总是在某种程度上由真理的启发而来。"③因此,福柯在解释"精神性"概念时指出,它指的是主体获得某种存在形式及其转变,倘若主体想要获得这种存在形式,自身就必须转变。④

实际上,这种"精神性",从最源始的状态开始,即是对生命本真的体验,这种体验是一种精神气质的风格化。就像《快感的享用》中所论述的那样,只

① 参见 P.阿道:《关于"自我修身"观念的反思》,陈群志译,《世界哲学》2017 年第 4 期。

② See P.Hadot, *ExercicesSpirituels et Philosophie Antique*. Deuxièmeédition revue et augmentée, ÉthdesAugustiniennes,1987,p16. 英译:P.Hadot, *Philosophy as a Way of Life*:*Spiritual Exercises from Socrates to Foucault*,A.I.Davidson ed.,Blackwell Publishers Ltd,1995,p.83.

③ 弗里德里克·格霍(Frédéric Gros),"授课情况报告",See Foucault, *L' Herméneutique du Sujet*,*Cours au Collège de France*(1981-1982),p.504.(英译,第 522 页;中译,第 541 页)

④ 参见福柯:《自我关注的伦理学是一种自由实践》,汪民安主编:《福柯读本》,北京:北京大学出版社 2010 年版,第 360 页。

有现代人才把个人经验与权力—知识—道德机制联系起来而有所谓现代科学所追求的真理游戏,而希腊的个人历史经验仅仅是作为一种自然态的愉悦感的追求,其与权力—知识—道德机制关系不大。① 福柯的晚期哲学就体现了这种自我生活和精神气质风格化的自然态。换言之,"精神性真理"的基本诉求就是要回归到生命主体自身之中。

福柯提到了一个非常有趣的意象:陀螺,这是借用了费斯蒂耶尔(A.-J. Festugière)在《一种精神不安的希腊化表述》中所描述的内容。② 根据他的重新诠释,陀螺有三个特性:(1)陀螺自转,但是它的自转需要借助外在力量的激发才可能;(2)陀螺自转随着不同方向与不同周遭环境而显现出不同的面貌;(3)陀螺看似静止,却总在运动。由此启发,我们也可得出三种含义:第一,我们转向自身有别于陀螺的自转,因为转向自身的动力实质上已潜藏于己,智慧不需要依靠外在力量的激发,而是不由自主呈现出来的。第二,我们必须在自身中(犹如陀螺的中心点)寻求立身之所,由此安立而能岿然不动。第三,我们必须面向自身,面向自己的中心,在此中笃定我们的目标。总之,我们必须回归到自身之中,以便最终寂然不动、安之若素。③

依靠外在激发来理解生命存在,即是沿袭"认知性"思维方式;而回归到我们自身之中,体证生命的真实存在,则体现了"精神性"思维方式。对福柯而言,后者特别表现在古希腊—罗马时期的哲学模式中,亦即豁显于人们的自身教化。它的特征是,在精神性要求中,真理不是通过具有确定性的认识活动来授予主体的,这样的主体无法达至真理,因为精神性主体是建立在如此事实上的:它是主体,并且它有着主体的结构,主体藉由改变、转换、变更自己来获得真理,这是最根本和最明了的界定。

概言之,哲学的目的就是通向真理,在通向真理的途中,所存在的是完善主体自身,美化主体的存在。倘若缺失主体转换中的预备、陪伴、加强和完成,

① See M.Foucault, *Histoire de la Sexualité* :vol.1, *La Volonté de Savoir*, Paris:Gallimard,1976, pp.102-103.

② See A.-J.Festugière, *Une expression hellénistique de l'agitationspirituelle*, Annuaire de l'École des Haute Études,1951,pp.3-7,reprinted in A.-J.Festugière, *Hermétisme et Mystique païenne*, Pairs: Aubier-Montaigne,1967,pp.251-255.

③ See Foucault, L'Herméneutique du Sujet, Cours au Collège de France(1981-1982), pp. 198-199.(英译,第206—207页;中译,第220—221页)

知识活动自己无法最终通向真理之途。藉由对塞涅卡、埃比克泰德和马克·奥勒留等人的文本解读①，福柯指出，在精神训练方面，我们可在转向自身的普遍论题和回到自身的一般范围内来界定"反求诸己"、"关心自我"、"神化自身"的意义。在此意义上，"精神性真理"得以形成。

然而，从16世纪开始，"精神性真理"就渐渐被"认知性真理"所限制、覆盖和抹杀，事实上，如果仔细阅读笛卡尔、帕斯卡尔和斯宾诺莎等人的文献，即可发现带有一种从精神性转向认知性的变化。而"浮士德形象"向我们典型地展示了精神性与认知性之间的关系，并揭示了从16世纪到18世纪这两者的关系是如何提出来的。福柯强调，这三百年就是"认知性真理"覆盖"精神性真理"的开始期，浮士德代表着"精神性真理"的权势、魅力和危机。他提到了马尔洛维的浮士德、莱辛的浮士德和歌德的浮士德，其中歌德的浮士德形象是对"精神性真理"消失的最后挽歌，是对"认知性真理"问世的忧伤致意。②

不难看出，福柯的一切哲学理论都与社会生活密切相关，其哲学旨趣不在于关注那些抽象的理论体系，而在于求得我们自身存在的实践智慧。为此他穿梭于知识、权力和道德之间，试图揭示传统的主体论思路的实质，依靠理论策略的变换来寻得自我生命的真正存在之所。从这个意义上讲，福柯的诉求，都是生命体验呈现出来的活生生的哲学思考。

## 三、东西方类似思维的共有范式

就以上论述来看，福柯始终贯穿着两种真理的区分，一种属于现代，一种属于古代。"认知性真理"的代表是自笛卡尔以来的那些知识、理性和观念的哲学，"精神性真理"的代表是希腊—罗马时期除亚里士多德之外的体验、感觉和主体的哲学，福柯对前者是批判的，对后者是褒扬的。笔者认为，如果不限定在西方哲学的视域中，而是推而广之，那么福柯关于两种真理的分疏就能够被视之为一个共有范式，一种通览的哲学架构，由此而安立世界各种哲学形

---

① See Foucault, L' Herméneutique du Sujet, Cours au Collège de France (1981–1982), p.295. (英译，第307页；中译，第322页)

② See Foucault, L' Herméneutique du Sujet, Cours au Collège de France (1981–1982), pp. 296-297. (英译，第308—311页；中译，第323—325页)

态。它不仅可以让西方的哲学思考得以相应安置,甚至还可以用来理解诸多东方哲学问题。为此,我们特别选取了七位哲学家来阐述:西方的蒙田(1533—1592)、尼采(1844—1900)、海德格尔(1889—1976)和东方的西田几多郎(1870—1945)、阿罗频多(1872—1950)、熊十力(1885—1968)、牟宗三(1909—1995)。

### (一)蒙田、尼采和海德格尔

首先,福柯的晚期思想与蒙田是比较相通的,他已指出,我们需要重读蒙田,青睐之情可见一斑。在那篇著名的随笔《雷蒙·塞邦德》中,蒙田言道:"应该在这里,在我们的体内,而不是其他地方,去考虑灵魂的力量和效果;其他什么完美性都是虚的和无益的。灵魂的不朽性应该在目前的状态下得到承认和体现,也只有这样对人的一生才是有价值的。但是因而否定灵魂的禀性和威力,剥夺它的神功,在它处于肉体的桎梏下萎靡不振、无可奈何时,而对它作出评论,贬得永世不见天日,这是不公正的。"①依此见解,灵魂不仅仅具有回忆功能,它还涉及许多学习之外的东西,而我们学到的恰恰是回忆不起来的东西。如果灵魂处于纯洁状态,那么它就具有神圣的理解力,学习到的才是真正的学问。灵魂当下即是,它是自然的延续,非来自体外之物,不可作分别认知之想,其实质不是讨论、推理、记忆这样的功能。因此蒙田认为,关于认知的永无休止的争论,我们应该置之不理,就算最具天分和学问的人也不会有一致见解,而我们体内的灵魂却有其不可磨灭的精神力量。显而易见,蒙田的描述带有"认知性真理"与"精神性真理"的双重形态,只是他对前者持怀疑态度。

其次,尼采同样质疑哲学中的认知理性,然而却高扬生命的精神本能。他提出了四条定律:第一,把"这个"世界解释为假象的理由反而证明了它的实在性,而另一种实在性则完全无法证明;第二,人们归诸于事物真正存在的特征,是非存在的、虚无的特征,其建造出的世界是虚假的,是一种道德上的幻觉;第三,把一个"另外的"世界虚构成"这个"世界毫无意义,因为对于生命的毁谤、蔑视和怀疑只是一种假象;第四,把世界分成一个"真正的"和一个"虚假的"世界,无论是以基督教的方式,还是以康德的方式,都只是一种颓废的

---

① 蒙田:《蒙田随笔全集》第2卷,马振骋译,上海:上海书店出版社2019年版,第208—209页。

意志移植,一种没落的生命征兆。① 上述定律可以视为理解尼采生命哲学的途径。他驳斥了那种认知性的理论评判,认为生命始终是不同于认知主体类型的另一主体,它是以自身为肯定或否定来表征的,是凭借本能的意志来体证的。因此,由尼采出发,也有两种真理形态:认知理性的真理和精神意志的真理。

最后,在《存在与时间》中,海德格尔指出,真理的本质有两个方向:一个方向来自于对知与物的相即之可能性的基础的反思;一个方向来自于对无蔽这种敞开状态的反思。"此在由展开状态加以规定,从而,此在本质上在真理中。展开状态是此在的一种本质的存在方式。唯当此在存在,才'有'真理。唯当此在存在,存在者才是被揭示被展开的。唯当此在存在,牛顿定律、矛盾律才在,无论什么真理才在。"②显而易见,由知与物的相即这样的解析路数而得到的真理必须以此在的存在作为前提才有可能。因此,前一个方向带有"认知性真理"的形态,知与物的相即表现着解析的路数;后一个方向则是海德格尔所认同的真理观,按照他的说法,真理就是把遮蔽驱除而让无蔽呈现出来,这是一种靠悟入才能领会的真理观,比较接近"精神性真理"的形态。只是,依海德格尔,"认知性真理"必须以"精神性真理"为基底才能真实不虚。

**(二)西田几多郎和阿罗频多**

西田几多郎是日本现代著名的哲学家,他的《善的研究》从"纯粹经验"出发,融合东西方哲学智慧,认为真正的实在是一种主客合一、物我两忘的境界。最实在的实体是主观性的,而离开了主观的客观只是无力的抽象概念,他试图建立一种非心非物的哲学形态。在此书的第二编中,他说道:

> 哲学与宗教最相一致的是印度的哲学和宗教。在印度的哲学和宗教中,有"知即善,迷即恶"之说。宇宙的本体是婆罗摩,婆罗摩就是"吾人之心",也就是"我"。认识这个婆罗摩的"我",就是哲学和宗教的深奥意义。基督教本来是完全讲实践的,但是人们渴望满足知识的要求难以抑制,终于有了中世纪的基督教哲学的发展。在中国的道德中,哲学方面的

---

① 参见尼采:《偶像的黄昏》,上海:华东师范大学出版社 2007 年版,第 61 页。
② 海德格尔:《存在与时间》,陈嘉映、王庆节译,北京:生活·读书·新知三联书店 2006 年版,第 260 页。

发展很差,但宋代以后的思想颇有这种倾向。这些事实都证明在人心的根基里有寻求知识与情意相一致的深刻的要求。就欧洲思想的发展来看,古代哲学,从苏格拉底、柏拉图开始,以规诫的目的为主。在近代,随着知识方面取得特别长足的进步,知识与情意的统一趋于困难,出现了这两方面互相分离的倾向,但是这并不符合人心本来的要求。①

既然如此,真理只有一个,知识真理就是实践真理,实践真理也必须是知识真理,知识与情意在高尚的心灵中必定是一致的。西田几多郎同时提到了多种哲学形态,包括印度的宗教、中国的道德哲学、西方的古代哲学、西方的基督教、西方的近代哲学。在这些形态中,他认为知识真理与实践真理最相一致的是印度的哲学与宗教,其次中国的宋明理学与西方的古代哲学也有这方面的倾向。而基督教在早期是讲实践真理的,只是到中世纪后开始倾向于知识真理。最不一致的是西方的近代哲学,实践真理与知识真理出现了分裂,而“这并不符合人心本来的要求”。不难看出,西田几多郎的阐述展现了两种真理类型:知识真理(认知性真理)和实践真理(精神性真理)。

与之相似,被徐梵澄称之为现代“释迦”的室利·阿罗频多也区分了两种真理。在《神圣人生论》中,阿罗频多指出,生命作为“知觉的力量”是无限的、绝对的、无分化的,保有其一体性,而宇宙中的事物却因分化着的心思活动致使其变得无明不显。由于认知的分化作用,世界就会呈现出不同形态而蔽障神圣的生命力量。生命有物质相、情命相、心思相三相,这要求知道物质而成为物质环境的主宰,要求知道情欲而成为情命生存的主宰,要求知道心思而成为心理的主宰。然而生命本身必然有一上升的趋势,经心思的启明、情命的迫促而进到超心思的境界,寻得最高的“真、智、乐”,倘若不可得,则世界分化的真理必然会形成诸多问题而无法解释。② 由此可知,阿罗频多认为,如果要解决认知功能所带来的困境,就必须要走精神力量这条路。从思维方式来讲,他的看法与福柯的诠释相差不大。

## (三)熊十力和牟宗三

依传统来看,中国哲学思想都具有福柯所言的两种真理模式。依据儒家

---

① 西田几多郎:《善的研究》,何倩译,北京:商务印书馆2007年版,第35—36页。

② 参见室利·阿罗频多:《神圣人生论》,徐梵澄译,北京:商务印书馆1996年版,第211—213页。

的说法,一条是道问学的路,一条是尊德性的路。道问学是认知性的选择,尊德性是精神性的诉求。《中庸》所谓"尊德性而道问学,致广大而尽精微,极高明而道中庸",朱熹注解道:"尊德性,所以存心而极道体之大也。道问学,所以知致而尽乎道体之细也。二者修德凝道之大端也。"①依据道家的说法,一条是为学的路,一条是为道的路。为学是积累经验知识,为道则恰恰相反,《道德经》言:"为学日益,为道日损。"(第48章)释德清解释:"为学者,增长知见,故日益。为道者,克去情欲,墮形泯智,故日损。"②依据禅宗的说法,一条是理入的路,一条是行入的路。初祖达摩禅法思想,即"二入四行",谓"夫入道多途,要而言之,不出二种,一是理入,一是行入"。③"理入"是以认知性为主,行入是以精神性为主。禅宗把入道和悟道分为"理"与"行",进而形成了修行实践禅法的统一方式。

受传统思想和西方思维的影响,熊十力和牟宗三也区分了"认知性"和"精神性"两种向度。熊十力在《新唯识论》开篇就提出:"今造此论,为欲悟诸究玄学者,令知一切物的本体,非是离自心外在境界,及非知识所行境界,唯是反求实证相应故。"④他的意思是说:现在写这本书的宗旨就是,要让那些想要探究如何悟入哲学至理的人,明了一切事物的本体都在我们自身的生命存在之中,不能依靠认知的解析来将主体客体化,只能在我们的实证中寻求安立之所,通过"性智"而非"量智"体证自己的真实存在。犹如福柯的理解一样,依靠"认知性",真理无法拯救主体,因为真理已被外在化,而凭借"精神性",主体则可以通达真理,因为真理就在主体中。

依熊十力的阐释,"量智,是思量和推度,或明辨事物之理则,及于所行所历,简择得失等等的作用故,故说名量智,亦名理智。此智,元是性智的发用,而卒别于性智者。"⑤换言之,"量智"分析名词概念,是凭借一切经验认识发展起来的,只能是一种外在的认知性驰求,非内在的精神性体证。而"性

---

① 朱熹:《四书章句集注》,北京:中华书局2005年版,第35—36页。
② 释德清:《道德经解》,上海:华东师范大学出版社2009年版,第102—103页。
③ 参见忽滑谷快天:《中国禅学思想史》,朱谦之译,上海:上海古籍出版社2002年版,第82—84页。
④ 熊十力:《新唯识论》(语体文本),见萧萐父主编:《熊十力全集》第3卷,武汉:湖北教育出版社2001年版,第13页。
⑤ 同上书,第16页。

智"指的是"真的自己的觉悟",我们的生命之理不待远求,它就在自身之中,如果能够反己内心,转向自身的存在,那么就会独立无匹、寂然不动、圆满福德。因此,依据"量智",我们无法体悟本己的存在,而只能障蔽真的自己,而"性智"则是"道"的所在,明之于心就可以反求自得、冥然自证。

牟宗三一方面受到熊十力的影响,另一方面也接受了西方的某些真理观。在《中国哲学十九讲》中,他化用伯特兰·罗素(1872—1970)的观点[①]指出,真理可以分为两种:外延真理和内容真理。外延真理又可称作广度真理,大体指的是科学真理,比如物理学真理或数学真理,它们都服从外延性原则和原子性原则;而内容真理又可称作强度真理,系属于生命,系属于主体,只有生命主体才能表现强度。与福柯的思想相较,外延真理就相当于"认知性真理",内容真理就相当于"精神性真理"。外延真理具有普遍性,这是毫无疑义的,但牟宗三认为,内容真理也同样具有普遍性。"除了外延真理以外,我们一定要承认一个内容真理,它是系属于主体。可是虽然系属于主体,它既然是真理就一定也有相当的普遍性。……外延真理有普遍性,那个普遍性是相应外延而说的;内容真理的普遍性是相应内容而说的。这两种真理都可以说普遍性。"[②]可以看出,牟宗三与熊十力的看法有些不同,他承认外延真理作为一种客观断言的可靠性,并且他也承认内容真理虽然不是科学知识,没有外延性,但它同样是真理,如此才能安立道德、宗教、艺术和历史。换言之,在他看来,认知性和精神性同等重要。

综上所述,通过对东西方诸多哲学家文本的梳理,我们不难看出,"认知性真理"和"精神性真理"的划分作为一个共有范式,的确有其根据。从西方的蒙田、尼采和海德格尔到日本的西田几多郎和印度的阿罗频多,再到中国的熊十力和牟宗三,他们的思想表达都离不开对认知性和精神性两个向度的分疏。这些哲学形态的代表者或者赞成其中一种,要么归属于"认知性真理",要么归属于"精神性真理";或者是融合两者而成,犹如西田几多郎所说,知识真理就是实践真理,实践真理也是知识真理,亦如牟宗三之言,外延真理具有外延的普遍性,内容真理则具有内容的普遍性,它们都是真理。换言之,要么

---

① 参见伯特兰·罗素:《意义与真理的探究》,贾可春译,北京:商务印书馆2012年版,第305—323页。

② 牟宗三:《中国哲学十九讲》,上海:上海古籍出版社1997年版,第25—26页。

反对其一,要么融合二者,如果想要走出第三条路,几乎不可能。

## 四、结　语

至此为止,我们能够回答本文开头的那两个问题:如何理解福柯所谈的两种真理? 它们是否可以与东方哲学相对勘? 实际上,这两个问题在同一个畛域下,后者只是对前者格局的扩展。根据前文的研究,不妨扼要总结如下:

第一,福柯区分两种真理有其根本动机,这个动机就是对自笛卡尔以来的哲学思维的批判反思。对福柯而言,启蒙精神不是为了建立客观知识体系,不是用理性原则来确立事物,用自然科学的法则来研究人性,而是要力图回答"我们自身是什么",呈现真实生命存在的实践智慧。

第二,由根本动机所带来的一个直接的结果就是:福柯运用了"精神性"这个概念作为理论策略,以应对我们如何体证我们自身作为一个完善的主体这个问题。换言之,既然问题转换成了如何建立自身的伦理学和如何成为自己,那么主体通达真理就必须要建立在"精神性"的范围内,而非"认知性"的条件上。

第三,福柯所做的区分的确能被视为一个共有范式,不仅那三个对福柯有影响的西方哲学家(蒙田、尼采和海德格尔)与福柯的诠释具有一致性,而且这种思维模式在中国、日本、印度的一些哲学家身上也有体现。再扩而言之,一切人文科学都大体可以分为两种形态:一种偏向纯粹的概念思辨,另一种偏向实践的体验生活。

总而言之,如果从原始思维说起,就如布留尔(1857—1939)所说的那样,历史上许多哲学家视之为理所当然的理性思维方式只是逼迫的权宜取舍而已,并不是事实。真正的智慧既是理性的又是非理性的,原逻辑的因素和神秘的因素总是与逻辑的因素共存于世。认知思维总会要求把主体强加在被想象和被思维的事物之上,但社会的集体表象(具有原逻辑的和神秘的性质)却也能够保留下来。正是如此,思维原本就应该是逻辑和非逻辑的统一,而这恰好能重新解释各种宗教教义和哲学体系。① 一般认为,当逻辑思维强烈要求把

① 参见列维-布留尔:《原始思维》,丁由译,北京:商务印书馆2004年版,第452页。

自身的规则加之于所思对象时,则具有真实生命力的原始思维必然会退之而去、消失殆尽,然而它并不一定合理。因此,人类的原初思维就已区分了两种类型:具有认知性的逻辑思维和具有非认知性的原始思维。或许,这就是东西方共有范式的本来面目。

# Foucault's Interpretation about the Two Kinds of Truth and Common Paradigm of Thinking in East-West Philosophy

## Chen Qunzhi

**Abstract**:The late Foucault particularly attaches importance to deal with the problem of the relationship between subject and truth, and he distinguishes two kinds of truth: cognitive truth and spiritual truth. The author of this paper explores the fundamental motivation of Foucault to make this distinction, points out that he critically reflects the philosophy thinking of since Descartes. Meanwhile, Foucault used the concept of "spirituality", as a theory to explain our self-cultivation practice of life itself. In view, this article further extended to the comparative studying the thinking in eastern and western philosophy. Finally come to the conclusion that the division of cognitive truth and spiritual truth as a common paradigm, does have its basis. From Montaigne, Nietzsche and Heidegger to Kitaro Nishida and Sri Aurobindo, and then to Xiong Shili and Mou Zongsan, their thoughts cannot leave to the two dimensions of cognitive function and spiritual function.

**Key Words**:cognitive; spiritual; truth; paradigm; Foucault

# 跨越时空的对话

## ——吉尔·德勒兹与"气"论

张　能[*]

**摘要**：德勒兹的"欲望机器"植入了后结构主义精神。"欲望"是逃逸于"辖域化"体制，"欲望机器"关涉的只是一种流动性、生产性、无目的性、差异性。王充从流动的生命性、悖谬性、直观的经验性与自然无为这四个方面来规定"气"。虽然各自的时代与文化背景存在着某种殊异，但德勒兹的"欲望机器"理论与王充的"气"论思想在某种程度上是相互融通的。在经验的生成性和流动性、主体/实体的构建、变动不居与无目的性方面，两位哲学家都对各自的文化界面互有接入、承纳与显现。比较告诉我们：寻找消解二者各自固结的时间性，敞开二者的空间层次及其表达上的生成转换，从而把二者各自抽象的理论表达还原到相互融通，或许是中西文化的共同使命。

**关键词**：德勒兹，欲望机器，王充，"气"

　　法国思想文化经历由结构向非结构的转换过程，其思想文化的肌体已触及深层的心理、社会制度、历史文化与知识权力等领域。德勒兹作为法国后现代主义思想的领军人物，其思想所显现的文化特征也由表及里渗透于哲学概念的表达之中，而这一显化的特征也隐蔽式地切入中国"气"论文化思想这一主题。"气"论是中国传统哲学重要的组成部分，它在构成世界认知的同时，也贯穿了中国人思维的方方面面，比如在人格修养方面(气节、骨气)、绘画方面(气韵)、行文方面(文气)等，以"气论"为核心的思维方式重视事物动态的、整体的特征，而非精准的、非量化的结构与成分分析。①

---

　　*　张能，男，湖北浠水人，西南大学西方马克思主义研究所副教授，主要研究方向：马克思主义哲学、西方哲学。
　　①　参见吴根友：《从气论与原子论看中西哲学思维异同》，《中国社会科学报》2013 年第 2 期。

德勒兹认为哲学就是创造概念。据此,德勒兹在思考哲学的过程中创造了大量的概念。其中,"欲望机器"作为其哲学最为核心的概念语词之一,关联的不只是语词本身的"意义域",它自身所包蕴、"增补"的意义远胜于语词本身的单独显现。本文就德勒兹的思想与中国的"气"论思想(主要以王充的"气"论思想为切入点)及背后所蕴含的文化做一种概略式的检讨,目的不是在唯一中"独尊"其大,而是在相互融通、相互对话的界面上寻求互补。

## 一、流动与生产:德勒兹的欲望生成论

德勒兹关于欲望哲学的思想主要集中于《反俄狄浦斯——资本主义与精神分裂症》(1972)与《千高原》(1980)这两部著作。德勒兹的欲望—生产理论具有一种后现代性的理论特征,此种特征在《反俄狄浦斯》(1972)一书中表现得尤为突出。此书作为一部里程碑式的著作,将抨击的矛头直接瞄向了以资本主义为代表的欲望观。资本主义所理解的欲望往往是对某物的一种"缺乏",将欲望与"缺乏"关联在一起,比如阉割情结(弗洛伊德),抑或欲望总是欲望着对象的欲望(拉康)。

弗洛伊德的欲望根植于本真性的自我(das Es),即"冲动",这种"冲动"构成了被抛弃和压制的欲望的一种显现。然而在拉康看来,欲望不根植于冲动,它关联的仅仅是对他者的(伪)欲求,即欲望总是受客体的触发而表现出某种"伪"的性质。而德勒兹的欲望是趋向于外部运动的。"对于德勒兹和瓜塔里来说,真正的政治需要思索性欲的流动、生成和反俄狄浦斯的差异:它反对这样一种观点即认为儿童压抑其对母亲的欲望变得跟父亲一样。真正反俄狄浦斯的欲望是'孤儿':它没有身体上的认同或者家园"①。在这里,欲望与生成、生产相并置。"欲望生产是通过力比多的投入而产生现实,就像社会生产通过劳动力的投入而产生现实一样。因此,欲望不是作为一种幻象,而是作为一种精神生产和有形生产而规定的"②。生产在这里并不是表示生产一种实际性的物品或者产品,相对于指示物质性的生产而言,它更传达了一种呈现

---

① Colebrook C.*Gilles Deleuze*.Routledge,2002,p.143.

② Adrian Parr.*The Deleuze Dictionary*.Edinburgh University Press,2005,p.65

或者显现,即把生产呈现出来使之变得具有可见性。但是这种可见性并不一定就指向物质性产品,它也可以指向一种创造的理念。换句话说,德勒兹与瓜塔里所言说的生产这一语词或者话语指向的是一种创造的理念生产,而非具体的物质性的产品。因为,鲍德利亚曾经就这样说过,"生产的原初含义并不在于生产一种物质性的产品,而是将之呈现出来使其具有一种可见性:生—产"。①在生产的转换中生产着自身的生成。

为了彻底破除资本主义源于缺乏的欲望观,德勒兹不仅将欲望与生产结合起来,同时,还将欲望与机器并置,即欲望就是生产机器。德勒兹和瓜塔里指出欲望—机器就是机器,而不是把欲望比喻成机器。机器之所以为机器在于它的功能,在于其对于材料的加工和改变。欲望的本质特征正在于此:捕获、改变和生产。那么,欲望本身就会像生产一样绵延无尽,没有固定的对象;同时又如具体工序中的机器一样,占据着此时此刻的对象②。在这里,德勒兹所讲的"机器"是一种"抽象机器"(abstract machine)。这种"机器"区别于"技术性的机器"(technical machines)。抽象机器是内在于聚合体/组合体的,聚合体表达的是一种异质性的聚合,这种聚合涵盖了不同领域、不同范畴、不同种类间的组合。在这种方式下,人并不是作为"技术性机器"的一部分,而是"抽象机器"的部分,也就是说我们是机器,在这种意义上,我们的欲望必定(inextricably)与机器相关联,而这种机器必须被连接到欲望的非技术化的过程(non-technical processes of desire)当中,以使机器得以运转。⑦德勒兹认为,每一个思想个体的人都是一台小机器,"生产"以及"产生"一些东西是机器自身的效果。机器之间是相互关联的,并无独立自为。生产着自身的生产是欲望机器的一个特性,此特性包裹着欲望机器自身的二重性,即欲望既构成生产的原因(生产性)又构成生产的全部过程(动态性)。

关于欲望的生产是为精神分析学所发现的,弗洛伊德发现了作为力比多的欲望,而同时他又不断地使力比多在家庭中的表现(俄狄浦斯)中一再异化。德勒兹说,欲望生产、无意识生产是精神分析的重大发现。但是,"一旦俄狄浦斯关涉其中,此发现便迅速地被埋葬在一系列新的唯心主义的标语之

① Jean Baudrillard, *Forget Foucault*, Semiotext Foreign Agents Series, New York, 1987. p.21.
② 参见李科林:《欲望的生产原理——德勒兹关于现代社会的批判思想》,《马克思主义与现实》2017 年第 3 期。

下:古典的剧院为无意识的工厂所替代;陈述为无意识的生产单元/部件所代
替;一个不能推动任何事物除了表达它自身之外的无意识——在神话中,悲
剧,梦——为生产性的无意识所代替。"①德勒兹并没有否定精神分析学这一
发现,他所在意的是,是否将之转入俄狄浦斯的三元家庭结构之中。瓜塔里
说:"正因为欲望被罩在家庭的舞台上,所以精神分析学认不出精神病,而只
能置身于神经官能中,并对神经官能症本身做出了一种歪曲了无意识的力量
的解释。"②那么何谓"神经官能症"? 神经官能症应该与精神病相区分开来。
在弗洛伊德看来,神经官能症患者从不会对客体做一些色情化的处理,或者对
诸如皮肤、短袜等客体有一种色情化的意识植入其感知之中。"然而,色情地
将皮肤把握为一个毛孔,色情地将短袜把握为一个网眼的多元体,这些从来不
会出现于神经官能症患者的观念之中"。③ 而精神病患者更多拥有的是对词
语的意识,此种意识只是对"词语"的一种复现,"'是词语表达的同一性,而非
客体的相似性支配着对于替代物的选择'"④。弗洛伊德认为,词语自身有其
存在的形式,并未在断裂的物之指示中失去其同一性,而是在不断地恢复、创
建着自身的同一性。当然,神经官能症不是再现词语的包涵(subsomption),而
是处于"事物再现层次的自由联想"。

对神经官能的解释还是逃离不了精神分析的视野,而德勒兹反对精神分
析,在德勒兹看来精神分析有两点是行不通的:"一、它无法达到一个人的欲
望机器,因为它纠缠于俄狄浦斯的图形或结构;二、它无法达到力比多的社会
包围,因为它只纠缠于家庭的包围"。⑤ 精神分析与俄狄浦斯是联系在一起
的,它围于家庭的"坐标",同时它属于资本主义的这一事实性更加使得德勒
兹批判的矛头瞄准它,德勒兹所宣扬的精神分裂是针对资本主义的一种对抗
形式,它自身在瓦解资本主义的尝试中也抵制着精神分析理论的"侵蚀"。瓜
塔里认为,精神分析发现了欲望、欲望机器,但是并没有将欲望引至于社会的

① Deleuze G, Guattari F, *Anti-oedipus: capitalism and schizophrenia*. New York: viking press,
1977. p.24.
② 吉尔·德勒兹:《哲学与权力的谈判》,刘汉全译,北京:商务印书馆2000年版,第18页。
③ 吉尔·德勒兹、瓜塔里:《资本主义与精神分裂:千高原(第二卷)》,姜宇辉译,上海:上
海书店出版社2010年版,第37页。
④ 同上。
⑤ 吉尔·德勒兹:《哲学与权力的谈判》,刘汉全译,北京:商务印书馆2000年版,第18页。

"包围"之中,而是相反利用一种俄狄浦斯式的异化方式来抑制欲望,所以德勒兹说,"俄狄浦斯从根本上说都是抑制欲望机器的一种器具,而绝不是无意识本身的一种形成"。① 精神分裂分析可以被视为一种后现代理论/实践,它既解构了现代的二分法,同时又摆脱了现代的主体理论、再现式思维模式以及总体化实践。分裂分析阐发了各种围绕多元性、多样性以及非中心化等概念等组织起来的后现代观点,并试图创造出新的后现代思维模式、政治观点和主体性。所以德勒兹认为,有关欲望的问题只能为精神分裂分析所完满地说明。欲望自身的机制通常由想象的客体来疏导其欲望的缘由,而缺乏的客体成为想象客体的替代者。通过想象客体的缺乏或者指示欲望所缺乏的客体都不能真正解释欲望本身。将欲望还原为一种缺失的引擎机制,这本不是欲望自身的原相。在精神分裂分析下的欲望阐释是将欲望看待成一个生产的过程,而且还被认为是一个工业"生产"的过程。作为生产的生产与生产的连续性都被纳入其欲望生产的过程机制之中。它作为生产与作为生产的生产也即是生成是同一的。德勒兹"攻击精神分析的主要原因在于他们认为精神分析把欲望机器变成了一个被动的再现剧场,把欲望限制在俄狄浦斯和家庭这一有限空间之中"②。

总而言之,德勒兹笔下的"欲望"已经植入了后结构主义思想,它关及的或者能关及的只是一种斗争性、对抗性、流动性与生产性。欲望是逃逸于"辖域化"(territorilize)体制,"通过驯服和限制欲望的生产性的能量来压制欲望的过程被称为'辖域化',将物质生产和欲望从社会限制力量之枷锁下解放出来的过程被称为'解辖域化'(deterritoriaization)或'解码'"③。"欲望"不是弗洛伊德所编码的结果,它在本质上是不能被编码的。虽然欲望有被编码的现象(制度体制性编码、法律压迫式编码)存在,但欲望是大于被编码而呈现出来的东西。由此德勒兹指出,被编码的欲望不是欲望本身,它不过是"辖域化"的欲望,作为欲望本身它是一种流、一种能量、一种动态。显然,作为"流"的欲望不是一个被铸造的本体概念,但却成为一种被"虚构"的本体而呈现出

① 吉尔·德勒兹:《哲学与权力的谈判》,刘汉全译,北京:商务印书馆2000年版,第19页。
② [美]道格拉斯·凯尔纳、斯蒂文·贝斯特:《后现代理论批评性的质疑》,张志斌译,北京:中央编译出版社2001年版,第114页。
③ 同上。

来。之所以说欲望是一个"虚构"的本体,是因为:欲望自身抵制时空"辖域化"的行为具有一种绝对的普遍性,它推动着一切历史的"解辖域化";在抵制编码的同时,它还具有一种生产的特性,精神分析的"欲望"是狭隘的欲望,是对欲望本身的一种疏离与遮蔽,德勒兹所言的精神分裂式的欲望在德勒兹看来是一切形式得以产生的促进者与生产者,欲望就是生产,而且作为欲望生产与社会生产是同一过程。而这一动态性"虚构"主体的表达与中国文化上的"气"论有相契合的地方,都在讲一种动态性的主体性生成。那么,中国文化的"气"论又有着怎样的规定?

## 二、构成精神源起的生命之气:王充的"气"论

中国古代远至先秦儒家与道家学说,近至王充、二程、张载,都有对气的论述,气构成了中国文化独特的思维范式之表达。

儒家哲学似乎与"气"无任何实质的联系,但实际上是对普遍之气遮蔽式的显现。《中庸》曰:"天之所覆……凡有血气者,莫不尊亲故曰配天"[1]。所谓"凡有血气者"即是对人与动物的一种指谓。荀子有言:"有血气之属必有知……故有血气之属莫知于人,故人之于其亲也,至死无穷"[2]。荀子在此言及的"有血气"与《中庸》里所提到的"凡有血气者"是对气的一种遮蔽式的显示。同时,"有血气者"与"无血气者"在相互区分中并未对气形成一种遮蔽,反而,"无血气者"同样也是对气的一种敞开式的显现,仍然被化导为气的显现机制之显现的形式。

关涉到《易传》与《中庸》里面很多的思想论题其实都发生于同一语境。《周易·咸卦·象辞》"二气感应以相与……天地感而万物化生……"与《中庸》所说的"至诚无息……博厚所以载物也,……博厚配地,高明配天,悠久无疆"[3]都发生于相同的语境,在此《中庸》的"至诚"即是真实无妄。所谓真实无妄是对现实世界实在性的一种表征,也是对生存于现实世界人的道德的一种规诫,更是对生活世界和谐的一种期待。就先秦儒学哲学而言,世界的实在

---

① 朱熹:《中庸集注》,上海:上海古籍出版社2007年版,第59页。
② 安小兰译注:《荀子》,北京:中华书局2007年版,第186页。
③ 朱熹:《中庸集注》,上海:上海古籍出版社2007年版,第47—48页。

性为气论所表征①。在《易传》的思想中更不乏对气论的直接性陈述,《易传》遵循"气(阴阳)—天地—四时—万物"的宇宙生成模式,阴阳二气之和而生化万物,这与老子"二生三,三生万物。万物负阴而抱阳,冲气以为和"②的思想有着共同的主题。当然,庄子也有言及,他说:"阴阳于人,不翅于父母"③。先秦儒家与道家都有对"气"进行宇宙本体论的构想,但在所构建的理路上是相互区分的。

道家在"元气"之上还有"无生有"的规定。儒家(不仅仅是先秦儒家)却不同,虽然有对元气之上是否存在更高的规定性这一思想有知觉意识(如张载),但在张载之前的儒学家们对此都知觉甚微。张载说:"大《易》不言有无,言有无,诸子之陋也"④,显然已经意识到思想更高的规定性这一问题("太虚无形")。郑玄曾试图将道家的"无生有"纳入"人生而应八卦之体,得五气以为五常,仁义礼智信是也"的理论背景之中,但是在转换的界面上遵照的还是儒家的那一套理论形式指引,故而在其本质上没有逃离儒家系统理论所设置的藩篱。

通过对儒家与道家在关于"气"的构成道路上的区分进行大致的了解之后,我们再深入介绍王充的气论。在中国的气论史上,王充的气论思想有其自身独特的魅力,其中所蕴含的特质或对"气"的规定,也全面彰显着中国文化独特的个性。那么王充的气论思想蕴含了哪些特质,"气"又是如何被规定的?

其一,流动的生命性。王充提出"元气"是化生天地万物的作用之气,"气"是流动的,具有生命活力的象征意义。正是因为"元气"流动的生命性,才能构成对精神意识缘起理论的根据。王充循着庄子、董仲舒入思的路径,从气本论角度论证精神意识的源起。人是阴阳二气合化的产物,"阴气主为骨

---

① 对于儒家哲学,气论彰显更多的是世界的实在性质,而仁学就是要在这个实在的世界中高扬仁义的道德理想。《中庸》所讲的"诚者"不仅是道德、宗教意义上的,而且包含着对天地万物的自然意义之实在性的肯定。关于这一点可以参考李存山:《气论对于中国哲学的重要意义》,《哲学研究》2012 年第 3 期。

② 王弼注,楼宇烈校释:《老子道德经注校释》,北京:中华书局 2008 年版,第 130 页。

③ 郭庆潘撰,王孝鱼点校:《庄子集释》,北京,中华书局 1985 年版,第 262 页。

④ 张载撰,王夫之注:《张子正蒙》,上海:上海古籍出版社 2000 年版,第 197 页。

肉,阳气主为精神"①。也就是说,骨肉肌体为阴气所生,阳气生化为精神意识。"形须气而成,气须形而知,天下无独燃之火,世间安得有无体独知之精"②。王充认为,人的精神作用是禀受"精气"的结果。阴阳一一俱全,则人之形神具备。并且认为,人的精神意识会随着形体的消亡而消亡,否定了人的形体消亡而精神意识仍然存在的相关论断。

其二,理论的悖论性。王充对鬼神也有很严厉的批辞,他强烈地批判了灵魂不灭、人死为鬼的说法。他认为,人的精神是依附于身体的,因此人死后又怎么可能成为鬼呢。他说:"人死血脉竭,竭而精气灭。灭而形体朽,朽而成灰土,何用为鬼?"③但是,王充在另一个地方又提到这么一句话"天地之气为妖者,太阳之气也。"④这句话的意思无非是说"妖者(鬼者)"是"太阳之气"生化的。所以王充对鬼神的看法颇具思辨的色彩,他在解构传统的鬼神观念之时,又臆造出另一种"妖者"的观念,所以王充的鬼神理论具有一种悖论性。

其三,经验性的直观。与传统的所谓"概念"(西方古典哲学)相比较,显然王充的"气"的概念没有上升到抽象的层次(如巴门尼德的"存在"),它蕴含了视觉感觉的直接性,试图用一种观感的非间接的经验方式去把握抽象的事物,这种思维的路径与古希腊哲学(如泰勒斯、阿拉克西曼尼等)有点类似。为什么说王充的气论具有一种经验性的直观呢? 首先,王充认为气存在量的差异——粗细之分。"万物之生,俱得一气。气之薄渥,万世若一"⑤。所谓"渥",即浓郁也,也就是说气存在轻薄与浓郁的区分;其次,气不仅存在量的差异还存在着质的差异——粗精之分。当然,这种质的差异是相对性的差异,并不是绝对的。王充认为,天地万物之间所构成的气是有等次差别的,它们各自构成的精细程度是不相同的,比如,构成地之气远不如构成天的气之精微,构成较高生物的气要比构成低一级生物的气精细许多。人是万物之灵长,所以构成之气最为精微。但是人与人之间也存在气的差异,"圣者以为禀天精

① 黄晖撰,(附刘盼遂集解)《论衡校释》,北京:中华书局1990年版,第946页。
② 同上书,第875页。
③ 同上书,第871页。
④ 同上书,第941页。
⑤ 同上书,第803页。

微之气,故其为有殊绝之知"①。由此而观之,气存在粗细与精微之分,正是这种经验性的气之精微程度的差异性才生化了自然万物之多样性。

其四,自然无为。气,自然无为没有任何的目的。王充说:"天地,含气之自然也"。又说道:"天覆于上,地偃于下,下气蒸上,上气降下,万物自生其中间矣"②。气"自然"而"无为"。自然即是本来如此,无为是针对有目的性而言的。这即是说,自然是无目的性的率性而为本来如此。"谓自然者无为者何? 气也,恬澹无欲无为无事者也"③。王充谈气的自然无为与他对天人感应目的论的批评有关,因为王充是一位彻底的无神论者。

王充作为中国古典气论的代表人物,了解王充即对中国的气论文化有一个总体性的把握。综上所述,王充从流动的生命性、解构中的建构性、直观的经验性与自然无为这四个方面来规定"气"。因此,"气"的文化特征也自然流露于对"气"的规定之中,"气"只不过是一个经验性的直观描述,远没有达到概念抽象的高度。王充那种讲求流动性与生命性的气"本体"概念与法国后现代主义德勒兹的哲学有着内在的联系,在各自独立的同时也在参补着各自的缺陷。

## 三、德勒兹"欲望—生产"论与王充"气"论的跨时空对话

德勒兹作为法国后现代主义的代表人物,其思想路数上与福柯、德里达还是存在一些差异,其入思的方式也略显不同。德勒兹明显已经走出了西方概念形而上学的"牢笼",如他对概念(如欲望机器、精神分裂分析等)的重新解读,从而改善了中法哲学文化各自独立的关系。前面一、二两节分别对代表法国后现代主义文化特征的德勒兹的"欲望机器"概念与代表中国古典文化气论思想的王充的"气"的概念进行了分析,那么德勒兹的欲望机器所蕴含的法国后现代主义文化与王充的"气"所粘连的中国文化存在着怎样的"共识"?

① 黄晖撰,(附刘盼遂集解):《论衡校释》,北京:中华书局 1990 年版,第 875 页。
② 同上书,第 782 页。
③ 同上书,第 776 页。

又带给我们中国文化以怎样的独特视域?

第一,注重经验的生成性。德勒兹反对先验范畴的自我设定,基于经验来建构一切,"与康德的先验唯心主义找出使感官经验成为可能、同时又与感觉经验相分离的心灵先验范畴不同,德勒兹拥护一种具有动态强度的经验和感官领域,以及一种非概念、非再现的、无意识的思维模式。康德的心灵天赋能力概念试图建立主体的同一性以及客体的通感再现,而德勒兹为通感统觉和概念再现所无法把握的'自在差异'范畴"①。德勒兹的"欲望机器"就是一种生成论的结果。德勒兹所构造出来的欲望之流,是对尼采权力本体论的一种"转译","宣扬着欲望的生产性,谴责各种试图弱化或者瘫痪欲望的社会力量"②。欲望作为其本身没有在先的预设,而就是一种"流",此种"流"与西方古典哲学的概念相异,它侧重更多的是生成式的经验,而不是统摄经验的生成而将其固置,它自身就是一种"力比多",但此种"力比多"显然不只是一种能量场,德勒兹的欲望机器已经将欲望与马克思的物质生产联系在一起,从而构成欲望机器的双重意蕴。德勒兹这种经验生成性与资本主义对欲望的编码形式有关,经验的生产是在其过程、在欲望机器自身之中,不依赖于任何主体性的感受来阐释这种生产的经验,因为欲望机器本来就是自身生产自身的结果,也即是说德勒兹的经验生成是不依靠任何"主体"来支撑,它的生成式的经验在于欲望机器之流在各个场域的(制度、生产、心理等)升华与转换。作为中国"气"论文化的代表人物王充也推崇气的经验生成性,王充的"气"存于天地之间,并没有对天地构成一种根据。这与董仲舒不同,董仲舒认为,"气"在天地之前。而王充的"气"即是一种生成,与宇宙万物一起生成,并没有高于天地万物而构成其生成的原因,"元气,天地之精微也。""气"与万物一起生成,此种生成都含有"气"的作用,所以气并不是一种在先式的而是存在于万物的生成之中,它流动于自然世界之间,作用于自然世界的万物,它不只作用于自然世界的万物,而且还涉及政治领域,天地之气"遭善而为和,遇恶而为变",也就是说他把气与政治联系起来了,并且王充认为气不是上天感情的产物,它是自然的,同时善政恶政也是自然的。关于这一点也与德勒兹很接近,德勒兹

① [美]道格拉斯·凯尔纳,斯蒂文·贝斯特:《后现代理论批评性的质疑》,张志斌译,北京:中央编译出版社2001年版,第108页。
② 同上。

的欲望机器也就是微观政治学的一种显示,并且其欲望机器就是一种物质生产性的唯物主义欲望观的体现。

第二,聚焦于"主体论"/"本体论"的重构。按照后现代的视域,德勒兹的主体应该是被去除掉的,但是他的"欲望机器"分明就有一种主体的嫌疑。当然,这种"主体"不再是古代或者近代哲学所诉说的主体概念,因为它不再趋同于"一"的规定。这种新型的"主体"彰显的是一种经验流动性的生成,更注重的是一种差异的经验。所以,德勒兹的哲学解构了传统意义上的主体概念所包蕴的内涵,而建构了另一种新型的"主体"概念。换言之,德勒兹的"欲望机器"虽摧毁了主体的迷梦,却又重新塑造了一个新的主体,这也是德勒兹所始料不及的,此种主体是一种"力";而王充的气论所显现的主体性的结构阐释也是隐蔽的,因为从气与物的关系来看,很难将气定义为一种独立于物的"本体","非物则气"、"不为物则为气"等都说明了气与物之间并没有说明谁具有更高的规定性。但王充又说:"万物之生,皆禀其气"①,这说明王充在无主体的气中又将"元气"作为一种"隐秘"的"主体"而凸显出来,王充的"气一元论"的表达中从没有试图说明气对万物具有一种优越性或者规定性,但此处对"元气"的规定,让人认为有构建其"主体"的嫌疑,这与德勒兹是一样,德勒兹本人从来不会承认对"主体"概念有任何的青睐,但其"欲望机器"就是对"主体"概念的一种显现。两者的思维路向(前者解构,后者建立)完全不同,但却在结果上殊途同归,建立了一个主体的思维模型,当然在德勒兹那里是以隐秘的形式建立的。

第三,动态与变易。德勒兹的"欲望机器"是一种动态的过程,不固置,不确定,"德勒兹强调现实的动态的、不确定的特性,而再现图式却试图通过知识基础将这些动态的、不确定的特征加以固定和稳固化。他们的欲望哲学还攻击更为广义地再现,如总体话语、人本主义基本框架以及一般意义上的认知图式"②。它更属于一种动态性的哲学;而王充的"气"论显现的也是一种动态、变动不居的形态特征,所谓"下气蒸上,上气降下"、"天地和气,万物自生"即是对气变易的描述。

---

① 黄晖撰(附刘盼遂集解):《论衡校释》,北京:中华书局1990年版,第949页。
② [美]道格拉斯·凯尔纳,斯蒂文·贝斯特:《后现代理论批评性的质疑》,张志斌译,北京:中央编译出版社2001年版,第107页。

　　第四,"差异的概念"与"概念的差异"。德勒兹区分了"概念的差异"和"差异的概念"。概念的差异是同一性之中的差异,是总的同一性之中的一种特殊的差异;而差异的概念则不仅使思考同一性内的差异成为可能,而且使思考同一性和非同一性之间的差异成为可能。德勒兹认为,最本真的差异不是两个概念(同一性)之间存在着差异,而是迫使思想将差异引入到它的同一性当中,把特殊性引入到它的表象之中。真正的差异存在于概念和直观之间、可理解和可感觉之间、逻辑的东西和审美的东西之间①。德勒兹"欲望机器"生成论的差异(差异是德勒兹中期哲学的核心概念)是"内在性"(immanence)的差异,此差异只是潜在的而非实际性的差异。如果是实际性的差异,又会坠入"同一"哲学的深渊,而德勒兹恰恰是抵制"同一"(存在与认同)这一古典哲学的统摄,此差异是程度上的差异不是本质上的差异。王充的气论也谈差异,但是诉诸的是本质上的一种差异,故而二者在差异路径的延伸中采取的是不同的入思方式。

　　第五,无目的论。"欲望机器"是无目的的,如果说有目的就是对编码的东西(法律、契约、体制)实施解码。德勒兹"欲望机器"表征的是一种反对个体辖域,追求发现"解辖域化"的欲望流;王充的气也是无任何的目的性,自在自为,没有主观意志的规定,天道自然而无为,"天之动行也,施气也,体动气乃出,物乃生矣"②、"谓自然者无为者何? 气也,恬澹无欲无为无事者也"③。

　　综上所述,彰显法国后现代主义文化特质的德勒兹与代表中国古典气论文化的王充之间存在一种"共契"。德勒兹所图绘的哲学景象与中国古典气论文化的气象有接入也有超出,在经验的生成性上、经验的流动性上、主体的构建上、变动不居与无目的性上显然在各自的文化界面上有接入、承纳与显现;在差异生成论上,代表后现代法国文化结构主义的德勒兹别具一格的"内在性"差异之思明显超出了东方文化那种对"差异"的运思。

————————————

　　① 冯俊:《从现代走向后现代:以法国哲学为重点的西方哲学研究》,北京:北京师范大学出版社 2005 年版,第 315—316 页。
　　② 黄晖撰(附刘盼遂集解):《论衡校释》,北京:中华书局 1990 年版,第 778 页。
　　③ 同上书,第 776 页。

# 四、结　语

　　至此,通过对法国德勒兹的"欲望机器"与中国王充"气"论的对比分析,寻找消解二者各自固结的时间性,敞开二者的空间层次及其表达上的生成转换,从而把二者各自抽象的理论表达还原到相互融通,或许是中西文化的共同使命。理解要求接纳与对话,对德勒兹"欲望机器"与王充"气"论的理解更是两种不同文化的接纳与融合。法国的后现代性并没有成为祭奠的"悼词",德勒兹的"欲望机器"重新点燃了生命的欲望,生成了经验,那种在追求共识理解中的保留随时缺席的不可理解的话语也在一种流动性的经验中变得清晰可辨,那种纯粹无的"黑洞"似乎也留有中国文化"增补"的痕迹。比较中西文化,故而可以增进两者之间的交流与合作。但比较中西文化在其方法论上存在着很多的路向,这些路向亦如海德格尔的"林中路",都是通向思想的道路,笔者所选取的路向也许是"断路"、"绝路",但这已不重要,重要的是思想者已行走在这通向不同文化思想的道路之上了。

# 专栏二:法国现象学研究

## 亲密性与困扰

——《异于存在或本质之外》对感性超越关系的几点论述

林华敏*

**摘要:**《异于存在或本质之外》是列维纳斯后期核心作品,也是定位其现象学坐标的作品。通过对亲密性、困扰、压迫、不冷漠、无私等问题的论述,列维纳斯揭示了我和他人之间异于存在和本质之外的关系。亲密性是接触、暴露之真诚,是语言之前的言说;困扰是单方向的不可逆转的非对称的触发。在亲密性和困扰中,亲近却逃离普遍本质。这是人与人异质性关系的根本。在与他人的关系之中,存在着一种绝对的慷慨的元素,一种绝对的无私,在这种关系之中显现出善之非对称性。

**关键词:**亲密性,困扰,不冷漠(non-indifférence),无私(dés-intéressement),他人

我们往往被"伦理学作为第一哲学"、"他者伦理"这样的标签引导进入列维纳斯,而忽视了他作为一个现象学家的出发点:对感性暧昧性的考察和描述,以及由此展开的内在性与外在性的关系。《异于存在或本质之外》是列维

---

* 林华敏,男,哲学博士,西南大学哲学系副教授。主要研究方向:现象学、法国哲学。

纳斯后期核心作品,该书通过主体性、时间性、责任、言说、被动性等主题去展现我与他人之间异于存在和本质之外的伦理关系。列维纳斯力图揭示"所说"之前的"言说",可见背后的不可见。这是一项关于"不可能性"的任务,其出发点只能是感性暧昧性。在本书中,列维纳斯频繁使用了一系列感性暧昧的概念,例如面容、感受性、触发、亲密性、困扰、迫害、不冷漠(non-indifférence)、无私(dés-intéressement)①、创伤等。这些概念的使用不仅展现了列维纳斯的现象学面貌,而且在根本上显示了列维纳斯思想的着力点。

## 一、亲密性与困扰

《异于存在或本质之外》中有两个使用频率很高的关联概念,那就是"亲密性(proximité)"和"困扰(obsession)"②。"亲密性"是列维纳斯中后期的基本概念,它不是物理时间和空间意义上的距离关系,也不是意识与对象的意向性关系。列维纳斯在使用这个词时,力图表明"与他人之间的亲密性在存在论范畴(des categories ontologiques)之外"。③ 列维纳斯指出:"我们寻求以亲密性的方式去分析这种关系,而不诉诸于那些试图掩盖它的范畴。亲密性是作为言说、接触、暴露之诚意;语言之前的言说,但没有语言,就像信息传递一样,没有语言也是可能的。"④亲密性描述了在表象和存在显现之前的人与人之间的感性关系。这种关系首先是一种单向的靠近和暴露。"为他(l'un-pour-l'autre),一个单向的关系,没有以任何的方式回到出发点……主体性的关节点(Noeud dont la subjectivité)在于朝向他人而不用考虑他也朝向我,或者,更确切地说,在于不以任何互惠的(réciproques)方式去靠近他人……我总

---

① 在列维纳斯的使用中,dés-intéressement 有时合在一起,有时分开,而 non-indifférence 一般有个分字符。结合概念本身的基本意思和语境,dés-intéressement 翻译为不感兴趣、无私、公正等;non-indifférence 翻译为不冷漠、非—漠不关心、非—无动于衷等。

② 据对该书的检索,"亲密性"概念使用了 120 多次,"困扰"使用了 70 多次。在第三章"感受性与亲密性"中列维纳斯单独将"亲密性与困扰"作为一个议题进行讨论。

③ E.Levinas, *Autrement qu'être ou Au-delà de l'essence*, Paris, Le Livre de poche, 1990, p.32. E. Levinas, *OtherwisethanBeing, or, Beyond Essence*. trans. AlphonsoLingis, Pittsburgh: DuquesneUniversityPress, 1998, p.15. 引文参照法文和英文译出,下文同列出法文和英文出处。

④ *Autrement qu'être ou Au-delà de l'essence*, p.3. Otherwise than Being, or, Beyond Essence, p.16.

是已经提前一步走向邻人"①。但这种向邻人的靠近并不是意向性建构，而是对意识的抵抗。

> 亲密性是对关于某物之意识（意向性）的距离的抑制（suppression）……邻人排除了意识对他的把捉，这种排除有积极的一面：我在他面前的暴露，在他出现之前，在他之后的我的延迟，我的痛苦，否认我的身份。亲密性，压制了"关于某物的意识"（conscience de）的距离……打开了历—时性（dia-chronie）的距离，而不需要一种共同的在场，（在这种历时性中）差异是无法被捕捉的过去，是无法想象的未来，邻人之不可再现的处境—在其背后，我是迟到的，被邻人压迫的。②

我向他人暴露，但他人并没有在这种暴露中成为我的表象对象。这种延迟逃离了意识在场的同一性（对象化）。在暴露与不在场之间，我单向地被放在一种关系之中。按照 Sean Hand 的评价："对于列维纳斯，人性是亲密性。……亲密性是第一位的。事实上，对于列维纳斯，亲密性根本就不是两个'项'之间的关系——因为如果那样的话，将会在同者和他者之间建立一种同步性。对于列维纳斯，亲密性根本地是非—互惠的，它发生在我们的任何主题化之前。"③无疑地，这种发生在任何主题化之前的事件是一次打断，它不仅打破了我的自身性，而且打断了我的时间。

与亲密性密切相关的概念是"困扰（obsession）"，该词亦指被打断、焦虑、无序、漫溢，以及扰人的欲望占据着某人等。这个词在列维纳斯的使用中与触发（l'affection）是关联的。触发具有情感、情绪、感情等维度的内涵。列维纳斯指出，"在比所有我能通过回忆和历史记述而重组起来的过去还要深刻的过去中，在比所有我能通过先验而把握到的都深刻的过去——在开端之前的时间中，触发之打击创伤性地造成一个影响。"④也就是说，触发是在时间（时间

---

① Autrement qu'être ou Au-delà de l'essence, p.134. Otherwise thanBeing, or, Beyond Essence, p.84. 斜体是原文所有。

② Autrement qu'être ou Au-delà de l'essence, p.142. Othere than Being, or, Beyond Essence, p.89.

③ Seán Hand, *Emmanuel Levinas*, Routledge, 2008, p.54.

④ Autrement qu'être ou Au-delà de l'essence, p.140. OtherwisethanBeing, or, Beyond Essence. p.88. 列维纳斯在该处注释中特别指出："触发之被动性比海德格尔所谈论的与康德相关的彻底的接受性还要被动。"

意识)之前的被动性事件,这种被触发体现了我和他人之间在时间之初的被动性与非对称性。列维纳斯指出:"困扰(L'obsession)作为非—互惠性(non-réciprocité),它自身没有减少任何痛苦的可能性。它是单方向的不可逆转的触发(affection),如同在谟涅摩叙涅(Mnémosyne;希腊语:Μνημοσύνη;希腊神话中司记忆的提坦女神)指尖流过的时间的历时性。"①这种非对称性不是因为顺时性时间上的先后,而是因为他者总是代表着一种异质性和距离。"亲密性是对可记忆的时间的扰乱。"②这样一种亲密性与扰乱带来的是对表象意识的抑制。列维纳斯在论述亲密性和主体性的关系时,一开始就强调:"亲密性所指向的人性(L'humanité),一定不能从一开始就被首先理解为意识,也就是,(不能被)作为一个有天赋的知识或(相当于)权力的自我。"③人性不能被理解为"我知、我能"。亲密性不能被消解为一个存在者拥有的关于另一个存在者的意识——在这样的意识中,他人在某人的眼皮底下或者在某人的可及范围内和把握范围内。④ 列维纳斯不局限于"意识构建"或"存在的显现",而是力图考察人与人的亲密性这一原初现象。通过单向的触发以及我的可记忆的时间的被打断,亲密性和困扰揭示出了在构造性时间(意识主体)之前的人与人的关系。这正是亲密性和困扰的基本内涵,同时也是我和邻人关系的实质。列维纳斯将这种实质理解为一种"迫害(persécution)":

> 邻人指令我,先于我指定他。这不是知识,而是一种困扰;不同于知,它是对人的战栗(frémissement)。……困扰(L'obsession)不是意识,也不是意识的某种类别,但它会扰乱试图吸收它的意识:(困扰)是无法吸收的,如同一种迫害。

这段话中,列维纳斯在"战栗"这个词上有个注释,"该词译自柏拉图的

---

① Autrement qu'être ou Au-delà de l'essence, p.134. Otherwise than Being, or, Beyond Essence, p.84.

② Autrement qu'être ou Au-delà de l'essence, p.142. Otherwise thanBeing, or, Beyond Essence, p.89

③ Autrement qu'être ou Au-delà de l'essence, p.132. Otherwise thanBeing, or, Beyond Essence, p.83.

④ Autrement qu'être ou Au-delà de l'essence, p.132. Otherwise thanBeing, or, Beyond Essence, p.83.

《费德罗篇》(论爱)的术语 Φρίκη。"①该希腊语 Φρίκη 表示恐惧、害怕、战栗，多用于古希腊悲剧中。在柏拉图那里，它表达灵魂被被爱者之美所吸引而产生的震动、痛苦的震动。这种战栗和恐惧溢过任何的思考和知识。这是绝对无法让人冷静(无动于衷)的状态。亲密性伴随的困扰描述了这样一种状态：某人或某物占据了某人，TA 触动我，但我无法通过任何的方式去把握和平息。

## 二、不冷漠与无私

为进一步理解人与人之间的亲密性与困扰关系，我们考察列维斯斯使用的两个重要概念：non-indifférence(non-indifference)与 dés-intéressement(dis-interested)。从词义看，indifférence 表示对某人/物冷漠、中立、不关心、无差异、不予区分(在区分之前，原初地沉溺于自身之中)等，而 non-indifférence 则表示不冷漠、非—无动于衷、非—无差异等。按照列维纳斯，对他人不冷漠首先是自我先行地朝向他人，对他人暴露自身。但是，列维纳斯并没有将这种走向他人理解为意向关系或共在关系，而是理解为"非—漠不关心"——一种原初的向他人的暴露。按照列维纳斯：

> 自我先行地向他人暴露(l'exposition)，对他人非—漠不关心，这不是简单地"去表达一个讯息的意图"。这种向他人的暴露之伦理意义……不是可见的。亲密性和交流之节点不是认知之形态。②

与自身差异，向他人暴露自己，这是亲密性或友好的前提。这种暴露并不是去表达我的意图，也不是将他人纳入我之中、将他人对象化。这种单纯的暴露是将自身抛出主体性。"这种主体性之外不包括对这种处境的意识，它(意识)恰恰会取消非—漠不关心或友爱之亲密。"③当我们意识到主体性、甚至于意识到主体性的被抛时，亲密性之非漠不关心或友爱已经被遮蔽了。自我先

---

① Autrement qu'être ou Au-delà de l'essence, pp.138-139. Otherwise thanBeing, or, Beyond Essence.p.87.

② Autrement qu'être ou Au-delà de l'essence, p.82. Otherwise than Being, or, Beyond Essence, p.48.

③ Autrement qu'être ou Au-delà de l'essence, p.131. Otherwise thanBeing, or, Beyond Essence, p.82.

行暴露与抛出先行于我的存在和意识的共时性与大全。"这种共时性和大全
被同者与他者之间的差异所打破——在他者加于同者之上的困扰之非一漠不
关心中被打破。"①这种打破是列维纳斯思想的基本指向。同者与他者的差异
并不是冷漠,而是亲密与不冷漠。""无限者的无—限(in-fini),它与有限者的
差异,已经是对有限的不冷(non-indifférence)。……通过迫害与召唤,无限者
同时触发着思(pensée)。"②这是列维纳斯强调的意识和无限者的基本关系,
无限者向认知(有限者)的介入,并不是成为思的内容,而是惊醒思。

我如何既被他人触发、对他人不冷漠,又不将其作为同者的一部分? 这是
列维纳斯"我和他人、同者和他者"关系的根本内容,也是人与人的关系何以
在"异于存在或本质之外"的原因所在。与"非—冷漠"相关的一个概念是
"dés-intéressement"。从字面上看,"非—冷漠"表示向他人靠近、暴露自我、友
爱,而"dés-intéressement"则表示无私、不感兴趣、无利益关切、公正、中立等。
按照列维纳斯,intéressement 这个词与存在(Etre)相关。"存在(*Esse*)是存在
之间(interesse)。本质是本质之间(L'essence est intéressement)。"③存在之间
或本质之间,这是自我中心主义和战争的根源。列维纳斯指出:"存在的兴趣
(L'intéressement de L'être)在自我主义中采取了戏剧性的形式相互斗争,每个
人都反对所有人,在过敏的自我主义的多样性中,这些自我主义处于相互战争
中并由此在一起。战争是本质的兴趣(L'intéressement de l'essence)之行为或
戏剧。"④在这个背景下,dés-intéressement 这个概念要否定(去除)的是"esse"
(存在/本质),是 intér-esse(存在/本质之间),是与存在的粘连。也就是说,列
维纳斯力图将人与人的关系从存在/本质之间剥离出来,从自身的内在性本质
之中剥离出来。列维纳斯指出:"那个被指派的人必须将自身从其自身的内
在性中分离出来,不再与存在粘连;他必须是无私的(dés-intéresse)。"⑤"这种

---

① Autrement qu'être ou Au-delà de l'essence, p.136. OtherwisethanBeing, or, Beyond Essence, p.85. 笔者加粗。
② E.Levinas, *De Dieu Qui Vient a l'idee*, Paris, Vrin, 1982, p.109.
③ *Autrement qu'être ou Au-delà de l'essence*, p.15. *OtherwisethanBeing, or, Beyond Essence*, p.4. 斜体为原文所有。这本书开篇第一章就是"存在与不感兴趣(Essence et Désintéressement)",其中第 2 节列维纳斯专门论述了"存在与兴趣(Etre et intéressement)"。
④ Autrement qu'être ou Au-delà de l'essence, p.15. Otherwise thanBeing, or, Beyond Essence, p.4.
⑤ Autrement qu'être ou Au-delà de l'essence, p.84. Otherwise thanBeing, or, Beyond Essence, p.49.

将自身从统一体的核心之中撕裂开来,这种绝对的非一致性,这种瞬间的历时性,在'某人被他者穿透'这种形式中表现出来。"①这既是摆脱共在关系,也是摆脱自我对他人的某种赋义或某种兴趣投射,摆脱某种"普遍的本质(essence universelle)"②。dés-intéressement 可以说是《异于存在或本质之外》描述的人与人的核心关系,这个概念是彰显该书主题"本质之外"、伦理关系逃离存在论的关键概念之一。

　　一方面,我对他人不冷漠,暴露自身,对他人友好;另一方面,我又对他人"不—感兴趣"、不自私。这个不感兴趣意味着:将我和他人的关系从存在与本质之间抽离出来,不以我自身本质(利益和兴趣)去左右(赋义、表象)他人。他人在我的暴露和靠近之外,始终不是我表象和理解的对象。他人触发我,我无法对之冷漠,但同时其异质性始终超越于我的本质表象。他人是存在或本质之外,这是列维纳斯意义上的超越的核心指向。只有"存在或本质之外"的关系才可能非对等关系,才可能是超越的(形而上的)伦理关系。列维纳斯指出:"责任,非—漠不关心之意义,单向地,从我到他人。"③"差异之亲密性是非冷漠的责任:这是一种无法质疑的回应,和平的当下性落到了我身上。"④责任关系只有单向与当下的,它才不是互惠的。不论是我对于他人,还是他人对于我,都是单向的"服从"。"对另一个人的责任恰恰是先于任何的所说的言说。令人惊奇的言说——对他人的责任——对抗着存在的'风和浪'(vents et marées);它是对本质的打断,是被赋予了好的暴力的不感兴趣(un désintéressement imposé de bonne violence.)。"⑤这句话道出了不自私作为存在和意识的源头,这个源头既是人的本质,也是人与人之间的关系本质。因此,列维纳斯说"人的本质不是内在的本质的趋向(conatus essendi)。而是'不自

---

①　Autrement qu'être ou Au-delà de l'essence, pp. 84 – 85. Otherwise thanBeing, or, Beyond Essence, p.49.

②　Autrement qu'être ou Au-delà de l'essence, p.136. Otherwise thanBeing, or, Beyond Essence, p.85.

③　Autrement qu'être ou Au-delà de l'essence, p.217. Otherwise thanBeing, or, Beyond Essence, p.138.

④　Autrement qu'être ou Au-delà de l'essence, p.218. Otherwise than Being, or, Beyond Essence, p.139.

⑤　Autrement qu'être ou Au-delà de l'essence, p.75. Otherwise thanBeing, or, Beyond Essence, p.43.

私'和'再见'。"①

　　Non-indifférence 与 dés-intéressement 是《异于存在或本质之外》的重要概念,它们描述了原初异质性的亲密与困扰,以及在这基础上的非对称的责任关系。按照理查德·科恩的评论:"列维纳斯的关注点在于非对称的回应,震惊,异质性在主体性的主体之上的内爆,确切地,这个主体性的主体是作为服从于他人的道德服从者。"②列维纳斯警惕着总体性和系统化的暴力,这种暴力对应的是一种对称性的关系模式。"对称性的关系是总体化和系统化的思试图寻求的……"。③ 列维纳斯力图通过一种非存在论和非意向性的关系来描述人与人之间的被动性和非对称性,由此重新界定主体性的源头。

## 三、谋杀者与被召唤者

　　从列维纳斯的文本中我们注意到:一方面,他常将他人描述为弱者、孤儿、寡妇、饥饿者,甚至于"无家可归者"和"易受伤害者"。他人是易受伤害的,是易于被同一性同化和施加暴力的。我倾向同化他人,"谋杀"他人。"我不是无辜的自发性,而是篡夺者和谋杀犯(usurper and murderer)。"④但另一方面,他人反过来成为我的压迫者,困扰、质疑、命令、瘫痪和胁迫我,使我作为其人质,乃至于"为他人而死"。

　　如何理解这种双重性? 首先看列维纳斯描述的面容之暧昧性。在《总体与无限》中,面容是裸露、脆弱的,但恰恰是这种脆弱带着瘫痪我的能力。瘫痪体现了面容对权力(意识)的抵抗,它使我处于一种既是谋杀者也是被质疑者的位置上。在《异于存在或存在之外》中,列维纳斯指出:"邻人的面容,在其迫害的恶意中,通过这种非常的恶意,作为可怜的暧昧或迷(équivoque ou énigme)能够困扰(我),只有被剥夺了任何的依靠的受迫害者才能承受(这种

---

①　E.Levinas,*La mort et le temps*,paris,editions de l'herne,1991,p.25. 笔者加粗。

②　Richard A.Cohen, "Foreword", in *OtherwisethanBeing*,or,*Beyond Essence*,p.xii.

③　Autrement qu'être ou Au-delà de l'essence,p.114. Otherwise thanBeing,or,Beyond Essence,p.70.

④　*E.Levinas*,*Totality and infinity*,trans.Alphonso Lingis.Pittsburgh:Duquesne University Press,1969. p.84.

暧昧或迷)。"①他人作为"令人可怜的暧昧或迷"而对我显示出某种"恶意",这种恶意困扰和压迫我。这种暧昧性或谜,只有作为被压迫者能够承受。由此,我们看到面对面容的两种可能性:杀与不能杀。我既可能杀人,也可能被他人召唤。这是每个人基本的伦理处境。在压迫或被压迫、暴力或怜悯的施予者之间,作为一个谋杀者还是一个服从者? 这是我与他人关系的两种可能性。实际上,《总体与无限》开篇列维纳斯就指出"战争持久的可能性"②是人类的基本处境:我们往往倾向于去同化他者,对他者施暴。他人是脆弱的,这并不是说他人身体的脆弱,而是作为他者身份容易被我们忽视或扼杀。我们很难将他者作为他者,一不小心就把他者抹杀,或作为另一个我。

尽管如此,列维纳斯要揭示的是作为"弱者"所具有的对"权能"的抵抗:你不能杀! 这种抵抗不是道德戒律,它体现了面容的异质性之超越。真正的他人/他者是不可杀的,因其异质性总是在踪迹中逃离总体性暴力。这种超越使得人性和伦理保留了最后的可能性。这种形而上不是"想象"出来的他者和超越,而是寓含于感性之中的超越。被迫害者能够承担这种面容之谜。只有他人作为"瘫痪"我的能力时,我的角色才表现为承担。只有当"我"去承担这种可怜与脆弱,面容才构成真正的力量,对我造成困扰,瘫痪我的能杀;"我是他人"(je est un autre)才成为可能。如果我不愿承担这种怜悯,他人就无法对我产生任何的胁迫。"我是你,从而你是我。"这看似诡异的逻辑,恰恰表现了面容所具有的暧昧性结构。如列维纳斯说的"独一性没有自身认同(Unicité sans identité)"③,在自我身份认同之前,我即是自身,也已经是他人之替代。我作为谋杀者(去同化他人的异质性),事实上构成了我的自我认同、自身同一性的条件(状态);而我作为被压迫者时,意味着我的自我认同的解体。我被从内在之中打开,欢迎他人。这个时候,我是完全涣散在他人之中,我既是他人,他人也是我。这是列维纳斯独特的"逻辑"的核心。

从《总体与无限》到《异于存在或本质之外》,对主体性的辩护经过先破后

---

① Autrement qu'être ou Au-delà de l'essence, p.175. Otherwise thanBeing, or, Beyond Essence, p.111.

② Totality and Infinity, p.21.

③ Autrement qu'être ou Au-delà de l'essence, p.95. Otherwise thanBeing, or, Beyond Essence, p.57.

立的方式完成:《总体与无限》更多地基于外在性为主体性辩护;《异于存在或本质之外》从根本上将他者放到我之中,质疑和颠覆作为同一性的"主体性",建立起作为被动性和服从的伦理主体。《总体与无限》更侧重于他人之距离与高度,绝对他者之异质性;《异于存在或本质之外》则强调了邻人之亲密性,将他者性置于我之中。我在与他人的亲密性中,感受到一种难以辩护的压迫——正是因为它来自于我之中,才导致我的无法辩护和拒绝。

# 四、同者之中的他者

《异于存在或本质之外》阐述了:只有当主体性被置于被动性的位置,当绝对的他者被放置到我之中时,责任才能成为一种无条件的命令,才成为内在于我自身之中的异质性,才是不可抗拒的;只有当他人通过感性而贴入我的肌肤,成为我肌肤之中的"敏感",成为一种对我的"压迫"的时候,对他人的责任才不会变成利己主义的另一面,伦理才可能发生。伦理并非发端于存在的自由,超越也并非发端于作为存在者的上帝,而是发端于感性内在性,发端于在感性内在性中我与他人之间的"谜"一般的关系。

> 对他人的责任不能开始于我的承诺,我的决定。无限的责任——在其中我发现自身来自于我的自由的彼岸——"先于所有记忆的开端"(antérieur-à-tout-souvenir),"后于所有的完成",来自于作为卓越的非—在场,非—源头,无端,先于或异于本质。对他人的责任是主体性的核心所在。"①

自我之前的作为卓越的非—在场、非—源头和无端,这是一种被动性的无端。这种被动性使得对他人的回应成为主体之内核。这是亲密性、困扰和迫害的开端和机制。列维纳斯指出,"作为他人之替代,作为我,一个人,我不是一个转移(transubstantiation),不是从一种本质变为另一种本质,我没有将自己锁在他人的身份(identité)中,我不会停留在另一个化身(avatar)中。"②也就是说,替代不是把我变成他人,不是将一种本质变成另一种。"不自私"在

---

① Autrement qu'être ou Au-delà de l'essence, p.24. Otherwise thanBeing, or, Beyond Essence, p.10.

② Autrement qu'être ou Au-delà de l'essence, p.29. Otherwise thanBeing, or, Beyond Essence. p.14.

悬隔了本质自身性的同时,恰恰保持了我自身。

通过描述这样一种暧昧性关系,列维纳斯努力表明哲学可以去考察另一个主题——开端之前的感性无端。作为现象学的主题,这打破了胡塞尔和海德格尔那里对经验的主题化和存在论限定。"靠近(L'approche)不是对任何关系的主题化(thématisation),但这种关系作为无端(an-archique)抵制了主题化。将这种关系主题化等同于失去这种关系,留下了自身的绝对被动性。"①这样一种无端与绝对的被动性,只能通过亲密性、困扰、非—漠不关心、不—感兴趣等语言去描述。

> 无限者在对他人的责任之中显现,在"为他人而在"中显现,一个承担起一切的主体,也就是,替他人痛苦的主体,被控诉去承担一切,而没有事先决定去承担这种责任。……服从先于任何的对命令(commandement)的聆听。②

责任填充了主体性的核心。他人之暧昧性或谜是伦理的基础。"无限之踪迹是主体之中的暧昧性,……历时性的暧昧性——它使得伦理成为可能。"③在有限与无限的暧昧性中,一方面我们看到同一性暴力,另一方面我们看到感性的抵抗。列维纳斯提到的"替代""将我由内往外翻转""把他人嵌入我皮肤之中"等命题就是在这个意义上完成的。只有将他人嵌入我之中,将一种外在的"压迫"植入我之中,我的自由(暴力)才能得到质疑。将一种原初的我无法拒绝的"被动性"置于我之中,我才能获得主动性,获得自由。在这个意义上,我们进而能够理解列维纳斯说的:

> 主体性被建构为同者之中的他者(l'Autredans le Même),但是以一种不同于意识的方式构建的。意识总是关联着一个主题,一种当下的再现,一个被放在我面前的主题,一个存在之现象。④

① Autrement qu'être ou Au-delà de l'essence, p.192. Otherwise thanBeing, or, Beyond Essence, p.121.

② Autrement qu'être ou Au-delà de l'essence, p.232. Otherwise thanBeing, or, Beyond Essence, p.148.

③ Autrement qu'être ou Au-delà de l'essence, p.233. Otherwise thanBeing, or, Beyond Essence, p.149.

④ Autrement qu'être ou Au-delà de l'essence, p.46. Otherwise thanBeing, or, Beyond Essence, p.25.

"主体性是在同者之中的他者"（La subjectivité c'est l'Autre-dans-le-Même）①，这是《异于存在或本质之中》中对主体性的基本界定。从《异于存在或本质之外》往回追溯，我们可以更清晰地看到《总体与无限》对主体性的捍卫。通过向下沉降（transdescendance），回到感性的内生命，从而使主体性从意识表象和存在中剥离出来。只有在感性内在性层面，亲密性、困扰、不冷漠、无私等议题才得以被展开，人与人的最初相遇被澄清，外在性才真正打开，真正的主体性（非互惠的主体间性）才得以可能。列维纳斯指出：

> 在享受所深化的内在性本身中，又必须产生一种他律，这种他律引起一种不同于那种动物性的自我满意的命运。如果内在性……不能凭借一种异质性元素的显现而拆穿其内在性的谎言，那么在这一下降中就仍必须产生这一冲突，这种冲突并不逆转内在化的运动，也不打破内在实体的基本结构，而是提供重获与外在性的关系的机会。内在性必须同时既是封闭又敞开。

> 即使在享受中完全被认可的世界所具有的那种不稳定性扰乱着享受，这种不稳靠性也并不会消除对于生活的根本认可。但是，这种不稳靠性在享受中带来了一种分界线，这道分界线既不是来自他人的启示，也不是来自任意的某个异质的内容——而是以某种方式来自虚无。……这种不稳靠性——它因此在内在性生活的周围勾勒出一种（属于）虚无的边线，并证实着内在生活的孤岛性——在享受的瞬间被体验为对未来的操心。但是因此，在内在性中就打开了一个维度，通过这个维度，内在性可以期待和欢迎来自超越的启示。在对未来的操心中，闪耀着感性之本质上不确定的将来这一原初现象。②

这两段话展现了《总体与无限》中重要而困难的议题：绝对的内在性之中如何打开超越？主体性不仅基于向感性享受的沉降与回归，一种绝对的隔离，而且需要在这种隔离中他人的感性触发，通过亲密性、困扰、不冷漠、无私等关

----

① Autrement qu'être ou Au-delà de l'essence, p.46. Otherwise thanBeing, or, Beyond Essence, p.25.

② 列维纳斯：《总体与无限》，朱刚译，北京大学出版社 2016 年版，第 131—132 页。

系,既维持内生命又同时向外在性敞开。这个任务在《异于存在或本质之外》被真正展开和完成:在亲密性、困扰、非漠不关心、无私、替代等关系中,自身的相异性被揭示。只有这种自身的相异,才能使他人进入我,他人的异质性才能成为对我而言真正的异质性。

他者缠绕在主体之中,这种缠绕本身包含着无限者的靠近和原初被动性。按照列维纳斯:"最为被动的被动,无法承担的主体性,或主体之极端的服从,来自于对那个异于我自身的迫害我的迫害者的责任对我的压迫。"[①]"困扰(L'obsession)不是意识,也不是意识的某个种类和某种模式,即使它能震动试图承担它的意识:如同迫害(persécution)是无法承受的(inassumable)。"在此处的注释中,列维纳斯进一步解释道:"这种困扰如同单子之间在打开窗户或门之前的关系,在与意向性相反的方向上"。[②] 在这个意义上,个体之间的困扰存在于绝对的感性隔离,这是一种认识论和存在论之前的"古老关系"。

不论是亲密性、困扰、非—漠不关心、无私、非互惠,还是他者之踪迹与谜,列维纳斯试图将经验导回形而上学。对他人的敏感不再是单纯的感性下沉,而是一种向上的超越。如同他在评论让·华尔的形而上经验概念时强调的:"只有作为形而上学,经验才作为经验"。[③] 只有如此,经验才无法被还原为认知和逻辑分析;也只有如此,哲学才能复归形而上之超越性。我和他人的关系不是意识与对象的关系或存在与显现(揭示)的关系。Here I am( me voice),这句话意味着:在这里,被召唤,然后才有作为主体的"我"。主体性不是主动和先验的,它完全是被建构(填充)的。可以说,这种被动性在时间之前,是一个谜、混沌和深度,它同时包含内在性和外在性,包含着"此处"和"彼岸"。

## 五、结　语

在晚年的一个访谈中,被问到和保罗·利科的关系和差异时,列维纳斯说

---

① Autrement qu'être ou Au-delà de l'essence, p.92. Otherwise thanBeing, or, Beyond Essence, p.55.

② Autrement qu'être ou Au-delà de l'essence, p.139. Otherwise than Being, or, Beyond Essence, pp.87,192.

③ E.Levinas, *Outside the Subjet*, translated by Michael B.Smith, Stanford University Press, 1987, p.75.

了两段能够概括其思想主题的话：

> 我一直努力地在已经被很好地安排（apportioned）了的人与人的关系之外——倘若这种人与人之间的关系已经被很好地安排了，那我们就已经非常幸运了——寻求更为根本的根基，这个根基使得人与人之间的关系在根本上成为可能。一种绝对地无私的（disinterested）关系。我在寻求这样一种关系：在其中，我的义务，我的朝向他人之觉醒，我对他人的依附，在任何意义上都不是能够带来报酬的依附或能够带来报酬的一种慷慨的形式。这也就是为什么我一直在想，在与他人的关系之中，存在着一种绝对的慷慨的元素，一种绝对的无私，并且我一直在论证在这种关系之中显现的善之非对称性。

> 我认为圣洁性这个名词不像其他任何的关系；它是自身背负的尊严（dignity）。缺失，圣洁性排除所有的自私（interest，利益/本质之间）。但是唯一的慷慨在其友好中是独一的：它是一种价值。……一个人能够在无私（disinterestedness）中把握圣洁性，紧紧地把握住，不顾圣洁性所带来的一切积极的东西，这个人就是友好善良的人。"①

这两段话高度地概括了列维纳斯思想的目标。亲近而没有任何的自我利益关切，给予而不考虑互惠，这是原初的暴露与被动性。邻人的靠近构成对我的处境无法摆脱的拷问——虽然我（同一性）总是力图拒绝和逃避邻人发出的拷问与号召。如果说，人类可能是圣洁的，那是因为对他人的慷慨和责任是可能的。进一步地，邻人的压迫从来不是他发出的拷问与召唤（这种召唤不以武力的形式），而是来自于我逃离而带来的愧疚。只有在非—无动于衷、无私之中，才能发现这样原初的关系形式。通过对感性超越关系的描述，主体性这个概念得以摆脱总体性和互惠性的特征。通过感性之中他者（超越）的介入，自我先在地包含着他者，他者在我之前，在我之中。这种源头式的优先性和被动性使得列维纳斯的伦理学获得了一种形而上学和神学的可能性。但是，这种可能性只能被指引，而无法获得清晰论证或描述。

---

① Mole de Saint Cheron, *Conversations with Emmanuel Levinas*, 1983–1994, trans. by Gary Mole, Duquesne, 2010, pp.22-23. 笔者加粗。

# 启蒙记忆与创伤记忆

## ——当代哲学视域中的记忆问题及其基本区分

黄　旺*

**摘要**:现代性解体后,传统理性丧失原有效力,这使得记忆在哲学中具有越来越重要的基础性地位。在记忆研究中,贯穿着遗忘与记忆(尼采)、记忆与历史(勒高夫)、功能记忆与存储记忆(扬·阿斯曼)、活的记忆与死的记忆(德里达)等基本区分,上述区分可被进一步刻画为记忆的启蒙性和创伤性。一方面,人的经验或知识,最初总是作为创伤性而被给予,创伤性构成记忆的一般本质;另一方面,让人震惊的创伤最终被意识、语言、主体所占有,被内在化从而呈现为概念、意义、连续性叙事或理论,因而走向启蒙性维度。在主张启蒙记忆权利和为创伤记忆辩护的哲学家之间,存在着尖锐的对立,这一对立可被表述为正义和幸福的二元对立。文章指出,如果记忆的创伤性和启蒙性能够卓有成效地进行创造性转换,就能够同时消除现代社会不正义的启蒙之病和不幸福的创伤之病。

**关键词**:记忆,创伤记忆,启蒙正义,幸福,现象学

　　在人文与社会学科中,记忆越来越成为学者们关心的焦点问题,但国内哲学学界对此的研究还很不充分。本文试图基于当代西方哲学对记忆的研究进展,从现象学角度进一步推进该研究。在第一部分,我们概要地分析了记忆成为热点背后蕴含的深层哲学根源,将它看作是传统理性溃败、现代性瓦解、起源—目的论失效的必然效应,在此基础上,揭示了记忆论题在当代哲学中所应

---
　　* 黄旺,哲学博士,南方医科大学马克思主义学院副教授、华中科技大学解释学研究中心研究员,研究方向:现象学、解释学、当代法国哲学。

具有的基础性地位。第二部分检视记忆研究中最核心的一个论题:记忆类型的基本区分问题。通过梳理自尼采以来人们对记忆所做的基本区分并分别比较其得失,文章提出将记忆的启蒙性和创伤性作为记忆研究的基本框架。第三部分则进一步在认识论和存在论层面对记忆的启蒙性和创伤性进行现象学描述,揭示其相互支持和相互转换的机制:如果不向创伤记忆的偶然性、事件性、他异性开放,就将陷入柏拉图式的观念论和逻各斯中心主义;而如果没有记忆的启蒙性维度,就将陷入蒙昧主义和精神分裂。最后,以此为基础,本文试图调解记忆研究中这两个尖锐对立的派别:以尼采和诺拉为代表的一派,他们支持以启蒙记忆来克服创伤记忆;以及以布朗肖、德里达和列维纳斯为代表的另一派,他们努力为创伤记忆的合法权利辩护。

## 一、当代哲学视域下的记忆问题

近几十年来,除心理学外,历史学、社会学、文学、文化学、哲学也逐渐把记忆当做一个关键概念加以研究。在哲学领域,尽管以记忆为公开主题的经典论著似乎并不多①,但敏感者能够在后现代哲学家,特别是部分法国当代哲学家那里发现记忆问题具有越来越凸显的意义。关于记忆研究兴起的原因,当代文化记忆研究代表人物扬·阿斯曼概括为三点:人造记忆(书籍等媒介存储的记忆)兴起引发的文化革命;这种被保存的大量记忆所提出的研究任务;20世纪灾难性事件所引发的记忆挑战。② 法国史学界记忆研究的代表人物诺拉称,"人们之所以这么多地谈论记忆,是因为记忆已经不存在。"③诺拉所谓的已经不存在的记忆,指自发的记忆不再存在,存在的只是大量无法被消化、无法转化为活生生记忆的历史。换言之,存在的只是"历史化的记忆",而人造记忆的文化革命(诺拉称为"记忆的物态化")则加剧了这一趋势。

---

① 人们至少应该提及《历史的用途与滥用》(尼采)、《物质与记忆》(柏格森)、《历史、记忆、遗忘》(利科)、《多义的记忆》(德里达)这几本经典哲学著作。

② 参见扬·阿斯曼:《文化记忆:早期高级文化中的文字、回忆与政治身份》,金寿福、黄晓晨译,北京:北京大学出版社2015年版,第1页。

③ 皮埃尔·诺拉主编:《记忆之场:法国国民意识的文化社会史》,黄艳红等译,南京:南京大学出版社2015年版,第3页。

　　上述两种意见,揭示了记忆问题成为热点的现实原因:技术变革和时代变局(以二战和大屠杀为代表)导致了记忆使命在当代面临巨大挑战。① 但我们认为,在这一表层现实原因背后,有着一个更为深层的理论原因,即记忆成为问题乃是现代性解体的历史效应,记忆(谱系学)研究的兴起是西方柏拉图主义背景下的传统理性与记忆之斗争的一个结果,换言之,当传统理性遭遇挑战,取理性而代之,或对之加以补充的,就将是记忆问题。② 只有从这一深层原因出发,才能准确把握记忆问题在现代哲学中所应占据的地位,也才能透彻理解记忆所面临的这一现实挑战对我们来说究竟意味着什么。

　　表面上看来,记忆在哲学中从来就是一个重要的、未被忽视的问题,柏拉图关于"学习就是回忆"的学说一开始就把记忆放在了知识论的核心:我们正是通过灵魂的回忆,才得以获得关于理念世界的真知识;亚里士多德关于记忆和回忆的探究是其灵魂学说和认识论体系的重要部分,也是迄今为止人们研究记忆问题所不断返回的起点;奥古斯丁则把记忆当做真理的源泉和通向上帝的必由之路;等等。但我们同时也发现,在这样一个哲学传统中,记忆其实从来就没有成为一个真正重要和关键的问题,因为这种记忆所最终通向的,乃是一个本身不具有历史性的理念世界或绝对精神(作为永恒记忆),也即记忆从属于德里达所说的"起源—目的论",因而记忆所能起到的最大作用,无非是作为一种工具或过程,与所通向的目的论相比,即使不是可有可无的,也是无关紧要的,就像对于天国的救赎来说,世俗生活无关紧要一样。当近代哲学诉诸于天赋观念和自明的理性时,通向的也是这一永恒记忆。例如,康德在提出和回答"先天综合判断如何可能"的问题时,把对经验对象的知识奠基于先天的范畴或图型,认为后者不可能从经验中通过学习获得,而恰恰是经验的先决条件,因而它必须是先天知识,以及是使经验认识得以可能的先验知识。而这就是说,康德的整个形而上学实际上是奠定在这一"永恒记忆"的基础上。在黑格尔那里,这一点变得更为明显,他区分了 Gedächtnis(记忆)和 Erinnerung(回忆),后者指活生生的、理性的记忆,进而他明确地把通向绝对

────────────

　　① 这一挑战我们可以概括为创伤记忆的加剧:既包括技术变革导致的创伤性,也包括时代内容变革导致的创伤性。
　　② 人们可能会说,在理性被解构后,可能剩下的是情感、身体、欲望、权力或阶级利益等等,但如我们的研究将表明的,它们全都与记忆构成相互支撑的关系。

精神的道路看做是一条回忆之路。①

然而,当柏拉图主义式的理念(它作为"永恒记忆")被解构后,原来作为手段的记忆,就将成为我们能立于其上的最终根基。现在整个形而上学的大厦失去了坚固的基础,我们不再拥有凭借理性和逻各斯(无论柏拉图式的外在逻各斯,还是奥古斯丁式的内在逻各斯)建立起来的坚固大陆,代替它的只能是由生生灭灭、变动不定地延续着的记忆所构成的地基,此即尼采所谓的"大地"。如果凭着现象学的严格精神去追随胡塞尔探求严格科学的哲学奠基的工作,我们所发现的最终地基恰恰只能是记忆,而欧洲科学的危机在本质上可被视作创伤记忆的危机。

尼采第一个预见了这点。哲学史上,他第一个赋予记忆以真正重要的位置,意识到记忆成为了未来哲学的根基,并把柏拉图的永恒记忆替换为永恒轮回——记忆的无限生成与毁灭。有趣的是,柏拉图的永恒记忆也采取了无限轮回的样式,不过是以另一种形式:以"同一者"(das Identische)的轮回代替了尼采"相同者"(das Gleiche)的轮回。② 例如,在尼采的道德学说中记忆成为洞悉道德本质的基础机制,他的道德谱系学研究第一次从记忆运作的角度思考伦理学,并且把"良心"称为"意志记忆",在他那里,道德不是理性法则所构建的永恒律令,而仅仅是历史的效应或者说记忆的效应。《不合时宜的沉思》中关于记忆和遗忘的学说则成为本雅明、德里达、布朗肖、利科等当代哲学家关于记忆思考的不竭灵感源泉。

起源—目的论的失效,使得构成该目的之手段和通向该终点的历史性过程成为我们的最终依赖之物。这点在胡塞尔和人们对胡塞尔的批判性发展中得到清楚揭示。最初在胡塞尔那里,静态现象学似乎是发生现象学所通向的终点和目的。尽管静态的观念和意向性对象在发生现象学中被构造出来,但假如静态现象学是封闭的终点,发生学的探讨将势必失去重要性,因此提出发

---

① 参见德里达《多义的记忆》中的相关分析。( Jacques Derrida, *Memoires for Paul de Man*, trans. Cecile Lindsay, Jonathan Culler, Eduardo Cadava, and Peggy Kamuf, New York:Columbia University Press, 1986, p.38. )

② "简约说来,'相同者'(das Gleiche)与'同一者'(das Identische)的区别在于,前者包含着差异,是有差异的相对的'同',而后者则是形式/逻辑上的绝对的'同'。"(孙周兴:《未来哲学序曲:尼采与后形而上学》,上海:上海人民出版社 2016 年版,第 219 页)

生现象学并不意味着胡塞尔在根本上摆脱了柏拉图主义,除非他把被构造的观念仅仅视作构造活动的暂时性成果,从而使静态现象学反过来服从于发生现象学,换言之,除非他使"生成优先于结构"(德里达),使"历史优先于哲学"(利科)。这一优先性的颠倒将导致记忆的核心地位得到凸显。正是作为这一思考的逻辑后果,记忆问题才成为贯穿德里达整个哲学的一条红线,才成了柏格森、利科关注的突出对象。① 我们相信,深入的分析将揭示,胡塞尔的发生现象学整个可被视作对记忆深层运作机制的阐明,尽管他的这种阐明总体上并没有忠诚于记忆。

正是传统理性遭遇质疑和溃败,才使得记忆以创伤记忆的面目呈现,因此,扬·阿斯曼和诺拉所揭示的记忆之挑战,不过是这一深层根源的现实表现。因为理性是使"多"凝聚为"一"的内在性,它使碎片事件纳入意义整体而被理解,从而最终收束为一条连续性的时间线或一个目的论的点,与之相比,记忆总是具有历史性、创伤性、事件性、偶然性。由此,当传统理性富有解释力,强有力的运作时,记忆问题就并不凸显。只有当传统理性失效(或上帝之死发生)时,记忆才成为现代社会的重大事件,成为思想领域的核心问题。创伤性问题的提出,将迫使我们以新的方式去重新理解理性,或者说,需要在记忆问题的基础上,在记忆理论内部去重建理性。

作为这一原因的效应,在文学领域,涌现了如普鲁斯特、埃斯普马克、昆德拉这样的作家,在心理学领域,出现了精神分析学。因为传统理性失去统治力将导致无意识的记忆以精神官能症的方式提出挑战,而精神分析所处理的疾病无非是记忆之病。史学理论和社会学理论对记忆问题的聚焦不过是对此最直接的反应。例如,自我认同和身份认同在今天成为热点问题,而认同问题的解决必须回到记忆问题。正是传统社会的整个解释框架对既有的记忆失效,传统理性不再能够整合人们的记忆,这些记忆成为了创伤记忆,人们才会提出身份认同的问题。现代市民社会的出现、农业社会到工业社会的转变、传统固态社会到全球化的流动社会的转变不过是进一步加剧了现代人记忆的创伤性。正是由于记忆与传统理性处于天然的对峙之中,所以关于记忆的研究总

① 德里达在对胡塞尔关于几何学的起源的分析中表明,记忆战胜理性而重新赢得自己的地位,其关键在于这种记忆引入了遗忘,以反对柏拉图式的永恒记忆(也即理念)。

是用非理性的术语(驱魔、幽灵、招魂、魔力、神秘,等等)来描述自己,它不是向科学靠近,倒是仿佛向巫术靠近:"但是恰恰是创伤需要言语,对于克吕格尔来说,这些言语不是回忆和讲述的言语,而是招魂和巫术的言语。"①

## 二、记忆的基本区分:从尼采到德里达

记忆研究的首要问题是区分记忆的基本类型,下文将着重梳理之前研究者的概念框架的洞见与盲点,进而主张将该基本区分表述为记忆的创伤性与启蒙性。据笔者的有限阅读,创伤记忆和启蒙记忆(lesmémoirelumières)作为一对概念被提出,最初是在赵静蓉的《文化记忆与身份认同》一书中,她将这两者理解为全球化记忆的两种类型。"我们所说的启蒙记忆,不是指对特定时代(18世纪)或特定社会活动(启蒙运动)的记忆,而是借指一种对与启蒙精神相一致的历史精神及社会要求的记忆。就其实质而言,或可称之为关乎进步或要求发展的记忆,它反映了世界各国人民寻求发展、进步和文明的集体潜意识。"②而创伤记忆是心理学中久已通行的概念,一般指创伤性事件在个体心理中所留下的经验记忆,赵静蓉沿用了亚历山大借用心理创伤而引申出的"文化创伤"概念,从而把20世纪那些有关革命、战争和大屠杀等非常态事件的记忆称作与启蒙记忆相对的创伤记忆。这一区分是较为简单明白的:进步的、光明的记忆即启蒙记忆,而恐怖的、黑暗的记忆就是创伤记忆;常态(进步、发展)的就是启蒙记忆,非常态(战争、革命)的就是创伤记忆。该区分可以在朗格尔的"英雄记忆"与"非英雄记忆"概念中找到原型。按照朗格尔,英雄记忆指"以一个整合的自我为前提,具备自我尊重、自由意志、思想行动、未来、积极的价值观和获救的修辞等特点……属于非英雄记忆的,如朗格尔所说,是一个被损害的自我(diminished self),它失去了任何身体和精神上对于自己的环境的控制,它的语言也失去了所有积极掌控的内涵。"③

① 阿莱达·阿斯曼:《回忆空间:文化记忆的形式与变迁》,潘璐译,北京:北京大学出版社2016年版,第295页。
② 赵静蓉:《文化记忆与身份认同》,上海:上海三联书店2015年版,第169页。
③ 阿莱达·阿斯曼:《回忆空间:文化记忆的形式与变迁》,潘璐译,北京:北京大学出版社2016年版,第293—294页。

　　我们这里借用这一对表述,但对其内涵加以深化,将它改造和提升为哲学的、形而上学的概念:创伤记忆现在不再被理解为一种特定的记忆类型,而是被看作任何记忆都具有的一种性质,即创伤性。它也并不必然与痛苦恐怖的经历相关:凡是在当前视域中对理解构成障碍,不能立刻呈现为语言、意义,不能为意义完全照亮的内容,都具有某种创伤性。创伤记忆,一般而言就是未被理性和意识所占有的内容,是自我和意识中的他者。与之相反,启蒙记忆意味着对创伤记忆的占有和克服,它通过语言和叙事,使这些令人震惊(惊奇、惊怖)的经验转换为可被理解的意义和故事,进而在主体的意识中被内化。与之相关,记忆本身就泛化为包含所有知识和经验的整体性概念。"创伤记忆"和"启蒙记忆"准确来说只是一个权宜的说法,它更确切的表述是记忆的创伤性和启蒙性。

　　我们这里所预先描述的区分,乃是关于记忆的最基本和最重要的区分,它有一个长长的历史谱系。尼采第一个明确意识到这一基本区分并做出深入阐释,在《历史的用途与滥用》中,他区分了服务于生活和行动的历史与不能服务于生活和行动的历史,并且把前者称作遗忘(非历史),把后者称作记忆(历史知识)。对于能够遗忘的人来说,"尽管他们完全生活在历史中,他们的历史教育并非服务于纯粹知识,而是服务于生活"。① 此时历史融入到活生生的个性之中,过去和现在合二为一,于是人就处于遗忘和非历史状态。反之,如果背负着历史的重负而不能被精神的"塑造力"所消化,并且因此妨碍了行动,他就处于记忆之中。因此,在尼采这里,遗忘就偏向于记忆的启蒙性,而记忆则偏向于记忆的创伤性。但遗忘是一个非常复杂和容易混淆的词汇,人们甚至在相反的意义上使用它。例如尼采把已经完全被内化了的东西称作遗忘,但它并非真的遗忘,而是一种活生生的记忆,只是这种记忆不再构成一种负担。而尼采所称的记忆反过来却被很多人称作遗忘,例如弗洛伊德等人把被压抑、不被承认,也即创伤性的记忆称作遗忘。人们至少可以区分四种遗忘:第一,完全被抹除了痕迹的遗忘,这是一种彻底地忘记;第二,被铭刻在大脑中,但是无法被回忆起来,也即不能被内化,因而被意识所否定、排斥、压

① 尼采:《历史的用途与滥用》,陈涛、周辉荣译,刘北成校,上海:上海人民出版社 2000 年版,第 8 页。

抑的遗忘;第三,已被或曾被意识所承认和接受,但暂时不被需要,因而被蒙上厚厚灰尘的遗忘,就此而言,任何被记忆的历史,背后都有一部篇幅更为巨大的被遗忘的历史;第四,按照尼采等人的用法,遗忘作为内化为意识之功能的、活生生的记忆,也即已经转化为本能的记忆。第二、三种遗忘和第四种遗忘是对立的,前者属于创伤性,后者属于启蒙性。尼采本人同时谈到了第一、第四种遗忘,但没有做明确区分。除了第一种物理性的遗忘(痕迹的抹除)外,我们可以把其余都视作记忆的不同类型或偏向,其区分的标准在于创伤性和启蒙性的不同程度。鉴于记忆和遗忘在日常用法中的含糊性,这种含糊性掩盖了记忆中的核心对立,因而用新的术语描述该对立就显得尤为必要。

跟随尼采,以哈布瓦赫、勒高夫、诺拉为代表的历史学家建立了历史与记忆的基本区分。例如,诺拉认为,记忆与历史在如下方面相互区别并且对立:(1)记忆是鲜活的,而历史是对不再存在的事物的重构;(2)记忆是当下的现象,而历史是对过去的再现;(3)记忆有感情色彩,而历史是分析性和批判性的;(4)记忆与特定群体关联,是复多的、个体化的;而历史具有普遍性,属于所有人又不属于任何人。"一旦有了印痕、距离、中介,人就不再处于真实的记忆当中,而是在历史之中。"①总之,前者是自发性、心理性、个人化的,而后者是自觉的、有意识的、断裂的。诺拉认为,现代社会的问题在于,人们的活生生的记忆被历史化了:它寓居于外在档案中而不是人的生命中;它不再无所不在而是需要良知和责任去唤醒;它造成一种断裂,并使未来失去方向,最终,真实的内化记忆成为了"历史化记忆","记忆氛围"变成了"记忆场所(lieux de mémoire)"。诺拉关于内化记忆和历史化记忆的区分,在尼采关于遗忘和记忆的区分中有其雏形,其中贯穿的核心就是记忆的创伤性和启蒙性两个维度。但诺拉的描述框架依然是混淆不清的:第一,历史并不必然就是外在化和断裂的,记忆所具有的上述特征大部分为历史所共享,同时,某些个体记忆却可能比外在历史更为断裂。历史具有上述特征的根源不在于历史化,而在于它的创伤性。历史并不能概括所有的创伤性,相反它只是记忆创伤性的一种特殊

① 皮埃尔·诺拉主编,《记忆之场:法国国民意识的文化社会史》,黄艳红等译,南京:南京大学出版社2015年版,第5页。

表现。第二,是否作为客观化的知识和是否保持为外在化断裂,其实是两个不同的区分标准和描述框架,诺拉将它们混淆在一起(甚至尼采自己也没有将它们区分开来),但实际上它们的重合只是偶然的现象。科学反思固然是与对象拉开距离,对其进行批判性检验,例如利科说:"历史时间的结构不限于为记忆时间的结构提供一个更大的范围;它们打开一个批判的空间,在其中历史能够发挥它关联于记忆的矫正功能。"[1]但记忆被反思并不必然使该记忆成为创伤性的,恰恰相反它能因此而消除其创伤性。只有去而不返的现代理性反思,例如胡塞尔所说的脱离了生活世界的欧洲科学才可能造成创伤性效应,因而使历史和创伤偶然地联结在一起。现代客观性、实证主义的史学(包括诺拉所批判的年鉴学派)对现代记忆所造成的创伤效应,只是源于客观性态度未能返回并重新在原初生活世界中获得意义。

扬·阿斯曼继承了尼采、哈布瓦赫、诺拉等人的上述区分,进一步将之表述为功能记忆和存储记忆的对立。"有人栖居的记忆我们想称之为功能记忆。它最重要的特点是群体关联性、有选择性、价值联系和面向未来。与历史相关的种种学科相比之下是第二等的记忆,是所有记忆的记忆,它收录的是与现实失去有生命力的联系的东西。这种记忆的记忆我建议称之为存储记忆。"[2]前者被内化因而作为活生生的功能在起作用,而后者则是外在化的一个记忆储备。诺拉把这一对立概括为如下方面:是否有人栖居;是否和某个特定载体(个人、机构、共同体)关联;是对一切对象采取一视同仁态度还是选择性遗忘;是否涉及身份认同和价值规范。扬·阿斯曼的新贡献在于,他反对历史和记忆之间的相互对立和排斥关系,认为两者是互补的,因而历史或历史化的记忆不再被认为是一种负担或需要克服的现象,而是能够成为潜在的资源和可能性。"存储记忆可以匡正、支撑、修改功能记忆,功能记忆可以使存储记忆获得方向和动力。"[3]健康的社会必须使两者保持相互作用和相互转换,"功能记忆和存储记忆之间的边界只有保持很高的渗透性,才会使不断地更

---

① Paul Ricoeur, *Memory, History, Forgetting*, trans. Kathleen Blamey, David Pellauer, Chicago: The Uniersity of Chicago Press, 2004, p.296.

② 扬·阿斯曼:《文化记忆:早期高级文化中的文字、回忆与政治身份》,金寿福、黄晓晨译,北京:北京大学出版社 2015 年版,第 147 页。

③ 同上书,第 156 页。

新成为可能。"①

扬·阿斯曼这一修正很好地揭示了记忆的创伤性和启蒙性之间的相互作用和转换的辩证关系,但依然存在如下问题:第一,他把功能记忆和存储记忆当做两种不同的、独立的记忆类型,仿佛两种记忆之间有一条分界线,在我们看来这种描述是僵化的。毋宁说,任何记忆都具有某种程度的创伤性或启蒙性,都是由不同比例的创伤和启蒙成分混合而成。纯粹的功能记忆或存储记忆可能并不存在,两者之间存在平滑的连续性过渡,而非鲜明的区分。第二,与之相关,尽管扬·阿斯曼刻画了存储记忆的创伤性特征,但缺乏对创伤性的不同层次的明确细致区分,如(1)被压抑,完全不能被讲述和转换为故事/意义的创伤性;(2)不与意识系统冲突,但尚未被内化而保持其异质性的创伤性;(3)曾被转换为意识内在性,但在当下处于潜伏状态而不现实发挥功能的创伤性;等等。阿斯曼夫妇关于记忆的研究内容广博、视角多样,但这些内容却未能协调起来,而我们认为,它们可以而且应该在新的框架中给予一个完整的解释。

在扬·阿斯曼借用的理论资源中,包括了德里达关于活的记忆和死的记忆的区分,这一区分在我们看来是对记忆的创伤性和启蒙性区分的最深刻揭示,但在扬·阿斯曼那里却被其他分类和描述所掩盖。受德曼影响,德里达借用了黑格尔的 Gedächtnis(记忆)和 Erinnerung(回忆)之分:前者指外在性铭刻、痕迹、书写的记忆,属于 mémoire 的阳性形式,与 hypomnesis(死的记忆或坏的记忆)相联系,是书写的柏拉图之药;而后者指被内在化了的记忆,活生生的记忆,mémoire 的阴性形式,对应于柏拉图的 mnēmē。德里达认为传统哲学都支持前者而反对后者,"……柏拉图梦想的是没有符号的记忆,也即没有替补的记忆。没有 hypomnēsis,没有 pharmakon 的 mnēmē。"②与尼采、诺拉等人针锋相对,在两种记忆的天平上,德里达毫不犹豫地站在外在化记忆这边,反对内在化记忆对他异性的压制。Gedächtnis"是作为他者的他者,是不可总体化的踪迹,它与其自身、与相同者不相符。这个踪迹在哀悼中被内在化,作

① 扬·阿斯曼:《文化记忆:早期高级文化中的文字、回忆与政治身份》,金寿福、黄晓晨译,北京:北京大学出版社 2015 年版,第 154 页。
② Jacques Derrida, *Dissemination*, trans. Barbara Johnson, London: The Athlone Press, 1981, p.109.

为不再能被内在化,作为不可能的回忆(Erinnerung),它位于哀伤的记忆中并超越它。"①

德里达对内在化记忆和作为他者的、以延异方式运作的外在记忆所做的基本区分,在我们看来就是对记忆的启蒙性和创伤性的集中刻画。"记忆和内在化,自弗洛伊德以来这就是人们描述'正常的''哀悼工作'的方式。这意味着一种内在的理想化借以占有自身、理想地和几乎不折不扣地吞噬他者之身体、声音,他者的面容和外表的运动。"②但德里达这一描述框架一方面依然呈现为两种记忆形式的对立,而没有刻画每个记忆自身所包含的创伤性和启蒙性,尽管德里达本人并非没有意识到这点;另一方面,德里达似乎走向了另一个极端,即过于强调创伤性的积极意义忽视了记忆启蒙性维度的必要性和价值。例如他说:"记忆经验在本质上就是哀伤的。"③以及,"人们总是天真地以为,只有通过叙事才能知道过去的本质。"④但忽视记忆的启蒙性和叙事维度,将使记忆和时间本身最终遭到瓦解和被摧毁。在这点上,利科由于强调记忆和叙事之间的转换,就在主体和他者、创伤和启蒙之间占据了一个较为合理的位置。

## 三、创伤性与启蒙性:记忆的运作

将记忆的基本区分重新表述为创伤性与启蒙性之对立至少还有如下优点:第一,创伤概念揭示了记忆的发生过程和形成过程,有利于说明认识和经验的一般起源,而扬·阿斯曼和德里达的概念框架,都未能凸显这一点;第二,创伤和启蒙概念有利于揭示记忆问题在现代哲学中的基础性地位,避免使记忆研究的意义局限于一般心理学或现象学心理学范围中。

首先,我们主张,人的经验或知识,最初总是以创伤性的方式出现或被给予,因而任何记忆最初总是创伤性记忆,创伤性属于记忆的一般本质。如前所

---

① Jacques Derrida, *Memoires for Paul de Man*, trans. Cecile Lindsay, Jonathan Culler, Eduardo Cadava, and Peggy Kamuf, New York: Columbia University Press, 1986, p.38.

② Ibid.p.34.

③ Ibid.pp.31-32.

④ Ibid.p.3.

述,我们的创伤概念不再局限于心理学所强调的情感和意志维度,凡是对既有视域、既有观念统摄或知识框架构成挑战的东西,也即他异性的东西,都对主体或意识构成某种创伤。例如在科学研究中,一个无法解释的反例对现有的理论体系来说就是创伤性的。我们可以通过胡塞尔发生现象学中对原初发生的描述揭示这点,因为胡塞尔最终试图到被动意识中去追溯一切经验或知识的原初发生:"凸显物(Abgehobenes)"、"触发性(Affektion)"就是对创伤性的说明。在胡塞尔的原初被动发生中,一切最初都是以触发的方式进行的,该触发在既往积淀所形成的视域背景上显现。在这个背景中有某种对象性以其触发力吸引自我的注意,它既充实又修正("更仔细地规定")视域,从而使认识不断获得对对象的更深入把握。现在,如果知识是一个不断增长的过程,那就意味着视域不断更新、扩大并积淀下来,而修正要得以进行,必然是具有触发力的凸显物对原有视域构成某种创伤,因为如果不构成创伤,也即如果被给予的对象只是对既有视域的单纯图解性充实,那么新经验和知识不会被获得。"单纯填充空洞性还不是意向的充实。这里所发生的东西超出了被预想,被确定地期待了的东西,我们不仅仅将之刻画为填充,而是刻画为更仔细地规定。"①正是在这个意义上,梅洛-庞蒂和德里达等人均要求将"自身触发"理解为"他异性触发"。

　　正是在这个意义上,伽达默尔在谈到解释学经验时,发挥了胡塞尔的视域学说,提出"经验主要是痛苦的和不愉快的经验"。"这种意义上的经验其实包含了各种期望的落空(mannigfacheEnttäuschung von Erwartungen),并且只是由于这种期望落空,经验才被获得。说经验主要是痛苦的和不愉快的经验,这并不表示一种特别的悲观(Schwarzfärberei),而是可由经验的本质直接看出来。……所以人类的历史存在都包含一种根本的否定性作为本质要素,而这种否定性在经验和洞见的本质关系中显露出来。"②解释学经验的开放性,就在于向创伤开放,通过对创伤的吸纳和转化,解释学经验才是历史性经验。解释学经验就其总是被存储和保持为记忆而言,无非就是记忆。

---

　　① Edmund Husserl:*Analyses Concerning Passive and Active Synthesis*:*Lectures on Transcendental Logic*,trans,Anthony J.Steinbock,Kluwer AcademicPublishers,2001,p.122.
　　② 汉斯-格奥尔格·伽达默尔:《诠释学Ⅰ:真理与方法》(修订译本),洪汉鼎译,北京:商务印书馆 2010 年版,第 503 页。

　　人们可能会认为这一描述违背常识，因为我们难道不也是拥有许多快乐的、肯定的经验，且它们并非只是在既有经验的基础上原地踏步，而是也丰富了我们的经验？以下三个说明可以消除这种疑虑。第一，创伤性具有不同层次，轻微的创伤性由于依然在既有视域框架下被理解而不是被瓦解，因而显得只是"进一步充实"或"更仔细地规定"了该视域，所以不会给意识带来痛苦和否定的感受。但只要它不是对视域的单纯"图解"，那么它就已包含了某种较轻微的创伤性。我们可以区分两种记忆的写入：一种是（曾/能）经过意识处理（消化）而被写入的记忆，另一种是未经（无法得到）意识处理而被直接写入身体的记忆。如果一种记忆在我们既有的视域当中被接纳，也即它不会撑破、瓦解这个视域，那么，这个记忆就能够通过意识和理智的处理而被写入，因而只具有轻微创伤性而不会带来否定和痛苦。如果记忆不能被现有视域所接纳，那么它就不通过意识而以直接铭刻在身体上的方式写入，这就是典型的创伤记忆。由于创伤记忆被直接写入身体，因而它最初对意识来说是一个空白，是意识所尚未消化的东西。① 两者的区分类似于科学知识增长中常规科学和范式革命之间的区别。第二，我们还可以区分两种创伤记忆：一种是完全摧毁性的创伤，如童年阴影，另一种是伴随有建构工作的创伤，它在摧毁既有体系的同时，完成了新的建构。由于后者用经验增长掩盖了创伤效应，所以我们很少意识它本质上所包含的创伤性，但创伤性不被意识到不代表它没有发生。第三，尤其是，根据前面关于记忆的意识写入和身体写入的区分，任何通过意识而被写入的东西总是以某种意义显现的方式被呈现给意识，但这并非人们所接纳的记忆的全部，因为存在这样一个记忆法则：被身体所记住的，永远要多于被意识所记住的，身体的写入对于意识的写入来说永远有一个不被穷尽的"盈余（surplus，列维纳斯术语）"，这一盈余乃是普鲁斯特巨著诞生的可能性条件。这些盈余之物依然意味着创伤性或创伤的可能性。正是因为记忆包含着不可穷尽的创伤性、他异性，所以总是存在尼采所说的意识口腔的"反刍"过程，或者弗洛伊德和德里达所说的"哀悼"过程。

　　我们可以从时间现象学以及列维纳斯对此的激进化思考出发，进一步展开这一点。从时间意识现象学角度说，最偏向启蒙性一端的记忆就是"活的

---

① 此时它并不必定导致病态，只有情感意志方面的严重创伤才导致精神障碍。

当下",就是融入于感知行为中的活生生的记忆,也即滞留(原初回忆)。原初回忆和次级回忆之区分,可以被看做不同创伤性程度的区分,而在次级回忆中,难以唤起的记忆比容易唤起的记忆有更多的创伤性。但最偏向创伤性的则是布朗肖和列维纳斯所说的"不可追忆(l'immémorial)":与历史、次级回忆、源初回忆(滞留)相比,这种"久远的从前(un profondjadis)"因为无法被回忆而成为绝对的他者,绝对的创伤。列维纳斯指出:"不可追忆不是记忆的脆弱的效应,即无力跨过时间的间隔,无力恢复久远的过去。它乃是时间离散在当下聚集自身的不可能性,是时间的不可超越的历时性,是对所说的超越。"①它就是反抗传统主体性权能的他者。列维纳斯的哲学正是从创伤记忆中找到了颠覆西方形而上学和存在论的突破口,在他看来,整个西方的存在论本质上是总体的模式、"共时性"的"起源—目的论"模式,它通过将他者作为"主题化"的对象,而剥夺了无限(他者、创伤)的他异性,对无限的超越构成了暴力。存在论(认识论)模式不断地采取启蒙记忆式的占有活动,使被认识或纳入存在理解的对象通过一个本身不是存在者的第三项而被把握,由此使被认识的存在者的他异性消失。"他人的面容"就是最典型的创伤经验。正是这一"异于存在"的创伤经验构成认识论和存在论的前提,而传统哲学没有机会了解和尊重这一绝对创伤层次。列维纳斯也将这一不可追忆者直接称之为"创伤(le traumatisme)","责任自我的唯一性可能只是在于,在所遭受的先于任何自身同一化的创伤中,在不可再现的之前中,被他者所纠缠。被他者所影响,乃是一个无端(an-archique)的创伤,或一者(l'un)被他者所感应(inspiration),而没有机械世界、物质服从于能量的世界中的明确因果关系。"②与经典现象学时间的"历史、回忆、滞留"相比,创伤是"历时性",是时间中不可被总体化的他者。它在时间意识之外,但却是时间意识的可能性条件。在列维纳斯看来,这一绝对他者或绝对创伤只能被视作责任,只能通过伦理学来接近。"但在对他人(对另一个自由)的责任中,这一无端的消极性,与当下对立的这一拒绝的消极性,不可追忆的消极性,要求我并且命令我朝向他人,接近他,把他当做邻人——由此远离存在也远离虚无,激起我的责任(违背着我的意愿),这就

---

① Emmanuel Levinas, *Autrement qu'être ou au-delà de l'essencee*, Paris: Martinus Nijhoff, 1978, p.66.

② Ibid.p.196.

是说,我作为人质代替他人。"①

　　然而,如此被激进思考的创伤性(责任、正义、伦理学)不应被视作对启蒙性(自由、理性、存在论)的否定,而应是它的补充。如果我们所有的记忆只是以创伤性的方式存在,我们就将陷入彻底的精神分裂,我们将空有承担责任的意愿而缺乏承担责任的能力。因此也必须说,任何记忆总是以某种方式、在不同程度上具有启蒙性,启蒙性也是记忆的一般本质。这种启蒙性表现为:创伤被意识、语言、主体所克服和占有,被内在化和透明化,从而呈现为可被思议的概念、意义、理论或连续性的叙事。概而言之,这里的启蒙性就是逻各斯化。于是人们会询问:创伤经验是如何在内化过程中被接纳和转化为意义并促进生命的? 显然,这一问题也是以弗洛伊德为首的精神分析所关心的根本问题。对这个问题的完整回答,首先意味着要检视并给出一个先验想象力运作机制的完整描述:康德的图式论(图式统摄杂多感觉材料)的先验想象力,胡塞尔关于立义与统摄等主动综合的描述,以及海德格尔关于存在物在先验时间性境域中显现和被给出的说明,都是在这个方向上的努力。我们这里只能略过这一庞大问题,同时也不打算讨论精神分析对这个问题的具体解决,而是简略地通过利科关于记忆和叙事的讨论来切入该问题。

　　在《时间与叙事》中,利科事实上用一致与不一致、"内聚"(intentio)与"伸展"(distentio)、叙事与时间的对立来描述这一创伤性和启蒙性的对立:最初在时间中被给予我们的,是散乱、不一致的编年材料,是异质性的"插曲",因而是创伤性。要构建起某种连续性和一致性,就需要借助情节编织,即通过某种连续性的叙事,以使所有要素在其中获得一个意义。这显然是对康德以来所描述的先验想象力活动在更高层次的再一次说明:叙事(编织情节)是一种内化、内聚、占有的力量,是从不一致的、散乱的编年材料中去重建某种一致性的活动。"叙事的情节可类比于这一谓述同化:它把杂多分散的事件'统握'和整合为一个完整的故事,借此去图式化那附属于作为一个整体的叙事的可理解意义。"②由此它构建起某种"叙事同一性",凭借此情节连续性和叙

───────────

　　①　Emmanuel Levinas, *Autrement qu'être ou au-delà de l'essencee*, Paris: Martinus Nijhoff, 1978, p.26.

　　②　Paul Ricœur, *Temps et Técit: tome* Ⅰ, Paris: Seuil, 1983, p.12.

事同一性的构建,一个生命或共同体得以构建对自身的理解,也即创伤得以被理解和被言说。当这些碎片式的、断裂的事件能够与更大的叙事连续性保持一致,即在其中获得一个位置和意义时,创伤记忆就被内在化了、被克服了,转化为了启蒙记忆。在基础原理层面,我们可以说,任何非器质性精神障碍的治疗过程无非是通过各种手段帮助患者完成这一过程。因此,创伤和启蒙之间的转换和相互作用,就表现为时间中伸展与内聚,或编年时间(chronology)与叙事性之间的辩证转换。

没有作为创伤的事件的被给予,记忆就陷入一种自恋和空洞的自我重复,能够消解记忆启蒙性之毒性的,只能是依赖于更极端的记忆创伤性;而没有理性、话语和叙事对创伤的占有和赋予意义,记忆就无法呈现给意识,就成为不可支配的记忆。纯粹的启蒙性和创伤性作为绝对精神(理念)和绝对他者(事件)是时间性的两个空心的端点,它们作为时间性的可能性条件,处于时间之外,是超时间或无时间的。在哲学上,若没有充分承认创伤的偶然性、事件性、他异性、异质性,就将陷入柏拉图式的观念论,陷入形而上学和逻各斯中心主义;同样,如果没有充分承认启蒙性的权利,就将失去未来、目的论指向和意义,就将陷入蒙昧主义和精神分裂。

## 四、创伤之病与启蒙之病:
### 不幸福抑或不正义

在前面的分析中,我们已经指出两派哲学家之间的对峙:活生生的启蒙记忆,在尼采和诺拉那里,更多地被当做颂扬的对象和追求的目标,而创伤记忆则成为谴责的对象和病态的根源;与之相反,在布朗肖、德里达、列维纳斯等人那里,创伤记忆成为了哲学最重要的资源,成为了渴求和为之辩护的对象,而启蒙记忆则成为了被谴责的对象。下文试图解释这一对立的根源,进而给出一个更合理的理论说明。

尼采认为,被内化的活的记忆能够使人成为强健而行动有力的人,能够拥有伟大个性,能够服务于行动和生活,同时也能够使人通过遗忘而获得幸福。相反不能被内化的创伤记忆则会成为负担,成为牵绊着我们的枷锁,因此启蒙记忆就成为"那种将过去的、陌生的东西与身边的、现在的东西融为一体的力量,那种治愈创伤、弥补损失、修补破碎模型的力量。"①而创伤记忆则代表了一种病态的"消化不良":"没有健忘便可能没有幸福,没有明朗,没有希望,没有自豪,没有当前。身上这种阻碍器损坏和中断了的人,可以和一个消化不良者相比较(而且不只是比较——)他什么都对付不了……"②

在尼采的描述框架中,以客观历史知识为代表的创伤记忆意味着丧失行动能力,瘫痪和衰弱,尽管它也代表了正义、真理和良心——但他认为只是貌似如此;与之相对的一端,则代表着幸福、行动、生活和未来的权利。"如果一位行动者,用歌德的话来说,没有良心,他也就没有知识。他忘记大多数事情,以做成一件事。对于被他甩在身后的事物来说,他是不公正的。他只认识到一项法则——未来事物的法则。"③良心和行动、正义和幸福、真理和生活由此构成了对立:前一项代表着过去的呼声,后一项代表着未来的要求。

于是,在尼采看来,不能服务于生活和未来的历史狂热就造成了一种"创伤之病":例如现代人内在和外在相割裂,失去了伟大的个性和行动能力,成为"冰冷的知识魔鬼"④,等等。"现代人在自身体内装了一大堆无法消化的不时撞到一起嘎嘎作响的知识石块,就好像童话故事中讲的那样。"⑤然而,人们会问,以幸福和未来的名义所提出的要求,是否压抑了正义和过去的合法权利?尼采认为创伤记忆所代表的正义、真理和良心在伟大的行动者和创造者看来,只是虚张声势的客观性,相反内化记忆"这种彻头彻尾的非历史和反历史的状况不仅仅是世上不公正的行为的摇篮,也是每一个公正和可以被认为公正的行为的摇篮。"⑥因为"历史是要由有经验有性格的人来写的。……只有正在创造未来的人才有资格裁判过去。"⑦最具强力意志和最公正在尼采那里成为了同义词。但如果这样的话,其他异质元素和个体不是因此被牺牲了

① 尼采:《历史的用途与滥用》,陈涛、周辉荣译,刘北成校,上海:上海人民出版社2000年版,第4页。
② 尼采:《善恶的彼岸、论道德的谱系》,赵千帆译,孙周兴校,北京:商务印书馆2015年版,第369页。
③ 尼采:《历史的用途与滥用》,陈涛、周辉荣译,刘北成校,上海:上海人民出版社2000年版,第6页。
④ 同上书,第44页。
⑤ 同上书,第26页。
⑥ 同上书,第6页。
⑦ 同上书,第51页。

吗？我们后面会看到，德里达正是基于正义而对此展开了解构。在此，创伤性与启蒙性在政治上表现为民主与专制的对立：如果把一个社会类比于一个个体，那么专制社会就类似于有活生生记忆的人，而民主社会则反之：具有独立性和思想自由度的个体相对于集体整体来说就带有某种创伤性。我们知道，专制可能会更有行动力，更有效率，但民主却会更公正。

德里达的分析基本上沿用了尼采的上述框架，但却将它颠倒过来。创伤记忆被视作真理："如果 Lethe 也命名了遗忘，死亡或睡眠的寓意，你就能容易在它的他者，谟涅摩辛涅那里认出真理的形象，在某些场合被称为 aletheia（真理）。"①对创伤记忆所开展的哀悼工作，则被视作对真理的咀嚼。同时，创伤记忆也被视作正义，而对创伤记忆的内在化（也即哀悼的完成）则被视作一种背叛，对过去的背叛。"或者是不可能的哀悼，它留下他者的他异性，因而尊敬他的无限的距离，拒绝或无法在自身之中接纳他者，如同在坟墓中或在自恋的墓穴中。"②正义（正当的生活）就是学会与作为创伤的幽灵共同生活，倾听幽灵记忆的教导，承担起我们对历史和对死者的责任："……学会与鬼魂一起生活……以另一种方式生活，更好地生活。不，不是更好，而是更正当。……这一与幽灵一起生活将也是（不仅是，而且也是）记忆的政治学，继承的政治学和世代的政治学。"③显而易见，在尼采那里作为有害负担而被批判的创伤记忆，现在成为不能以幸福和行动的名义被牺牲的东西，成为不可解构的民主和正义，它意味着对无辜受难者的忠诚和对他异性的尊重。列维纳斯更旗帜鲜明地将这种正义（善良）与存在论真理的"自由"（自由即幸福）对立起来："权力哲学，存在论，作为并不质疑同一的第一哲学，它是一种非正义的哲学。……存在先于存在者，存在论先于形而上学——这就是自由（即使它是理论的自由）先于正义。"④在他看来，整个现代性无非就是高举自由而遗忘了

① Jacques Darrida, *Memoires for Paul de Man*, trans.Cecile Lindsay, Jonathan Culler, Eduardo Cadava, and Peggy Kamuf, New York: Columbia UniversityPress, 1986, p.51. 中译本，第 61 页（《多义的记忆——为保罗·德曼而作》，蒋梓骅译，北京：中央编译出版社 1999 年版）。着重号原文所有。

② Ibid.p.6. 中译本，第 19 页。

③ Jacques Derrida, *Specters of Marx_The state of the Debt*, *the work of Mourning and the New International*, New York and London: Routledge, 1994, p.XVII-XVIII.着重号原文所有, 中译本，第 2 页（德里达：《马克思的幽灵》，何一译，北京：中国人民大学出版社 2008 年版）。

④ 伊曼纽尔·列维纳斯：《总体与无限》，朱刚译，北京：北京大学出版社 2016 年版，第 18 页。

善良和正义,这就是说,一味强调启蒙记忆而不可避免地导致启蒙之病:一切不指向或依附于未来的那个最终意义的东西都被认为是毫无价值和应该抛弃的,它充满着专制和暴力的色彩,体现了逻各斯中心主义对他者的压制。在列维纳斯看来,真理的自由相反必须"预设正义"、以正义为前提。若没有这一正义,真理无法回应怀疑论的质疑,无法消除"事物降落到图像或帷幕之层次的可能性"①。

　　列维纳斯和德里达之所以捍卫创伤性的权利,是因为他们在现代性中看出了一种启蒙之病,正如尼采捍卫启蒙性的权利是因为他在现代社会中发现了创伤之病。于是,我们似乎患有双重的疾病:贫乏化、专制、不公正的启蒙之病,和碎片化、无方向、不幸福的创伤之病。启蒙之病意味着连续性的线性和进步史观,意味着与起源—目的论相伴的意义贫乏化和透明化,它最终走向了某种"寂静主义"②;尼采、诺拉所揭示的创伤之病也是由现代性导致的:科学知识脱离了原初生活世界(胡塞尔),不能被内在化的创伤记忆使得现代人的历史知识与活生生的生命相割裂(尼采),个体由于创伤记忆而无法实现身份认同并无家可归,陷入了普遍的时间与心灵破碎之痛苦——这也是当代艺术呈现给我们的现代社会景象。"从前我们知道我们是谁的儿子,今天我们知道我们既不是谁的儿子又是所有人的儿子。由于没有人知道过去从何而来,一种不确定的焦虑感将一切都变成历史的痕迹、可能的标记和疑点。"③

　　为何我们会同时患上两种相反的疾病?这似乎是历史最吊诡的地方。因为乍看起来,如果顾及了正义(历史的呼声),就会有不幸福之痛;而如果为了未来的幸福,难免以遗忘过去和死者的不公正为代价。正如《圣经》和各种神话传说所隐喻的幸福和正义之两难。《圣经》中,当上帝派天使毁灭所多玛和蛾摩拉城时,义人罗德一家得到宽恕,但罗德的妻子忘记了天使"不要回头"的戒令,最终变成了盐柱。这里不要回头的戒令意味着:为了赢得一个美好的

　　① 伊曼纽尔·列维纳斯:《总体与无限》,朱刚译,北京:北京大学出版社 2016 年版,第67 页。
　　② Matthias Fritsch, *The Promise of Memoory＿History and Politics in Marx, Benjamin, and Derrida*, New York:State University of New York Press,2005,p.5.
　　③ 阿莱达·阿斯曼:《回忆空间:文化记忆的形式与变迁》,潘璐译,北京:北京大学出版社 2016 年版,第 18 页。

未来,幸存者必须忘却过去的苦难和阴影。但若要忠于、铭记那些受难者,则无法为自己赢得一个未来。①

但我们认为,这不是两者关系的全部,因为它们不仅彼此对立,更是相辅相成。现代性的启蒙之病和创伤之病之间存在一种互为表里的因果关系:启蒙之病必将导致创伤之病,而创伤之病又加剧和凸显了启蒙之病。正是由于记忆的启蒙性维度的脆弱和丧失统摄能力,才造成了大量的创伤记忆。知识的去根、科学技术造成的疏异、工业社会和全球化对自我和身份认同的摧毁、战争和大屠杀的创伤乃至现代个体的精神疾病,在根源上可追溯到启蒙记忆的病态。在这个意义上,以德里达等人为代表的后现代哲学通过强调创伤性对启蒙性的权利,可能并不通向问题的解决,甚至反而会因为主动追求精神分裂、无家可归和厌食症的倾向而加剧创伤之病。病态的创伤性不会因主张健康的创伤记忆之正当权利而直接被消除,它只能通过重构强有力的启蒙记忆和新叙事而被消除。因此,重构一种克服传统理性弊病的新理性,使这种新理性能够实现创伤和启蒙之间的创造性转换,以便同时公正地对待创伤性和启蒙性,才是消除现代社会记忆创伤性的根本途径。目前看来,利科《时间与叙事》中关于"预塑形、塑形、重塑形"的三重模仿学说,为此提供了一个富有启发的探索。对此的进一步研究,只能是我们下一步的工作。

# Enlightenment Memory and Traumatic Memory
# ——Memory as the Foundation of Philosophy

Huang Wang

(South Medical University, School of Marxism)

**Abstract**: After the disintegration of modernity, the traditional rationalism has lost its validity, this makes memory plays more and more important and fundamental role in philosophy. In the research history of memory, a series of divisions were made: forgetting and memory (Nietzsche), memory and history (Jacques Le Goff), functional memory and stored memory (Jan Assmann), living memory and dead

---

① 中国民间有这样的习俗:送葬后,亲友从坟头回家时不能再回头看。

memory( Derrida) ,these divisions,from our point of view,can be described further as the enlightenment of memory and the traumatism of memory.On the one hand, our experiences and knowledge were given as traumatism at first,traumatism be-comes the general essence of memory. On the other hand, the traumatism that shocking us is conquered by conscious, language and subject in the end, internalized and presented as concept,sense,successional narrative and theory,so it lead to its enlightenment dimension.There is a sharp confrontation between the philosophers in defense of Enlightenment memory and the philosophers who justify traumatic memory,this confrontation can be expressed as the opposition of justice and happiness.The article argues that the diseases of injustice and unhappiness can be eliminated if enlightenment memory and traumatic memory can be transformed back and forth creatively.

**Key　Words**：Memory；traumatic　Memory；Enlightenment；Justice；Happiness；Phenomenology

# 专栏三：当代法国哲学诸面向

## 医学哲学及其一般方法

### ——康吉莱姆《正常的与病理的》解读

曾　怡*

**摘要**：康吉莱姆，法国20世纪最重要的科学哲学家、医学家，他的主要工作一直被视作对科学真理观的动摇，而其科学史强调的非连续性，及其作为福柯历史话语考察工作的灵感来源，一直让人注重其批判与解构性。本文试图在科学史内部的发展和传统认识论在上个世纪遭遇的挑战及回应的脉络上重新理解康吉莱姆的工作，将其建设性提出的对科学的理解和反思，借其《正常的与病理的》一书作出线索性勾勒。

**关键词**：科学，技术，规范，正常

康吉莱姆成为一个医生是个人命运的偶然，其以医学为对象所展开的哲学探讨却根植在20世纪哲学史发展脉络的必然性之中，他深刻地从概念机制的角度激发了对科学与技术关系、认知主客关系等传统问题的重新思考。要理解这一重启问题的思想力量，就得回溯康吉莱姆本人所面临的传统及其困局，而在下面的回溯中，沿着他所指出的理论可能性，我们也将不可避免地一

---

*　曾怡，哲学博士，四川大学哲学系副教授。

再挑战自 18 世纪确立的现代科学观念及与之相生的哲学成见。

## 一、近代科学革命与生命研究的去哲学化

主体性哲学在近代的树立与认识论上主客结构表达的巩固是同步的,这不是概念发展自身的唯一选择,而是和机械论日渐主导的近代物理学的历史性胜利密切相关。这一点本是哲学史的一则常识,当康德在《纯粹理性批判》里将自身的哲学任务规定为"先天的"以区别于"经验的"(A3/B6)的时候,同时又将其与"综合的"判断相连,明确以研究"先天综合判断"为己任,而一切判断都是包含主客关系的(A6/B10),他意欲以纯粹理性的运用及其原理的研究响应的是两种无可质疑其为纯粹理性特征的学问,他这样发问:"纯粹数学何以可能?""纯粹物理学何以可能?"(B20)。某种程度上,我们也就可以将康德的工作汇入克莱罗(Clairaut)、达朗贝尔(D'Alembert)、欧拉(Euler)、拉格朗日(Lagrange)等人的共同事业中看待,也就是完善牛顿的世界的结构。只是数学家和物理学家们完善的是其数学及实验研究的工具和方法,而康德完善的是其哲学奠基工作——我们也就很可以理解为何他将建构性(constitutive)原理称为数学原理,而调节性(regulative)原理称为力学原理了,而纯粹知性概念运用于可能经验也相应分为数学性的和力学性的。

这一潜在地影响着康德措辞的科学新规定是由笛卡尔、伽利略最后由牛顿最终确立的现代经典科学——在眼下的这一个回顾里我们不得不忽略笛卡尔和牛顿在 17—18 世纪引发的对立性论战。它的内核是对运动概念的颠覆,如柯瓦雷正确指出的:"笛卡尔明确告诉我们,新的运动概念是用一个纯数学概念取代了一个物理概念。在前伽利略和前笛卡尔的观念中,运动是一种生成,是一种影响运动物体的变化过程,而静止则不会影响运动物体;而新的——或经典的——观念则把运动解释成一种存在,也就是说,运动不是一个过程,而是一个状态……就这样运动和静止被置于同一本体论层面,它们之间质的区别被消除了,彼此变得无法区分。"①这一本体论的变更带来的结果

---

① 亚历山大·柯瓦雷:《牛顿研究》,北京:商务印书馆 2016 年版,第 29 页。

是,不仅物理世界转变了,而且数学的古代观念也一并转变了。简而言之,我们获得一个可以数学化的运动观。与此同时牛顿对古代德谟克利特、伊壁鸠鲁的原子论加以吸收,引入虚空概念,并与其自身的数学化思路相结合,他在承认微粒的基础上,认为在这些微粒在组织上赋予其意义的句法是纯粹数学的。可以说至此,古代由亚里士多德建立的自然观念及其连带的科学(episteme)的规定性就彻底解体了,运动和存在两种实体的存在样态同时变得可数学化,因而不再需要潜能—实现这样的概念,及其对应的四因学说了。

　　而这一新经典科学的出现也使得哲学在面对研究自然的时候,其任务产生了巨大的变化,因为一方面自然的世界依据牛顿与洛克哲学以一种奇特的方式成了整个18世纪的科学信条[1];另一方面康德怀着对这一信条的同样信心,始终强调着作为其人类知识基础的先验范畴与纯粹理性原则的主体性地位,以此而成为了哲学研究"主体转向"的界标。相应地,近现代科学,特指物理学,从此摆脱了笛卡尔所设想的对形而上学或者一般而言的哲学基础的需要,依据公理系统发展自身,同时,这一全面的胜利也使得其他学问门类和知识形态竞相模仿其特征,以使自身具有科学的面貌。量这一概念,在任何一门特定科学需要自证其名的时候就完全取代了质的概念,进而渴求自身的形式化。这一影响即便在将人作为考察对象,研究其本性的时候并不那么顺利,但这丝毫未阻碍它对于生物学和作为生命存在的人所施加的影响。

　　这一影响日隆,至1944年,以物理学家身份进入生物学领域的薛定谔以其《生命是什么?》一书[2],表明了物理学和化学原则上可以诠释生命现象,并宣称有机体的活动需要精确的物理学定律。看起来这是某种亚里士多德表述的当代回响,它试图提供出贯穿性原理以面向自然整体,对于亚里士多德而言,自然整体虽然没有无机有机之分,"自然物在其自身之中具有运动和静止的本原"(《物理学》191b13—14),这就是自然物整体。但其对之进行研究的物理学内容却完全发生了颠倒:因为在古代模式中,在亚里士多德的封闭而确定的宇宙里,对生命的研究之所以是物理学的组成部分乃在于,自然学说整体

---

① 关于牛顿与洛克的哲学的混合的提法,参考上书,第52页。

② See Erwin Schrödinger, *What's Life is?*, London:Cambridge University Press,1944.

内部由于对四因的不同分组及对立关系①,而可以划分出保有质料因和目的因来探索生命领域;而在薛定谔所规划的生物学研究中,只有经历了牛顿的洗礼后所剩下的动力与形式两个原则值得被考虑。以删节古代的原因理论的多元性为代价,换取的是生物工程学大展宏图的广阔领域,更进一步,生命的动力系统也可以被形式化,也就是被数学化。

## 二、作为科学的哲学反思阵地的医学哲学

这一代价,对于哲学而言,造成了一种萎缩,康德的方案不再是积极的奠基努力,而成了从对自然整体的研究退到新科学尚无法全面胜利的"人学"方面,继而逐步从主体性的考察变为主体的我思意识的考察,似乎只能退缩到意识哲学中去寻找自身的全部意义。我们在这条脉络上就不难理解李凯尔特等新康德主义者对人文主义的强调,强调人文学科作为知识门类的特殊性、不可化约性,以此抵御新科学观念的侵袭。在某种意义上,这是哲学在近现代对新经典科学带来的宇宙观的退让,如果说有哲学家还在科学的基础研究的疆域上有所抗争,同时还考虑到语言哲学的突起与观念论—意识哲学交争的复杂性,要举出一个人物来,那就莫过于胡塞尔。尽管他的选择也是这种现代哲学对于自然探索退让到意识领域的方案,但其批评和新方法的建立却似乎使得现代哲学获得了恢复尊严的契机。

胡塞尔以一种不无偏颇的方式开始了他对欧洲科学的反思,对上述数学化的物理的反思集中在《欧洲科学的危机与超越论的现象学》中对伽利略的分析。其中两个最为核心的思想被表达如下:(1)是他指出了自然科学的先验存在方式。他写道:"这整个方法从一开始就具有一种普遍的意义……对世界的间接的数学化(它现在是作为对直观世界有步骤地客观化而进行的)产生了一般的数字公式。这些数字公式一旦被发现,就可根据其应用的方式

---

① 参见亚里士多德《物理学》(198a22—27):"既然原因有四,那么自然学家就要认识所有这些原因,自然学家解释为什么,就要回到所有这些原因:质料,形式,动者,何所为。而后三者通常合而为一。因为是什么和何所为是同一个东西,而运动的第一个来源与它们在种上同一,因为是一个人生了另一人,最为一般的情况就是那些所有推动又被动的。"(本文所有涉及亚里士多德的译文均从希腊文译出,参考徐开来先生中译本)。

用来对归属于它的个别事例实行事实上的客观化。显然，这些公式以数的'函数的'依赖关系的形式表达一般的因果关系，'自然法则'，实在的依赖关系的法则。"①而这一切都依赖于伽利略对于物理世界的理念创见，这是一种假说，对于它而言唯一可能的证明是一个无穷的证明过程。"处于无穷的假说中，处于无穷的证明之中，这就是自然科学特有的本质，这就是自然科学的先验的存在方式"②。（2）是他指出了数学的自然科学由于技术化而被抽空意义，而要把握原初的意义赋予，数学化方法才具有提供有关世界的认识的意义。他写道："从有关事象的数学到它的形式的逻辑化的进展，以及扩展了的形式逻辑作为纯粹的解析学和流行理论而独立，这本身是一种完全合理的过程，甚至是必然的过程……但是所有这一切能够成为而且必然成为被充分自觉地理解和运用的方法。而只有在以下情况下才是可能的，即注意避免在这里产生危险的意义改变。"③

这种延续康德而进行的理解自然科学先验存在方式的哲学工作，最终被把握为对原初的意义赋予的不断回归，也即对意识研究、生活世界的回归。这一尝试既是德国观念论内部在 20 世纪发展的高峰，也深刻地影响了法国哲学界，正如福柯正确观察到的那样："现象学通过这一文本（《笛卡尔式的沉思》）进入了法国。但它允许有两种解读：其一，沿着主体哲学的方向——这就是萨特……另一种，则是回到了胡塞尔思想的基础性原理上：形式主义和直觉主义的原理、科学理论的原理"④。康吉莱姆的工作显然更倾向于后一条线索，只是因为福柯本人对以社会为对象的研究兴趣，而把康吉莱姆的工作放入对启蒙运动进行现代反思的视野中，并将之靠向了法兰克福学派："如果我们要在法国之外找到与卡瓦耶斯、柯瓦雷、巴什拉和康吉莱姆的著作相对应的东西，那么，毫无疑问，我们在法兰克福学派那里能够找到"⑤。就康吉莱姆所开辟的广阔理论可能性而言，这样的判断无可厚非，但却偏移了康吉莱姆自身任务

---

① 胡塞尔：《欧洲科学的危机与超越轮的现象学》，王炳文译，北京：商务印书馆 2001 年版，第 55 页。

② 同上书，第 56 页。

③ 同上书，第 61—62 页。

④ 福柯：《生命：经验与科学》，收在康吉莱姆《正常的与病理的》中译本附录中，原文为同书英译本导论。李春译，西安：西北大学出版社 2015 年版，第 262—263 页，引文有改动。

⑤ 同上书，第 265 页。

的重心,这一重心乃在于康吉莱姆与胡塞尔一道,面对着囿于近现代科学所规划的宇宙图景,面对着通过康德而形成的 20 世纪哲学在自然探索方面的萎缩。

康吉莱姆对数学化—物理学的理解完全避开了胡塞尔所塑造的危机。或者说通过他的历史考察,我们可以看到,上述胡塞尔指出的两个特征并非自然科学的必然,对他而言:(1)先验存在方式只是科学的一种特征,而非唯一方式;(2)技术化并非只具有褫夺"原初的意义赋予活动"的消极面,科学与技术的关系的讨论在胡塞尔那里已然结束——后世似乎只需要批评技术宰治就可以回到更合理的理性自身规定,而在康吉莱姆这里则刚刚开始:

> 在结束哲学研究后,教授哲学的同时做了几年医学研究,我们有必要用几句话解释一下我们的意图。以为哲学教授对医学的兴趣并非必然地为了更好地认识精神疾病。也并非必然地要进行一门科学训练。我们对医学的期待,乃在于将之作为对人类具体问题的导引。医学曾经对我们而言,现在仍旧如此,是一种在数种科学交叉口的技术或技艺,更甚于一种严格意义上的科学。我们所关心的两个问题,一个是科学与技术的关系问题,一个是标准和常态的问题,为准确对之定位并使之清晰,我们似乎就应该借助一手的医学文化。①

正是对生命的研究与对医学知识发展的观察,让他开辟出对科学的理解的新道路。在策略上,这一领域让我们得以暂时免于陷入牛顿时代的新科学所设立的无限可能宇宙之中。相应,我们也就不用立刻支付带来这一胜利的代价,也即,不用那么迅速地放弃对"目的"、"质料"等仍旧在生物学及生理学中起作用的概念的考察,并且争取到重新讨论"量化"概念的有效范围的可能空间,进而继续讨论质与量这一对范畴间的逻辑关系在认识活动中的意义。

不止如此,当我们不得不从类比无限宇宙的无限生命体的想象中回到医学,尤其回到临床医学的时候,我们直接面对的认知基本关系从一开始就不是主体与对象,或者说意识与给予物的,而是一个意识(医生的)与另一个意识(病人的)之间的,因而一开始遭遇的就是认识发生意义上的主体间的问题,

---

① Goerges Canguilhem, *Le normal et le pathologique*, Paris: PUF, 1966, pp.7–8. 文中引文自法文本译出。

而非知识普遍性意义上的主体间的问题。疾病首先是一个生命现象,在治疗中,我们从来没有办法确定认识主体的意识可以完全越过意识到自己患病的主体意识而确定纯粹物性的认知对象。就这样,当我们重新在医学领域发问的时候,赢获了一个全然不同的起点:生命对生命自身的认识如何可能?

## 三、一种史学式的哲学考察

这一医学领域特殊的认识活动的研究是以历史观察的方式来进行的,正如康吉莱姆不无吊诡的表述:

> 我们想要遵循哲学思想的要求,它是对问题的打开而非封闭。莱昂·布朗什维克(Léon Brunschvicg)说过,哲学就是处理已经解决了的问题的科学。而我们要做出我们自己对这一定义简洁而深刻的理解。①

"业已解决了的问题"显然属于"历史",这是康吉莱姆所认同的哲学的工作性质,这让我们想起"密涅瓦的猫头鹰"的比喻,但哲学的处理方式不是对业已发生的思想事件的复述,而是使得已然经历了的问题重新被打开。因此,康吉莱姆的工作就一方面具有史学特征,因为他处理完成了的思想事件;另一方面,又是哲学的,因为它重新打开这些问题。以什么样的线索呢? 以每个以思想事件展开的概念逻辑线索。

一方面,它带来史学上的发覆之论,正如路易·阿尔都塞指出的这一工作的成效:"现代认识论专家已经完全发现,科学中的事情根本不像人们以前所认为的那样发生,尤其不像许多哲学家所认为的那样发生"②。不仅如此,在哲学史上,我们如果以为反对实证主义只要完全持一种观念论的立场就充分了的话,如果以为反对量化就一定要反对实证主义的话,康吉莱姆对孔德实证主义的分析则让我们发现一个实证主义的支持者是如何在一个预设为贯通政治和生物领域的整体论观念("和谐"概念)之下展开思考的,而自身抵御着实验手段的泛用,也抵御着数学化的生物学③,尽管这一理论在逻辑上有着含混

---

① Goerges Canguilhem, *Le normal et le pathologique*, Paris: PUF, 1966, p.9.

② 路易·阿尔都塞:《〈乔治·康吉莱姆的科学哲学:认识论和科学史〉引言》,见康吉莱姆:《正常的与病理的》,李春译,西安:西北大学出版社2015年版,中译本附录。

③ See Goerges Canguilhem, *le normal et pathologique*, Paris: PUF, 1966, p.39.

和矛盾。历史中的哲学本就不是平滑无缝隙的纯粹理性自身,而毋宁是其受到错杂时代精神影响下的产物。

另一方面,它以概念的逻辑为线索建构起了概念形成的自我展开过程,这一看似黑格尔的表达其实离黑格尔最远,因为它关注的不是概念自身如何达至"更为正确或完整"的阶段的,其自我展开过程也充满了"非连续性"。这一概念线索打开的科学史完全不是发现真理的历史——这正是读者感到不适的地方——抱怀这种朴素的科学真理观的读者会感到疑惑,找不到期待的"结论"。因为康吉莱姆几乎没有指出过任何一种科学、标准或思想的"正确性",而总是着力阐明它们成立的观念条件、有限性,以及,最重要的是,阐明概念之间如何复杂彼此过渡、对峙的。这种科学史的时空是纯粹概念的时空,它无法被化约到某个个体意识,或者纯粹意识,它"不是通过历史学家的博学而累积起来的'现实的'时间赋予的,也不是今天的科学权威地切割出的理想化空间来赋予的,而是通过认识论的观点来赋予的。后者并不是所有科学或每一种可能的科学陈述的一般性理论;它是在不同的科学活动中对标准化的寻求,由此它们有效地发挥了作用"①。要言之,以科学史的面貌进行的认识论考察,建构的是理性在认识活动中自察边界的过程。

这是《正常的与病理的》这本书第一部分的全部工作:(1)孔德(Comte)、贝尔纳(Benard)、勒利希(Leriche)必须被看做基本概念的载体而非发现某种真理的主体,他们代表了三种概念—认知类型,依次为:哲学的、科学的、技术的(临床的);(2)他们三者的共同之处在于将生理现象与病理现象视作非异质性的②,两者要么被把握为同一性的,要么被把握为连续性或不可分辨性,那么规定"正常的"与"病理的"工作在这一共通的出发点上又两两显得不同:a.孔德认为可以通过确立规范性的"正常的",来规定相应缺失性的"病理的",同时反对实验方法把握生命现象的可能。b.贝尔纳这里我们看到一种尚不清晰但非常明确的量化概念的坚持,当质的概念完全被量取代的时候,生理学和病理学的连续性就完全被建立了。生理学和病理学交叉互动,尽管在其中理论依旧指导着实践,但他完全相信建立在科学的基础上的技术,即量化的

---

① 康吉莱姆:《正常的与病理的》,李春译,西安:西北大学出版社2015年版,第271页。

② 这和19世纪大部分生理学家的观点是相反的,后者认为疾病是正常生理之外的某种附加。参见上书,第44页。

实验方案,对建立病理学上的一般原则的支持。c.勒利希在一个完全不同前两者的立场上发展了他们的理论,也就是说他不认为哲学或科学的理论先行于技术,规定病理现象最重要的是作为个体的生命整体:"医生认识到在疼痛之中有一个整体性反应的现象,它有且仅有一个意义,就是在具体人类个体性的水平上才会获得的"①。他反对实验伴随的"粗暴的决定论"②,这让他和孔德在 a 中的观点相似;但他却反对有一种独立自足的生理学,对他而言"生理学是对病人因致病而提出的问题的解决方案的合集"③,这一观点又似乎接近贝尔纳。借用现象学的术语,技术在这里反而拥有一种"原初的意义赋予"的活动,它不预备将自身"上升"到某种理论,也并非某种理论的执行者,在医学领域,它指出了一种完全无法被数学化的生命整体性的重要性。

　　这个完全无法被数学化的认识并非要对抗已经取得了无可辩驳的成就的实验病理学,也不是要抵御近代物理学的精神。康吉莱姆建构的这一组历史概念关系网,是要指出一种新科学的决定论表述是如何浸入人类知识探索面对生命的部分的,量化概念带来的革命性突破及其局限。在同一个概念运动潮流中的技术,又可以扮演何种角色? 它似乎与无法最终被取消的质的概念一样,提醒着认识活动中基本概念的重要性,及其连带指涉的生命整体性的存在意义。他写道:

　　　　最终,作为决定论假设的后果,在生理学和病理学本质统一性之中所暗示出的,就是质化约为量。健康的人与糖尿病人的差异被化约为体内葡萄糖含量的差异,把区分是否糖尿病人的考察,诉诸肾阈值,其实就是简单地将之理解为量的水平上的差异,这也就是遵循了物理科学精神,而它只能在把现象按共通标准进行化约的时候,才能解释法则蕴于其中的现象……然而,还是不要忘记了,科学知识,在使质的概念失效的时候,让它显得虚而不实的时候,却并没有取消它。量的概念是质的否定,却并非质的取消。④

　　而技术的地位呢? 在这一点上康吉莱姆同时站在了新经典科学与古代科

--------

①　See Goerges Canguilhem, *Le normal et el pathologique*, Paris:PUF, 1966, p.73.

②　Ibid., p.76.

③　Ibid.

④　Ibid., pp.85-86.

学的对立面,对于后者而言,理论是指导技术的,康吉莱姆却写道:

> 拒绝承认技术在将知识成功现实化以外的自身价值,就让认识进步的非规则迹象变得不可理解,也让实证主义者察识且遗憾的那种以其力量对科学的超越变得不可理解了。如果一种技术的冒进无视它将遇到的困难,不能以成体系的知识的谨慎为前提,那么遭遇失败就受到震荡的科学问题就将甚少能被解决。①

也就是说技术在理论指导下完成知识预期的事业只是技术的一种面向,它在此外也有反哺于科学的地方,科学问题被解决也常在于技术自身发展的时候显现出的它的不足,这一问题不是化约到意识层面的认知活动就可以完全得以理解的。我们在技术发展的历史中,对所动用的概念的研究越深入,我们从中获得的教益才越多,足使我们认识到关于人类理解力面向的多样化以及赋予概念以世界的原初意义的方式也如此。它是如此复杂,因为在研究生命活动整体的方面,连同我们的认知努力也将一道被写入作为研究对象的生命之中,我们只有历史地接近这一真相。

因此,在这个角度而言,康吉莱姆所做的工作看上去并没有给出任何关于科学真理的发现规律,甚至也否认了存在着探寻真理的基本原则,他的哲学应当被理解为反思科学历程本身的思想。不存在脱离认识历史(科学史)的认识论,正如苏格拉底所谓:"未经反思的生活不值得过",人类的具体认识活动也需要在反思中才能获得真正地理解。因此,也应当把康吉莱姆的工作与库恩所信奉的相对主义区分开来。虽然他也提及了文化、社会价值乃至自然环境与知识——尤其与关于生命的知识——的互动,知识更新的方式当然有其外部因素,但康吉莱姆的"范式转换"依旧是在构建知识活动的内部概念线索上获得的,而非有赖于对特定信念行为的解释,重要的也不是理论选择的合理性问题②,重要的是去理解认识活动具体如何依赖基本概念进行组织,并在问题的解决上作出富有成效而又带有局限的尝试的。

---

① See Goerges Canguilhem, *Le normal et el pathologique*, Paris: PUF, 1966, p.81.

② 参见萨米尔·奥卡沙:《科学哲学.第五章:科学变迁和科学革命》,南京:译林出版社 2013 年版。理论选择合理性的问题确实迫使实证主义者去证明其存在着某种算法规则,若非如此,科学变迁就变成非理性的了。

## 四、小结：概念化的建设性

康吉莱姆笔下科学史服务于澄清和再认知的工作，因而显得更是反思性的，但同时它又使我们得以具备一个超越反思科学活动本身的起点，也即建立具体科学所不关心却又赖以展开的起点。在医学中，医生们在实践中的兴趣和任务是诊断和治疗，而对区分"正常的"和"病理的"并无察识，也就是说对于生理学、病理学的基本起点无所关心。借雅思贝尔斯之口，康吉莱姆指出了医学上对健康和疾病进行规定的困难，医生从科学的角度考虑生命现象，患者的意见和社会的看法却参与对疾病的规定，并且还暗含着价值判断——疾病无疑是个体生命价值的贬损①。而生物学所探讨的生命的"正常"状态是否是医学所给予的知识关切？若非如此，医学又将如何对待纯理论性的"正常生命"的知识？同理，病理学的起点，也一样可疑。

只是，这一建设"始基"的任务，不再是亚里士多德式的关于科学对象的存在性规定的问题，因为在将生命作为对象的研究中，动态性生命整体是无法以形而上学的方式给予其"始基"（希腊语 arkhè）的规定的。对于康吉莱姆而言——再一次，技术的视野扮演了重要角色——是这样来描述生命现象的基本特征的：

> 所有的人类技术，包括生命技术，都深植于生命，也就是说深植于一种信息和质料的同化活动之中的。这不是因为人类的技术是规范性的，生命技术才被如此相较而论。而是因为生命是信息和同化活动，这是所有技术活动的根基。②

要言之，生命的本质是它具有一种动态极性（la polarité dynamique），它总是在与周遭的互动中显示出功能的具体表达，同时又作用于（自然、社会）环境。

因此，生命现象的规定性也就更无法在胡塞尔所谓普遍性先行的科学自身的先验形式中获得自身。以它为对象建立起的生理学其有效范畴甚至也根

---

① 康吉莱姆：《正常的与病理的》，李春译，西安：西北大学出版社2015年版，第97—98页。
② 同上书，第106页。

本不是"因果关系"——这种康德意义上的物理学范畴——而是"意义"范畴①。在这里我们可能看到被新物理学驱逐的亚里士多德某些观念必要的复活,比如目的概念和功能概念,这并不意味关于生命的现代科学无法建立。恰恰相反,通过澄清规范(norme)、正常(normal)、异常(anormal)、平均(moyenne)、疾病(maladie)、健康(santé)这些基础概念,康吉莱姆在检视了各种理论之后,更充分地让我们理解生物学、生理学得以成为一门严肃科学,乃在于给出了生命的规范,只是这个"规范"的概念不是物理学中"规律"概念的替代物:

> 规范概念是一个原初概念,尤其在生理学中,最为不能以科学的方法将之还原为一个客观地决定论式的概念。所以,严格地说,不存在一种关于正常的生物学科学。但却可以有研究所谓正常的生物学条件和情况的科学。这就是生理学。②

当我们反思了科学的方法及其局限,以及生命作为对象重新考察的时候,我们才会发现对科学起点的思考,始终有超出科学内部实验和算法建立之外的必要的概念构造环节,这一工作也只有回到对概念功能及其建造的理论效果中我们才能真正认识。而这一工作,在经典新物理学之后,在清晰而明确的现代科学方法建立之后,为我们指出了哲学对人类认识活动的贡献不当是退缩的,相反,才真正开始,迈向一切尚未被清晰概念化的各个具体领域。

**Abstract**:Canguilhem,one of the most important philosopher and physician who specialized in epistemology and the philosophy of sciencein in the twentieth century.His main work has been regarded as a shake of traditional truth theory.As his emphasis of concept of discontinuity in his history of science and as inspiration of Foucault's works,we are always drawn attention to the critique aspect and deconstructive effets of his work.This article attempts to re-understand Canguilhem's work in the context of the logical deployment of the history of science and the traditional

---

① 参考康吉莱姆的《正常的与病理的》(李春译,西安:西北大学出版社 2015 年版)一书中对史瓦茨《作为医学思想范畴的意义追寻》一文的讨论。

② 同上书,第 204 页。

epistemology, with challenges and responses encountered in the last century, to forward a constructive understanding and reflection on science by sketching his *Le Normal et le Pathologique*.

**Key-words**: Science, Technique, Norm, Abnormal

# 康吉莱姆:生机论理性主义者

保罗·拉比诺/文* 陈　鑫/译**

1904 年 6 月 4 日,乔治·康吉莱姆(Georges Canguilhem)出生在法国南部的卡斯泰尔诺达里(Castclnaudary)。虽然他的父亲是一名裁缝,但是康吉莱姆本人却将自己定位为农耕家庭,这一切在他眼中并非毫无意义,农耕家庭扎根在年复一年春种秋收的和谐生活中,他逐渐养成了良好的感知能力。他的求学经历是很传统的。全国考试中的优异成绩使他踏上了前往巴黎求学的旅程。到了巴黎,他获得了极大的成功。在著名的亨利四世中学(Lycee Henri IV)毕业后,康吉莱姆于 1924 年进入了法国的最高学府——法国巴黎高等师范学院(ENS, Ecole Normale Supérieure)。在他学习的过程中,他的同窗有让-保罗·萨特(Jean-Paul Sartre)、雷蒙·阿隆(Raymond Aron)和保罗·尼桑(Paul Nizan)。次年,莫里斯·梅洛-庞蒂(Maurice Merleau-Ponty)入学。此时,康吉莱姆已经开始对他日后将要穷尽一生所研究的课题产生了兴趣,尤其是康吉莱姆提交了一篇关于"奥古斯特·孔德关于秩序和进步的理论"(Auguste Comte's theory of order and progress)的论文作为自己的学位论文,这是他对理性与社会之间关系持久兴趣的开始。这个课题吸引着他与其他杰出的同学,不过康吉莱姆以高度原创的方式加以拓展。哲学家阿兰(Alain)在1924 年对康吉莱姆的评价是"活泼、果敢和博学",在过去了四分之三个世纪之后,我们依然可以用这个评论总结这个人物的精神①。

---

* 保罗·拉比诺(Paul Rabinow),美国加州大学伯克利分校人类学系教授。本文原文为英文,是作者给英文版的康吉莱姆选集所做的导言。见 Georges Canguilhem, *A vital rationaliste*, *selectedwritingsfrom Georges Canguilhem*, ed.by François Delaporte, New York, Zone Book, 1994.

** 陈鑫,安徽医科大学副教授。

① Jean-FrançoisSirinelli, *Génération intellectuelle*: *Khàgneux et normaliensdans l'entre-deux-guerres*, Paris, Fayard, 1988, p.465.

1927 年,在他取得高中哲学教师职衔之后,为回报国家对他的教育,也如同巴黎高等师范学院对全体毕业生要求的那样,年轻的康吉莱姆开始了他在各省级公立中学的巡回教学。这场最初的游历结束于 1936 年。他在图卢兹的公立中学任教的同时,开始了他的医学培训。1940 年,他辞去了他的教学岗位。在递交给图卢兹学院院长的辞职信中他写道,他当初成为高中哲学教师,并不是为了宣扬维希政权(Vichy regime)的教义①。他利用这段新的空闲时间完成了他的医学学习。康吉莱姆被召入斯特拉斯堡大学(the University of Strasbourg)和索邦大学(Sorbonne),预示着在哲学和政治学领域,康吉莱姆将取代数学哲学家让·卡瓦耶斯(Jean Cavailles)。1941 年,当斯特拉斯堡(Strasbourg)被德国吞并时,该大学迁到了克莱蒙费朗(Clermont-Ferrand)。他利用自己的技能参与建立了一个重要的抵抗组织。总而言之,这个世纪的生活正如法国人所说的那样,康吉莱姆的生活和他的许多同胞一样,是由法国长久的体制和那个时代的偶然事件联合塑造的。

1943 年,康吉莱姆进行了他的医学论文答辩,题目为《关于正常和病态的一些问题》("Essais sur quelques problemes concernant le normal et le pathologique")。这项及时且卓越的研究在此后仍在继续。事实上,在 20 年后他更新了这项工作,加入了新的重要反思,并在几十年后被翻译成英文《正常与病态》(*The normal and the pathological*)②。战争结束后,他恢复了在斯特拉斯堡大学的职位,并一直在那工作到 1948 年。此前,他曾经拒绝了一次哲学总监的重要行政职务,但最终在 1948 年接受了该职务,并且一直服务到 1955 年。同年,他接受了索邦大学科学史与科学哲学主席的任职邀请,并成功接替了加斯东·巴什拉(Gaston Bachelard),成为了科学技术史研究所所长。他作为一名严厉的审查者,其名声在今天的巴黎仍然响亮,在过去几十年,如同爱的源泉,一直为知识分子和学术机构提供着坚强的支撑③。

---

① Jean-FrançoisSirinelli, *Génération intellectuelle: Khàgneux et normaliensdans l'entre-deux-guerres*, Paris, Fayard, 1988, p.599.

② Georges Canguilhem, *Le Normal et le pathologique*, Paris, Presses Universitaires de France, 1966; *The Normal and the Pathological*, trans.Carolyn R.Fawcett, New York, Zone Books, 1989.

③ Jean-Jacques Salomon, "Georges Canguilhem ou la modernité," *Revuede métaphysique et de morale 1*, 1985.

# 一、科学史和科学哲学(History and Philosophy of Science)

路易·阿尔都塞(Louis Althusser)对康吉莱姆有着极高的赞誉,他将康吉莱姆——还有卡瓦列斯、巴什拉(Bachelard)、朱勒·维耶曼(Jules Vuillemin)和米歇尔·福柯——比喻为用"对科学本质绝对尊重"所武装起来的人类学家①。虽然这对于康吉莱姆的研究方法描述的不是很准确,但是这个比喻是很有启示意义的。实验室中更加严谨的人类学研究,比如布鲁诺·拉图尔(Bruno Latour)的研究,将会更晚的出现,其不仅仅旨在修正对科学的实证主义或唯心主义的理解,认为科学是一种单一的统一活动,实现对自然的累积理解,而且旨在分解科学中的特有的观念——这与康吉莱姆的立场相差甚远。尽管如此,阿尔都塞的声明还是捕捉到当时的运动。这是由巴什拉首先发起的。他提倡远离法国大学体系一直奉若神明的静态普遍主义。这个静态普遍主义表现在研究科学时采用的理性主义和唯心主义方法中。对于巴什拉来说,哲学的新任务是分析产生真理的实践的历史发展。科学哲学成为对局部认识论的研究,是对于科学家、物理学家、化学家、病理学家和解剖学家等实践产生的理论和概念成果的历史反思。其目的不在于攻击科学,而是为了展示科学在运用中的特异性和多元性。

康吉莱姆清楚坚定地认为,尽管哲学已经失去了主权和自治,但它仍然有一些重要的工作要完成。与科学家的任务不同,认识论者的问题是去证实"观念进步的秩序只有在事实之后才能看到,并且其中的现在科学真理的概念只是暂时的顶点"②。真理存在于科学实践中,哲学分析了这些真理的多元性、历史性和由此带来的临时性,同时也肯定了其规范性,但并不像法国老一辈科学哲学家那样将这种规范合法化。认识论是对真理阐述过程的严格描述,而不是最终结果的陈列。阿尔都塞在赞誉中理所当然地认为科学存在

---

① 　Louis Althusser, "Présentation," in Pierre Machery, "La Philosophie de la science de Georges Canguilhem," *La Pensée113*, 1964, p.51.

② 　Canguilhem, "Introduction: The Role of Epistemology in Contemporary History of Science," in *Ideology and Rationality in the History of the Life Sciences*, Cambridge, MA: MIT Press, 1988, p.9.

并拥有特权地位。但是康吉莱姆,就像福柯(Foucault)和皮埃尔·布尔迪厄(Pierre Bourdieu)一样,从来没有怀疑过这样的观点,即"除来源、发明、影响、优先性、同时性和连续性以外,以任何其他东西作为个人的研究客体都不足以将科学与文化的其他方面区分开来"①。这一设想被拉图尔(Latour)称为法国哲学和科学史的重要标志,同时也是康吉莱姆整个理性大厦架构的基石②。对康吉莱姆而言,科学是"一种在一个被限定的经验领域中被验证的论述"③。科学是对作用中的合理性标准的探索。但是,像科学的信仰一样坚定的是对其历史性和多元性的信仰。在特定的历史时期,只有几种不同的科学在起作用:物理学不是生物学,十八世纪的自然史不是二十世纪的遗传学。

因此,对于康吉莱姆而言,"科学史是一个对象的历史,论述关于这个对象是一个历史并且有一个历史,而科学是关于对象的科学,这个对象不是一个历史且没有历史"④。科学通过使用方法将自然分为不同对象,从某种意义上讲,这些对象是次一级的,但并不是衍生品,人们可以认为这些对象既是被构建的也是被发现的。科学史对科学对象进行类似的一系列操作。历史论述的对象是"科学论述的历史性,尽管历史运行一个项目,是以其内部的规范为指导的,但在此过程中贯穿着被各种危机打断的意外,也就是说需要时间去判断真伪"⑤。有些真理总是带有争议的且在不断推移,正是由于它们的偶然性,它们才更真实。科学史不是自然史:科学史不通过科学家来定义科学,不通过科学家的生平来定义科学家,不通过科学成果来定义科学,也不通过科学成果当前的教学应用来定义科学成果。科学史这一概念所认定的认识论和历史主张是具有专断性的,并与科学社会研究中的许多当代共识背道而驰。本书收集的文章为康吉莱姆的立场提供了依据。弗朗索瓦·德拉伯特(Francois

① Canguilhem, "Introduction: The Role of Epistemology in Contemporary History of Science," in *Ideology and Rationality in the History of the Life Sciences*, Cambridge, MA: MIT Press, 1988, p.3.

② Bruno Latour and Geof Bowker, "A Booming Discipline Short of Discipline: (Social) Studies of Science in France." *Social Studies of Science 17*, 1987.

③ Canguilhem, "L' Objet de l'histoire des sciences", 1968, in *Etudes d'histoire et de philosophie des sciences*, 5th ed., Paris, Vrin, 1983, p.11.

④ Ibid., p.16 and see pp.25-26 of this reader.

⑤ Ibid., p.18.

Delaporte)清晰明了地以一种概念化和适于教学的方式对它们进行了整理,以至于无须再对它们进行更多的说明。事实上,这些文章连成了一本条理清晰的"书"。康吉莱姆除了他的第二篇博士论文外①,并不著书。在 1943 年后,他更喜欢以散文的形式来表达自己的思想,其中充满了精确的如格言般的句子,可谓字字珠玑。

## 二、正常与病态

虽然康吉莱姆在 20 世纪 30 年代后期发表了关于伦理学和认识论的哲学论文《逻辑和伦理专论》(*Traité de logique et de morale*),打算作为高年级高中学生的非传统教材,但他的成名之路还是开始于他的医学论文,其中他探讨了正常与病态的定义。这项工作标志着对健康的思考的重要转折。在此之前,法国的医学培养更侧重正常。疾病或功能障碍被理解为偏离固定标准,而这些标准被认为是一些常量。医疗实践的目的是科学地建立这些标准,并按照理论进行实践,使患者恢复健康,回到之前偏离了的标准。

正如生物哲学家弗朗索瓦·达戈内特(François Dagognet)清楚地观察到的那样,康吉莱姆对"正常化大厦"发起了正面的攻击,这个"正常化大厦"是实证主义科学和医学操作的重要依据②。他通过重新提出了以下问题来达到自己的目的,即将有机体视为一个与环境并不存在预设的和谐的生物体。是痛苦确定了疾病的状态,而不应该是通过规范性测量和对标准的偏离确定疾病状态。规范性始于生物体,同时由这个生物体带来了差异性。医生治疗的每个患者都呈现出不同的情况,而每种情况都显示出自身的特殊性。康吉莱姆一句著名的格言强调了这一点,"异常(anomaly)并不是非正常(abnormality),差异性(diversity)并不意味着疾病(sickness)"。对于生物而言,正常是一种活动,而不是一个稳定的状态。结果就是,如果遵循康吉莱姆的论证,"一个数字,甚至是一个常数,都阐释着一种风格、习惯或文化,甚至

---

① *Canguilhem's Doctorat d'Etat, la Formation du concept de réflexe auxXVII et XVIII siècles*, Paris, Presses Universitaires de France, 1955; Vrin, 1977.

② François Dagognet, "Une Oeuvre en trois temps," *Revue de métaphysiqueetde morale 1*, 1985, p.30.

是潜在的生命活力"①。关于人体体温的变化范围比以前假设的范围更宽这个新发现证明了这一观点。正常（Normality）——是康吉莱姆常见的主题之一，意味着适应不断发展变化的环境的能力。我们以判定自身为正常的常量为标准，疾病就是这些常量的减少。正常等同于活力和适应性。因此，没有纯粹客观意义上的病理学，相反，其基本单位是一个个存在于与不断变化的环境产生变化关系的生物。讨论发生了颠覆性的转折，康吉莱姆认为疾病最终是由那些曾用来定义健康的术语定义的，即稳定的标准和不变的值②。生命不是静态的，也不是对所有人都一样的一套预先设定的固有的自然法则，而人为了生存必须遵守这些法则。相反地，生命是行动、灵活性和痛苦，不断地为抗拒死亡而努力，但只有部分成功。使用比夏（Bichat）著名的定义："生命就是抵抗死亡的机能集合"。

　　康吉莱姆的工作一直是这些原则的连续且条理清楚的历史的展现和对结果的呈现。生命有其特殊性："生命，无论采用何种形式，都需要通过自我调节来实现自我保护"③。这种特殊性可以，或者说必须被永久的阐述，而且永远不能回避。康吉莱姆强调，历史文章不是一种生命的哲学，不像汉斯·乔纳斯（Hans Jonas）或莫里斯·梅洛-庞蒂（Maurice Merleau-Ponty）那样，试图使用一组单一的概念来固化对生命的理解。相反地，康吉莱姆严谨书面的说教方式初次尝试展示了包括治疗学在内的生命科学是如何同时阐述生命的概念，并且，这些概念必须被视为所研究现象——生命及其规范——的一个完整统一的部分。

　　尽管康吉莱姆一直很小心地不把这些探索变成活力论的赞歌，但在他的日常和科学方法中，还是不断出现一些评估概念，如"保持"、"规则"、"适应"和"正常"。"是生命本身而不是医学上的判断使得生物学上的正常成为一个价值概念，而非统计学现实的概念"④。人类的特殊性不在于人类与大自然的

---

　　① François Dagognet, "Une Oeuvre en trois temps," *Revue de métaphysiqueetde morale 1*, 1985, p.31.

　　② Ibid., p.37.

　　③ Canguilhem, "The Question of Normality in the History of BiologicalThought", 1973, in *Ideology and Rationality*, p.128 and see p.205 of this reader.

　　④ Canguilhem, *The Normal and the Pathological*, p.131 and see p.343 ofthis reader.

其他部分分离开来,而在于人类创造了系统的知识和工具来帮助自己应对自然。这种与疾病对抗的考验,这种与环境的积极关系,这种规范的灵活性,这种投射能力,人类概念的历程,是其健康的核心。"健康意味着不仅在特定情况下是正常的,而且必须是在这样或其他可能的情况下也是规范的。健康的特点是具有超越标准的可能性,这个标准只定义了某一个时刻的正常。并具有容忍违反习惯性标准的可能性,和在新的情况下建立新的标准的可能性"①。生命是一种遵循标准的活动,但是健康不是正常,健康是成为规范的(being normative)。

　　一般而言,关于概念与生命之间关系的思考需要澄清一个事实,即至少有两个层面正在被研究。第一,将生命视为一种形式,生命是"物质的普遍组织"(le vivant,活着的);第二,生命是一个人对他或她自己的生命有意识的经验(le vécu,活过的)。在法语中,"Life(生命)"一词既可以表示"le vivant"(活着的),是动词"vivre(生活)"的现在分词(le vivant),也可以表示"le vécu"(活过的)的过去分词。康吉莱姆在这一点上是毫不含糊的:生命的第一层次是形式,控制着第二层次——经验。尽管生命的第一个层次,即生命的力量和形式维度构成了康吉莱姆作品的明确主体,但是依然能够频繁地感受到第二层次的存在②。为了声明的清晰性,这种优先仅仅掩盖了受苦和探究的敏锐意识,即痛苦(pathos),是康吉莱姆坚持的概念主义的经验的二重性和永恒的伴侣。生存的痛苦总是紧紧跟随着这个医生、哲学家、教育家。

　　实际上,一个并不那么潜在的存在主义,但同时又是一种独特而不同的类型,掩盖了康吉莱姆的医学观。人们很容易听到对萨特和梅洛-庞蒂早期主题的回应,转换成不同的语体,展现出与众不同的才华。康吉莱姆的"被判定的自由"和"行为结构"的变体组成了一个不同的音调。他的个体注定要去适应一个环境,并利用与周围世界没有预先建立联系的概念和工具来行动。"生命成为了这个世界上狡猾、灵活的智能体,而理性,就其自身而言则成为更重要的东西:它最终发展出一种逻辑,而这种逻辑不仅仅是同一性

①　Canguilhem,*The Normal and the Pathological*,pp.196-97.

②　See Canguilhem,"Le Concept et la vie,"in *Etudes d'histoire et de philosophiedes sciences*,p.335.

（identity）的逻辑。"①理性和生命交织在一起，即不相互对立，也不相互规定。

## 三、一种生命的新理解：错误

普遍认为，康吉莱姆在英语国家被认可——除了因为少数生命科学史专家外——主要归功于他最喜欢的学生和朋友之一米歇尔·福柯（Michel Fou-cault）。虽然这种说法并不是全部错误，但是仍然不够充分，除非我们再深入探究一下在康吉莱姆的工作中到底是什么如此的吸引福柯。而且，更进一步地说，这些问题是美国读者最关心的吗？需要强调的是，因为各种原因，康吉莱姆的工作是与美国读者相关的。那么要提出的问题是，为什么今天要读康吉莱姆？答案一部分蕴藏在另一种老生常谈中。康吉莱姆的前辈巴什拉发明了一种方法来研究化学、物理和数学这类"实证科学"（"hard sciences"）的新历史；他的学生福柯研究了人类的"不确定科学"（"dubious sciences"）；康吉莱姆他自己一生都在追寻生命科学概念的历史痕迹。我们意识到，现今，生物科学领域正是通过重新阐述下述规范和生命、死亡和信息的概念，使其占据科学和社会舞台的中心地位，因此，需要重建与康吉莱姆的联系。

康吉莱姆在他1966年的论文《概念与生命》（Le Concept et la vie）中，分析了当代遗传学和分子生物学的革命。这篇论文是一次历史的壮举，将生命的概念追溯为形式（和经验），同时追溯了从亚里士多德时期到现在关于这种形式的知识。康吉莱姆证明了生命概念历史中问题意识的连续性和答案的不连续性。这一历史重现为我们分析当代的生命的概念化提供了基础。康吉莱姆将詹姆斯·杜威·沃森（James D. Watson）和弗朗西斯·克里克（Francis Crick）发现的双螺旋结构归结为一个信息系统，其中基因密码和（细胞）环境处于不断的相互作用中。遗传信息与其作用之间不存在简单的单向因果关系。对生命新的认识不在于物质的组织和功能的调节，而在于规模和位置的转变——从力学到信息和传播理论②。从某种重要的意义上讲，将生命作为信息的新的理解与亚里士多德再次会合，因为它将生命视为在生命物质中

---

① Dagognet, "Oeuvre," p.32.

② "Le Concept," p.360.

"铭刻、转变和传播"的逻各斯①。然而,从亚里士多德以来,我们已经走过了很长的一段路。今天最常被提出的生命的终极目标更多的是一种行为学上的目标,即把行为看作是决定性的因素,将人更多的看成是动物,而不是深思式的目标,即赋予反思和不确定性特殊地位。从社会生物学家到人类基因组计划的许多倡导者,基因密码是核心的信条。

康吉莱姆拒绝接受这个最终目标。康吉莱姆问道,如果智人(homo sapiens)如同行为主义者(或许多分子生物学家)认为的那样是被严格预设的,那么我们如何解释错误、错误的历史和我们战胜错误的历史?遗传错误现在被理解为信息错误。然而在这种错误中,很大一部分来自于对环境的不适应。他再一次将正常这一主题解释为处于某一境遇中的行动,而不是一种给定的状态。当人类置身于错误的地方,处在与环境错误的关系中,在错误的地方接收到生存、行动和繁衍的信息时,人类就会犯错。我们必须采取行动、犯错、适应生存。这种"错误或偏离"的状态对于生命来说不仅仅是偶然或外部的,而是它的基本形式。知识,根据这种对生命的理解,是对正确信息的"焦虑的探索"(une recherche inquiète)。这些信息仅有一部分存在于基因中。基因密码为什么被激活,如何被激活,功能是什么,结果又是什么?这些问题只能够在生命(活着的 le vivant)和经验(活过的 le vécu)的背景下才适合被提出或回答。

## 四、总　结

福柯在一篇献给康吉莱姆的论文《生命、经验和科学》("La Vie, l'experience et la science")中,将法国思想分为强调意义和经验的面向主体的道路,和作为对象知识、合理性和概念的哲学体系②。这篇文章取得了很好的反响。在每个人都听说过萨特和梅洛-庞蒂的同时,除小范围的专家们,很少人真正阅读过卡瓦列斯(Cavailles)关于数学集合论的哲学著作,或是康吉莱

---

① "Le Concept,"p.362.

② Michel Foucault,"La Vie,l'expérience et la science,"*Revue de métaphysique et de morale 1*,1985,translated as the Introduction to The Normal and the Pathological.

姆关于弧反射历史的著作①。更具讽刺意味的是,他们在从事着不屈不挠的高风险活动的时候(卡瓦列斯在组织了康吉莱姆参加的抵抗网后被纳粹杀害),其他人却住在巴黎写着小册子。福柯向我们展示了真理与政治之间一种隐藏的关系,指出另一种知识分子,他们的整体性和真实性表现为不同的形式和规范。然而,其中牵扯到了某个圈内人的诙谐,二十年前,康吉莱姆在 20世纪 30 年代采用了相同的区分方法来区别卡瓦列斯,同时嘲笑那些断定没有主体的哲学必定会导致被动且没有作为的人。根据康吉莱姆,卡瓦列斯在 20世纪 30 年代曾前往德国进行哲学游学,并对那里正在酝酿的危险提前进行了警报,并当战争最终来临时未有丝毫犹豫②。康吉莱姆并不是写一篇道德专著来支撑他的行动,而是在尽可能完成了他的逻辑工作的时候加入了抵抗组织。真理和政治在这些思想家眼中是不同的领域,在两个领域有所行动是道德上的义务,但不能够忽视它们各自的特殊性。卡瓦列斯的严谨思想和极强的原则性的例子,虽然今天仍然使人信服(尤其考虑到对法国思想产生的误解和教化在莱茵河、海峡和大西洋蔓延),但似乎需要重新对其概念化。结构主义(structuralism)和阿尔都塞主义(Althusserianism)的昙花一现表明,移除社会科学中的人文主义主体,既不能保证认识论从意识形态向科学的跳跃,也不能保证更为有效的政治行动——除非重新加入一个准超验(guasi-transcendcntal)主体。尽管康吉莱姆的工作使人们能够思考和反思这些问题,但显然他并没有为未来提供任何现成的答案。就像康吉莱姆曾教导过我们的那样,当历史变迁,观念发生了改变,环境发生了改变,采用过去的现成的解决方案,会构成一个大的错误——一个发生在试图废除历史、模糊概念和同质化环境时的严重的错误。生命体能够纠正它们的错误,又一次是康吉莱姆的研究为我们提供了纠正的工具。

---

① Jean Cavaillès, *Méthode axiomatiqueet formalisme*: *Essai sur le problèmedu fondement des mathématiques*, *Paris*, Hermann, 1938; *Remarques sur la formationde la théorie abstraite des ensembles*, Paris, Hermann, 1939; Canguilhem, *Vie et Mort de Jean Cavaillès*, in Les Carnets de Baudesar, Ambialet, Pierre Laleure, 1976.

② Cavaillès, "Protestantisme et Hitlerisme: La crise du Protestantismeallemand," *Esprit*, Nov. 1933.

# 克里斯蒂娃的后现代女性思想

## 黄　云[*]

**摘要**：克里斯蒂娃结合符号学与精神分析形成了当代独具特色的女性主义思想。她的女性主义思想，通过对于女性概念的重构以及对于象征秩序的解析，探讨了女性从身份到主体的当代诉求，在后现代语境下展现出独特的理论价值。

**关键词**：女性主义，生理性别，社会性别，身份，主体

以《中国妇女》[①]一书闯入女性主义世界的克里斯蒂娃，尽管本人并不承认自己是女权主义者，但事实上，在进行解析符号学研究的同时，就女性问题提出了自己的主张。其堂奥在于，传统女性主义研究的主要问题，诸如母性问题以及潜意识问题等，也是克里斯蒂娃运用解析符号学以及精神分析必然涉及的论域。她的女性问题研究为其理论体系提供了具象阐释，是其解析符号学的重要方面——借用女性主义的相关论题来发展自己的解析符号学理论的同时，反过来也促成了女性主义的新发展。

## 一、女性概念的重释

克里斯蒂娃指出，引以为豪的女性主义曾经是一个混乱的污名化的性别

---

　　*　黄云（1978—　）陕西关中人，西安工程大学马克思主义学院讲师，哲学博士。主要从事政治哲学与法哲学，伦理学研究。本文系西安工程大学 2017 哲学社会科学研究项目（项目号：2017ZXSK46）阶段性成果。
　　①　参见［法］茱莉亚·克里斯蒂娃：《中国妇女》，赵靓译，上海：同济大学出版社 2010 年版。

指称。1871 年首次出现于法文医学论文《论结核病患者中的女性主义与幼童主义》的女性主义，不过是用来描述男性病人停止性器官和特征发育、遭受了身体的女性化和幼童化的病理学概念，尔后法国作家小仲马用它来描述女人的男性化。

通过对女权运动的考察，克里斯蒂娃指出，第一阶段的女权主义无视男女之间的性别差异，要求获得男人能够获得的一切权力，实现男女平等，即女性要求平等地进入象征秩序。但女权主义的平等诉求，只会导致更深层次的不平等。第二阶段以 1968 年的法国五月风暴为节点，其特征是强调女性的特殊性和不同于男性的差异性，关注女性心理特征和生理特征。作为一种激进形态的女性主义，旨在反对男性对女性的压抑，要求摒弃男性主导的象征秩序。

女人的悲剧在于，总是作为本质确立自我的主体的基本要求与将她构成非本质的处境的要求这两者之间的冲突。女性是第二性，排除在男性以外的"他者"。权力归于男性，女性仅仅是附庸。附庸的庇护来自于权力，歧视也来自于权力。就连在两性关系中，女性也是处于被动和守势，像个容器，收纳男性的欲望。

而女性主义的困境在于难以逾越最根本的生物学讨论：女性是生理性别（sex）还是社会性别（gender）？西蒙·波伏娃在《第二性》中指出："定义和区分女人的参照物是男人，而定义和区分男人的参照物却不是女人。她是附属的人，是同主要者相对立的次要者。他是主体、是绝对，而她则是他者。"①对于女性的"第二性"、"他者"地位的形成原因，作者阐述道："女人并不是生就的，而宁可说是逐渐形成的。……只有另一个人的干预，才能把一个人树为他者。"②也就是说，她认为女人的"他者"地位总是和她的总体"处境"息息相关的，是存在主义的。波伏娃指出，所谓自然性别，事实上并非是天然形成的，人们的性别区分不是与生俱来的，而是被给予、被强加的，尤其女性作为低等的性别和男性作为优越的性别是分不开的，是社会不平等的表现。

1969 年凯特·米利特的《性政治》一书将性别与政治直接且突出地联系在一起，把"父权制"概念首次引入女权主义理论。父权制的男性沙文主义统

---

① 波伏娃：《第二性》，陶铁柱译，北京：中国书籍出版社 2004 年版，第 11 页。

② 同上。

治以男性作为权力中心统治女性,男性对女性的压迫被视为人类社会历史的基本政治形式。在此基础上,特利沙·德·劳力提在《性属/社会性别机制》一文中指出,性别—社会性别体系是一个人在社会中的意义的再表现体系,因而既是一种社会文化建构也是一种语言机制。在此基础上,历史学家斯科特在《社会性别:历史分析的一个有效范畴》中对性属/社会性别概括道,性属/社会性别是组成以性别差异为基础的社会关系的一个成分,是区分权力关系的基本方式。简言之,第一,性属/社会性别是权力关系的一种现实存在方式。第二,性属/社会性别是社会关系的表现,并非由生理性别决定。虽然男女生理差异是自然差异,但毫无疑问,所有与女性有关的社会角色和行为方式却是社会化的产物。这毫无疑问涉及两性伦理的平等与差异问题,而生理差异一直是这一伦理争论的核心议题。

生理差异自然无法消弭且亘久存在。显而易见,绝对的平等论和差异论都不是这一伦理难题的最佳方案。一味主张男女平等论,拒斥所谓女性气质(性别),不过是反其道而行之的类似男性气质的性别自我暗示。这一极端在实践上会导致一种“双性气质”自我的定位和质疑。

就此而言,回归差异,倡导一种新的女性认识论和道德观——强调女性差异和女性特质的本真地位,积极看待女性的身份(尤其是作为母亲的身份)——成为自20世纪80年代以来的后现代女性文化。

克里斯蒂娃指出,“生理性别差异论会导致女性中心主义,重新产生二元对立模式,而推翻中心主义和二元对立模式正是女权主义者最初设定的奋斗目标。目标和结局之间的相悖关系,导致女性主义的生存困境。”[①]于是,克里斯蒂娃不再强调男女的对立或一元论,认为性别差异不是简单地由生理差别决定的。“她们认为生理上的男性可能有女性特质,而生理上的女性也可能有男性特质。这种性别的特质是由多方面的因素决定的,具有多元性。”[②]

依照朱迪·巴特勒的“性别—述行—身份”理论,不难发现,“自我”不可能脱离自然性别而存在。因为自我要通过他人的反复的述行来认同、呈现,自我的产生过程其实是一个权力构成和规训的过程,也是自然性别被改造、被挪

---

① 孙秀丽:《克里斯蒂娃解析符号学视域下的女性主义研究》,《黑龙江社会科学》2010年第6期。

② 赵靓:《法兰西思想文化评论》第四卷,同济大学出版社2009年版,第58页。

用、被重新赋予意义的过程。

　　克里斯蒂娃认为,"女人,突出地显示一切生命的独一无二性;女人,以其个体的特殊存在方式,以其独创卓杰的精神和肉体,都有着无与伦比的独特性,是任何男人所无法取代和不可化约以及不可抽象地'同一化'的生命单位。"①在其《独自一个女人》一书中,克里斯蒂娃一再号召所有女人:"你们要一再地使自己不再成为过去的自己,你们要务必以自身的奇特性,创造你及你们自身。""女人应该也完全可以不被同类化,不被一致化;女人有充分的理由,也有比其他生命体更优越的条件,使自身成为随时变动和随时创新的自由生命。"②正如高宣扬指出,"独自"二字,不是表示孤立无援的绝望存在,而是强调她和她们的独自不可取代的尊严。

　　值得注意的是,克里斯蒂娃从时间维度解读了女性的独特魅力。在《妇女的时间》中,克里斯蒂娃创造性地将时间分为线性时间和循环时间。"她将线性时间看做是男性的时间,而循环时间是女性的时间。线性时间像箭头一样指向未来,拥有目的和终点。发生于线性时间中的事件要经历产生、发展、结束的过程。对于循环时间来说,万事无所谓开始和结束,自然界中的一切都是在循环中存在。"③

　　在克里斯蒂娃看来,"女性自然的生理周期,如月经周期、妊娠周期、哺育周期等给女性带来明显的节奏感,女性的生活自然与循环的周期不可分割。生命循环的周期一方面给女性带来生活上的不便,另一方面又使女人体会到男人无法体会到的快乐。女人比男人更加亲近自然,因为自然在本质上就具有循环性质。"④循环时间被克里斯蒂娃认为是女性天生具备的测量时间的特有方式,女人通过自己的生理周期体会到了宇宙存在的奥妙,按线性时间原则行进的男性却很难体会到这些。周期性时间暗含的无限性特征赋予女性时间以无穷的魅力。因而在克里斯蒂娃的理论语境中,"女性"一词已经突破了传

---

①　赵靓:《法兰西思想文化评论》第四卷,同济大学出版社 2009 年版,第 59 页。

②　高宣扬:《论克里斯蒂娃的新女性主义》,《同济大学学报社会科学版》2009 年第 3 期。

③　孙秀丽:《克里斯蒂娃解析符号学视域下的女性主义研究》,《黑龙江社会科学》2010 年第 6 期。

④　孙秀丽:《克里斯蒂娃解析符号学视域下的女性主义研究》,《黑龙江社会科学》2010 年第 6 期。

统的狭义的含义,延伸为女性特质,或者说一种母性、自然性。

在克里斯蒂娃所谓的女性时间中,婴儿的诞生并不只是与死亡相对立的出生,而是作为爱和作为与他者融合的新起点,是永远向多维度延伸和有可能重生的条件,是尽其所能地导向重生的一种延续性。一切人,无论是男是女,都是由母亲产生,也是从母亲演变而来的。在母子关系中,母亲对儿子的关系建立在纯粹的爱的基础上。母爱是一切爱的根基,体现了爱的无条件给予的本质。这种人类最原初的爱没有终点,没有目的,没有功利,没有算计,不计回报,那是付出本身,因此,她永远都无所丧失。

在这个意义上,克里斯蒂娃认为,母亲是人类社会和文化的真正原型;母爱以及母子关系中的爱是真正树立人的心理精神结构的基础,或者说,是人类形成个人的自我和社会的道德规范之间相互连接的基础。"作为'他者'(母亲)的幼儿,实际上,已经作为存在论意义上的人类原初存在,作为人类社会和文化的基本因素,产生和孕育于母亲体内、并自始至终得到母亲的身体和精神双方面细心滋润哺育的基础性社会文化关系的原型。"①

同时,作为人性的最原初的模式,幼儿心理中最早形成的母子关系—幼儿同母亲爱的关系,指明了人的欲望及其满足的过程始终离不开自我与他者的合理关系,也离不开自我与他者之间的相互宽容。这是任何个人、人类社会以及整个文化的不可否认的原型。克里斯蒂娃反复强调女性的个人生命创造能力,同时也突出女性心理结构中最能体现人类原初情感的"爱"的因素,凸显女性精神的心理优点和创造性品格。

克里斯蒂娃通过巧妙地处理女性主义思想与人类文化重建的内在关系,在名目繁多的当代女性主义潮流中,反对建立于男性气质与女性气质对立基础上的形而上学二分法,抨击关于女性的形而上学观念,意在后结构主义的维度上颠覆男根中心主义,从而倡导一种建立于个人独特性之上的多元女性主义理论。这就是克里斯蒂娃否认"女权主义者"称号的反女性主义立场的表现所在。她所赞成的立场不是要坚持男女两性之间的差异,而是在每个个体之中差异的内化以至消除。

---

① 高宣扬:《论克里斯蒂娃的新女性主义》,《同济大学学报(社会科学版)》2009 年第3 期。

　　在另一方面,女性的生存困境表现为一种边缘式存在方式。在克里斯蒂娃看来,女性的边缘式存在方式不是由性别决定的,而是由文化产生的。在《恐怖的权力》一书中,克里斯蒂娃针对传统的女性主义研究主题分析了基督教文化支配下的社会中女性地位问题以及男权社会问题。克里斯蒂娃认为,"女性"意味着一神教资本主义社会里,一种与权力和语言的特殊联系,或者语言内部权力的联系。这种特殊的联系不在于占有权力和语言,而是一种无声的媒介、是工人阶级的舞台或尚未显现的调节空间。她指出,在基督教世界中,男性统治下的秩序接近于完美。在这样的男权世界中,女性完全服从象征秩序的要求,处于彻底无言的状态。但女性不能默认自己在父权制社会中的不平等地位,要为了解放、为了自己的利益而奋斗。同时,也绝对不应该在争取社会权力的同时否定自己的独特存在,否定自己的女性特质,而一味地去和父权律法和符号象征态的秩序趋同。那样不但会否定自己的独特存在,而且会放弃自己的真实存在。

　　追溯女性问题的渊源,波伏娃在《第二性》中首先考察了生物意义上的性别。然而,生理性别是与生俱来的,除了极少数的个案,人在出生时就已经有了一个生理性别,男或者女的生理特征已经在身体上刻下痕迹。而社会性别则是由后天形成,被视为一种社会、文化的产物、一种被生产出来的身份认同,它与生理性别(sexuality)是不同的概念。问题在于如果接受生物秩序作为人类社会的基础,毫无疑问,女性并无前景可言。而且,近代以来被视为人类文明进程产物的女性解放以及与此关联的女性主义及其运动,则自其发轫之初,就带有反自然的倾向。

　　就此而言,女性主义必然是对生物性的超越。因此,"女性"只能是否定性的存在,是"无法逾越、无法言传,它存在于命名与意识形态之外。"换言之,今天的"女人"并没有获得完全的解放,并没有真正做到能自己决定自身的存在,谋划自己的未来,做回她"自己",她的存在的很多方面仍然是"被造就、被主宰与被谋划"的,只不过"造就、主宰与谋划"她的权力与话语、背景与语境改变了而已。最早的女性主义思想出自理性主义的鼎盛时代,呼吁人的普遍尊严,人内心的平等"理念",带有着浓重的理想主义色彩。而当代的女性主义意味着一场符号与身体之间的战争!

## 二、女性：从身份到主体

当代女性主义思潮的不断深入，主体（尤其是女性）作为一个现实问题凸显出来。而性别与身份是当代女性主义最为重要的议题之一。在当代女性主义者中，克里斯蒂娃运用拉康的精神分析理论和符号学相结合，使二者的研究延伸到女性主义领域，尤以符号学女性主义为人称道。与此同时，在所谓的第三代女性主义思潮中，巴特勒和弗雷泽对于克里斯蒂娃符号学女性主义的辩驳和批评，使当代的女性理论尤为引人瞩目。

1980年巴雷特在《今日妇女所受的压迫：马克思主义女性主义分析中的问题》一书中深入分析了性别意识形态与性实践、文化生产、教育体制、家庭制度等方面的关系，揭示了在这些制度和实践中压迫妇女的性别意识形态得以生产的过程。巴雷特指出，对妇女的压迫满足了现代资本主义经济的某种需求，女性受压迫现象是前资本主义特定的性别意识形态的产物。性别分工先于资本主义而存在的事实，源于女性受压迫的意识形态问题。

南茜·弗雷泽认为，今天女性依然处于父权制的统治之中。在现代传媒之中，女性非但没有获得解放，反而更被商业文化和现代传媒所禁锢：电影电视以及广告中，常常褒扬女性为家庭牺牲，并被塑造成为了丈夫、孩子贡献自我的家庭主妇形象，潜移默化地强化了女性自身对传统性别角色的认同；在另一方面，对女性身体的暴露或者局部放大是将女性身体商品化乃至色情化。这是父权制的拙劣表现，只不过过去的父权文化符号变成了消费文化符号，企图在现代社会实现社会制度合理化。现实生活中，女性的地位更处于父权制的统治之中。男权中心在社会文化和心理中根深蒂固，几千年的父权制并未因为消费社会或是媒介所动摇。大部分现代女性，除了工作以外，愿意或不得不把更多的时间与精力投入到家务之中。就此而言，女性的话语权仍旧处于边缘位置，女权主义仍旧不能翻盘。

南希·弗雷泽认为，身份政治是针对男权和资本主义的身份命名、路径依赖的一种反抗和发声模式。弗雷泽举了性别非正义（gender injustice）的例子：马克思女权主义者认为，是因为经济机会上的不公导致了非正义；文化女权主义者、后结构主义（post-structuralism）者认为，是因为女性在象征结构（value hierarchy)中的从属地位导致了非正义;自由主义者、政治女权主义者则认为,女性受到的非正义源于她们没有得到足够的政治代表权。她把非正义(injustice)描述为那些阻碍人们平等参加社会生活的社会结构,包括:(1)经济阻碍,即经济机会的不平等;(2)身份结构、文化的阻碍,比如歧视、排斥等;(3)政治阻碍,即无法得到充分的代表。当平等参与可以突破或减少这些阻碍,则一个社会就向正义更前进了一步。性别非正义的问题实际上是一个复杂的多元的问题,虽然每一种一元理论都揭示了某些重要的方面,但他们都只指出了真实世界中的一部分。因此,弗雷泽做出结论,我们应该坚持一个开放多元的正义观。于是,弗雷泽进一步给出了她的规范一元论。

朱迪斯·巴特勒认为,作为欲望的载体,女性不同于男性的一个显著特征是,既是欲望的主体又是欲望的客体。自我意识在父权制下,不仅是创造自己,还存在如何对抗自己的意志问题。从具身性视角和源自黑格尔的欲望二重性出发,朱迪斯·巴特勒认为爱及爱欲明显具有被动行为(agency)和主动行动(action)的双重特征。这种双重性迫使女性有着被动扮演和主动施行的双重印记。从拉康精神分析理论看来,女性作为主体,其主动行为需要克服受到他者的镜像的影响。这似乎又回到了象征秩序——先有"男"、"女"这类事物的秩序,然后才有生理性别的概念,所谓生理性别无非是一种表征的产物;等言之,身体在一开始就被符号化了,对于性别而言,只是一种表演行为。——身体早已是符号的俘虏,只是后者如何处置前者的问题了。在朱迪斯·巴特勒看来,性别身份本身就是表演,言外之意——我们为什么非要分出性别呢?

实际上,社会性别与生理性别的区分只能作为一种理论工具;即便如此,也不可能分离身份与身体来单纯地讨论性别。在现实社会中,性别身份建构隐晦而复杂,因为社会性别与生理性别总是相互隐匿、相互建构与指涉的。而一个人,无论男女,都是身体—身份的多重承载主体。社会性别不能完全剥离了作为身体的生理性别,而被还原成一种与意指活动无关的纯粹的能指。

就此而言,朱迪斯·巴特勒认为女性成为主体注定在特定历史领域中与权力话语纠结在一起。从理论上看,巴特勒激活了父权制之下对主体进行架构和解构的基本问题,并在几个分析中凸出了诸如性别、性征、种族等关键问题。

为了解决女性主体性和身份的重构问题,克里斯蒂娃把"否定性辩证法"引入对女性主体性的探讨,显然这是一种冒险行为。为了避免陷入同一性的桎梏,在阿多诺建构的个体主体性、集体主体性和客观世界间的三维结构基础上,把阿多诺的"否定性辩证法"和后现代女性主义的理论进行缝合,从而把女性特质的书写引入社会政治领域。从关注生产过程中的异质性,以及身体和耗费之间的关系,探讨由此产生的过程中的主体。

恩格斯在《家庭、私有制和国家的起源》的序言中明确指出:

> 根据唯物主义观点,历史中的决定性因素,归根结底是直接生活的生产和再生产。但是,生产本身又有两种。一方面是生活资料即食物、衣服、住房以及为此所必需的工具的生产;另一方面是人类自身的生产,即种的繁衍。一定历史时代和一定地区内的人们生活于其下的社会制度,受着两种生产的制约:一方面受劳动的发展阶段的制约,另一方面受家庭的发展阶段的制约。劳动愈不发展,劳动产品的数量、从而社会的财富愈受限制,社会制度就愈在较大程度上受血缘关系的支配。①

"早期的唯物主义女性主义者主要以'两种生产理论'为依据,在物质生产和人类自身生产领域寻找女性受压迫的物质性根源。"②但是基于生产关系的变革并不能改变女人的命运的历史事实,与后现代女性主义者一道,克里斯蒂娃转向关注被排斥在(资本主义)生产和交换之外的女人所留存的特殊性,开始关注资本主义社会再生产。从解构同一性出发,克里斯蒂娃把马克思和弗洛伊德相结合,以父权制和象征秩序为靶子,解构了作为同一性产生的根源的资本主义生产和交换,以及作为同一性外化的(由马克思主义女性主义建构)统一的女性意识。

通过解读马克思文本中关于劳动和价值的探讨,克里斯蒂娃提出了一种不能被简约为价值的(再)生产,从而超越价值和交换的主张——从马克思所说的社会经济领域的商品生产和交换转移到文化领域的文本生产和意义交换。就此克里斯蒂娃指出,女性主体性的重构,必须超越在女性—男性特质的二元对立之下的相互纠缠,只有在意识与肉体的和平交往中,语言—话语形成

---

① 《马克思恩格斯选集》第4卷,北京:人民出版社1995年版,第2页。

② 许春荣:《女性与社会生产——论唯物主义女性主义的基本理论问题》,《湖北行政学院学报》2013年第1期。

的象征秩序被打破,理性主义禁锢被消解,女性主体性的定义才能被改写。就此而言,只有毁弃了"男性"主体的统一,前主体的"女性"因素得以重返主体,母性的因素取代了文化的父权(男根)基础,女性作为主体才能走出权力——话语的封闭圈,进入广阔的社会领域,成为政治颠覆的主导力量。

因此,在克里斯蒂娃看来,当代女性主义所言指的主体,"是在多元差异中的主体,是各种立场纠结在一起的主体,是能够进行系统分析的主体,因而也是能够让各种反资本主义、反父权制的政治话语结盟的主体……说到底,这正是后现代语境中的唯物主义女性主义所需要的主体!"①

## 三、中国妇女:秩序与反抗

在 20 世纪 70 年代,法国 1968 年"五月风暴"之后的种种激进的政治表现契合了当时"文化大革命"的宣传。中国的"文化大革命"对于 60、70 年代法国左翼知识分子以及叫嚣着"造反有理"的巴黎索邦大学的学生而言有着双重诱惑:对探索社会主义新模式的中国经验的向往和对革命理想主义一厢情愿的浪漫想象,毋庸讳言,后者更甚前者。

值得一提的是,茱莉亚·克里斯蒂娃于 1974 年 5 月,跟随由 Tel quel(《原样》)杂志社同仁罗兰·巴特等组成的法国作家代表团访问中国。这是 1971 年 10 月 25 日中国加入联合国后受官方邀请来华访问的第一批西方知识分子代表团。

毋庸讳言,克里斯蒂娃 1974 年访华适逢一个重大时刻,毛泽东在 1968 年发出了"妇女能顶半边天"的豪迈口号,正好她自己当时的研究也从形式主义和符号学转向了精神分析和女性主义,这让克里斯蒂娃对中国妇女的解放运动也产生了很多美好的遐想。因此克里斯蒂娃来中国并不是观光游历这么单纯,她带着法国"妇女出版社"的稿约而来,那本讨论中国妇女角色的书——《中国妇女》在她回国后如约写成,并于 1974 年底付样。

在《中国妇女》一书中,克里斯蒂娃以域外人的视角,通过文献的解读对

---

① 许春荣:《女性与社会生产——论唯物主义女性主义的基本理论问题》,《湖北行政学院学报》2013 年第 1 期。

中国妇女所遭受的伦理压迫提出了批判，"当一个新生儿来到人世，即使是个像狼一样强壮的男孩，父母仍然担心他过于柔弱；即使是个温柔如白鼠的女婴，父母仍然担忧她过于强壮。"(《汉书》)①"给予一个女人教育，你所得的全都是无聊和牢骚。"②(宋朝·司马光)这在克里斯蒂娃看来，是将女性贱斥为麻烦制造者，剥夺了女性应有的受教育权。克里斯蒂娃将封建秩序视为"食女人者"，在她看来，班昭的《女诫》"高度提炼了在夫权和父权面前女性的顺从和自我抹杀"。③

同时，中国古代女性舍身救夫的行为引起了克里斯蒂娃的高度关注："明朝政治家和思想家杨继盛(1516—1556)被诬告判以死刑。他的妻子张贞上书给明世宗：贱妾如我，能有幸得到皇上的恩赐而判刑更轻，幸福将绵绵无期。如果他的罪行太重而无法宽恕，我愿意被立即带到京城菜场口，代夫行刑。"④在克里斯蒂娃看来，这种舍身救夫的行为，不过是儒教语境下频繁出现的"杰出妇女"的主题，本质上还是对儒家秩序的维护。

克里斯蒂娃声称她个人对中国的兴趣是基于文化层面的，其初衷是"学习中国文化，掌握中国社会主义新颖之处，并期待能一睹彻底自由化的景观"⑤。但她切入中国主题的方式却是政治的："鉴于这个国家在文化上的独特性，我们想分析一下那些可能存在于中国社会主义与其他国家社会主义之间的差异。"⑥

所以，1974年踏上古老而年轻的中国大地之前，克里斯蒂娃就已在头脑里构思好了一个理想的参照物(系)，并预先认同了它。年轻的茱莉亚的中国情结其实是一种移情，不得已抛舍了社会主义祖国保加利亚，在巴黎第七大学学习中文(学了四年，学得很用心)和研究中国的社会主义在某种意义上为克里斯蒂娃提供了一点心理补偿，甚至一点死灰复燃的革命热望。只是，这本书的出版也见证了作家本人"中国想象"的幻灭：一方面表达了对过去的着迷，

① ［法］茱莉亚·克里斯蒂娃：《中国妇女》，赵靓译，同济大学出版社2010年版，第73页。
② 同上。
③ 同上书，第81页。
④ 同上书，第89页。
⑤ 黄茁：《克里斯蒂娃的中国经验和想象》，《经济观察报》2010年2月5日。
⑥ 同上。

另一方面陈述了对当前种种的失望。

> 就像在东欧国家那样,中国妇女被推向第一线……并没有因为她们是女性而特别重视她们,反而将她们视作补足用的劳动力。总之,所有潜伏存在中国文化里的关于女性的身体、女性的性欲、母亲的角色等议题都三缄其口,避而不谈。此外,……的教条主义更是固若磐石,尽管他们批判苏联所奉行的修正主义,但他们那些新式的论述皆是斯大林式的。①

处在"文化大革命"意识形态下的中国,自由是奢侈品,也是危险品,这对经历过"禁止禁止"的"五月风暴"自由洗礼的克里斯蒂娃和代表团其他成员而言是无法接受的。

如几位中国的女性主义学者一再指出,中国男女平等的进展并不是通过女性的集体抗争、社会达成共识而取得的,它从属并服务于从鸦片战争以来的民族危机意识以及后来的共产主义意识形态。"男女平等",作为一个旧时代政治意识形态的一部分,在新中国必然依附于更大的意识形态框架,加上缺少类似资产阶级公共领域的社会空间和话语形成机制,就注定无法成为一门完整的人生哲学。国家女性主义在生产力的意义上实现了平等,然而,生产力究竟服务于什么目的?"男女平等"的理想可能被有着天壤之别的意识形态所包纳,被截然不同的社会机制所实现。

即便如此,克里斯蒂娃还是从中解读出了女性主义的可能性。克里斯蒂娃分析指出,各种生物繁衍后代的方式——包括人类在内——怀孕和生育,使自我与他者、主体与客体之间不可能存在严格界限。这就意味着男女之间不存在完全隔绝的界限,或者说这个界限不可能是稳定的。无论是人类的情爱还是性爱,以及生殖与繁衍都是两性的共同行为,缺一不可。所以,我们无法将性别完全分开,当然也不可能完全对立。而女性在孕育生命过程的角色,使其有成为主体的可能性,而不会永远是象征秩序的附属物。

克里斯蒂娃近年来一直关注"对秩序的反抗"的问题。而中国妇女问题是其理论关照的一个独特视角。基于浓厚的中国情结,针对中国影响日益强大过程中对妇女问题的质疑,她指出,"我们要相信中国女性",从中国女性取得的成就中"可以窥见女性在现在世界中可以做些什么"。

----

① 黄茁:《克里斯蒂娃的中国经验和想象》,《经济观察报》2010年2月5日。

## 四、结　语

　　若从 1792 年沃斯通克拉夫特的《女权辩护》算起,被视为"最漫长的革命"的女性解放运动,迄今已有二百多年的历史。在不知不觉中,人类社会从"现代"已经走进了"后现代",女性主义也随之进入了所谓的"后现代主义"时代。"后现代主义"的女性主义的变化之大,以至于让人们不禁喟叹"女性主义今非昔比了"(美国当代著名女性主义领袖米莎·卡夫卡语)。在后现代浪潮中,后结构主义尤其引人注目。当今女性主义的舞台也已经被另外一些鲜活的名字如茱莉亚·克里斯蒂娃(Julia Kristeva)、米莎·卡夫卡(Misha Kavka)、埃莱娜·西苏(Hélène Cixous)、南茜·弗雷泽(Nancy Fraser)、露丝·伊蕾格瑞(Luce Irigaray)等所占据。毋庸讳言,当代女性主义已经走入了第三波即以后结构主义为主流的女性主义时代。

　　波伏娃时代的第二波女性主义有明确的主体,即女人;有明确的目标,即改变女人的从属地位;有明确的定义,即女人反对男权压迫的政治斗争。与之形成明显对比的是,在今天所谓的后结构主义时代,之前所有这些构成女性主义的基本要素几乎都被解构掉了。当代美国著名女性主义伦理学家艾莉森·贾格尔(Alison M.Jaggar)概括指出:"当代女性主义伦理学的三大目标,即首先对使压迫妇女永久化的行为和实践做出道德批评;其次,对抵制这些行为和实践的道德上可证明是正当的途径提出建议;最后,对推动妇女解放的道德上的抉择进行展望。"①

　　在女性解放运动已经取得了卓著成效的今天,"女人"或者说"女性"依然还是一个"问题"。即便在后现代语境中,当代女性主义策略不再坚持男女两性之间的差异,转向每个个体之中差异的内化以至消除,"女人—女性问题"在今天仍然处在"现代"甚至是"前现代"的"女人—女性问题"的背景之下。但无论是就女性主义的理论层面而言,还是从女性解放运动的实践层面来说,克里斯蒂娃的女性伦理思想都具有深远的价值和意义。

---

　　①　屈明珍:《论波伏娃女性主义伦理思想的当代价值》,《浙江学刊》2011 年第 1 期。

# 在看与被看中隐没的"客体"*

蔡婷婷**

**摘要**：本文主要从萨特在《存在与虚无》中锁孔窥伺的片段谈起，围绕拉康中后期教学班中将"目光"作为客体小 $a$，以及由此主客体构建这一核心问题做简单的梳理。两位法国思想家在各自理论发展的重要阶段中都谈及"看"与"被看"的问题，因此我认为有必要（主要基于内部的必要性）澄清在精神分析，尤其是拉康派精神分析中的"目光"作为超越传统意义上的客体概念，在精神分析理论中所占据的关键地位。

**关键词**：目光，客体小 $a$，欲望的主体，拉康

## 一、引　言

对于萨特来说，目光代表着彼者的在场，这意味着主体应该在彼者目光的注视下为自己的行为负责，并同时对自己的行为在彼者那里可能产生的影响负责，只有当主体"选择"去承担这些责任时，作为实在的存在才真正与萨特意义上的"自由"相一致，由此才有可能去造就主体自身作为人的本质。对拉康来说，反思的自我意识作为人的本质同样不是一开始就存在的。但在他那里，自我意识并非是通过彼者目光的在场而得以确立，而是由于目光这一特殊的"客体"隐没在观看者与被观看者的相互性当中，主体才有可能真正进入到他与彼者的关系里，在自身的缺失中将后者作为爱的对象或客体。本文将从

---

　　* 本文为四川省卫计委普及应用项目"幼儿孤独症的机构式心理治疗模式研究"（17PJ259）的阶段性成果。

　　** 蔡婷婷，法国巴黎第七大学精神分析与精神病理学博士，四川省妇女儿童医院副研究员。

"看"与"被看"的问题出发,浅谈精神分析理论中两种客体的身份,以及主体如何"通过"这两种客体与外部世界发生关联。

## 二、两个时刻

在《存在与虚无》中,萨特曾谈及锁孔窥伺者的经历,这段经历分为两个部分:第一部分,他首先将脸紧紧地贴在门上,尽力让自己的眼睛穿过锁孔去窥探发生在门背后的事;通过这一行为,他占据的是正在观看的、但尚未被发现的(没被看到、没有自我意识的)、并专注于当前行动的主体这样一个位置。在那个特定时刻,只有观看者这唯一的个体处于窥伺情境之中,而他所使用的是一双被工具化了的眼睛。观看的场景、锁孔、门、眼睛构成了一个封闭的圈,而这个闭合的循环没人进得去:"在我的态度中不存在'除此之外',它被以一种纯粹的方式放置于工具(锁孔)和目标对象(观看的场景)的关系中,以一种我自己消失在世界里同样的方式。"①此时此刻,窥伺者不具备任何对于自身的意识,占据他全部大脑的只有将要达成的目标和实现这个目标的方法,除此之外别无他物。

第二部分,随着第二个人的到来,观看的主体突然意识到此刻为止自己一直在做的事,他"看到"了自己,因为有人看到了他,也就是说他通过别人的眼睛反观到了自身。他对自己暴露在这一目光之下而感到羞愧,身体也在这样的情境中无法动弹。但究竟是什么将他置于此般境地呢? 在被看到的那一刻,有个"外部"来到了他这里,因为此时他已不再仅仅是那双躲藏在门后的眼睛,而且还是那个被抓个正着的羞愧的偷窥者。就如同萨特在之后补充道:"我听到走廊上的脚步声,有人看见我了。……(这意味着)我突然之间抵达了自己的存在本身,并且一些根本性的改变出现在我自己的结构中,这些改变是我可以通过反思的自我去捕捉并固定下来的东西。"②

主体在被看见时所体验到的感受并非仅仅是单纯的羞愧或恐惧,在萨特看来,这些体验是人的存在的基本内容和存在过程中重要的组成部分,它们总

---

① J-P.萨特:《存在与虚无》,巴黎:Gallimard 出版社 1976 年版,第 305 页。
② 同上书,第 306 页。

是与人的实在和主体性相关联。正是在这个意义上他将彼者的目光作为揭示个体存在的基本要素。需要指出的是,我们不能将这一目光局限于眼睛,因为它可以将个体引向真正意义上的存在,一种"外—在",即是说在自身之外的存在:个体通过将自我与彼者相分离而迈入到主体存在的层面上,在其中彼者的目光让"看"与"被看"区分开来而在这一分离中扮演着重要的角色。具体地来讲,我将彼者定位在我看向他人的目光中,而彼者也可以在一种相互性中将我定位于他看向我的目光中。萨特认为,正是目光的互动让我们去思考自身与他人之间的关系;换句话说,只有在彼此的目光中我们才能作为目光的对象、或为彼者而存在的客体而被感知和思考。

彼者的到场从根本上修改了主体的位置。在"被看"这样让人感到意外的状态下,有某种东西复活了,开始扮演反思的自我意识的角色,由此促成了一种"返回到自身"的运动。新的主体被彼者加诸目光下的自我之上,使新的主体作为反思的自我意识将后者放在了客体的位置上。在萨特那里,看(自我意识与彼者)与被看(目光下的自我)相互区分开来,由此在对不同"存在"的界定中,主体"选择"了"他是何者",而在对自己的存在承担责任的同时,也涉及其他所有人,因为他们将根据自己所看到的主体的行动来引导各自的行为。

## 三、弗洛伊德的"窥伺冲动"

进入拉康之前,我们需要首先了解在精神分析的框架内,"看"与"被看"的问题是如何被提出和思考的,因为拉康自始至终都在弗洛伊德所创建的精神分析视角下讨论主体的问题。

任何熟悉弗洛伊德著作的人都知道,"冲动"的概念几乎处于其精神分析理论的核心位置,而这个概念理解起来又是如此的困难,因为它同时涉及生理和心理两个层面,而弗洛伊德本人更是令人费解地将其定义为"位于身—心之间";在其重要著作《冲动及其命运》中,他曾这样描述:"作为位于身心边界的一个概念,冲动是内部兴奋的精神代表,它来自个体的内部却又作用于人的心理。"[①]

---

① S.弗洛伊德:《冲动及其命运》,收录于《元心理学》,巴黎:Gallimard 出版社 1977 年版,第 18 页。

对弗洛伊德来说,冲动概念的重要性在于它是个体发展的基础,因为它源自并始终扎根于我们的躯体当中。

作为很早就被弗洛伊德讨论的部分冲动,窥伺冲动的概念(la pulsion scopique)在其早期和晚期的众多著作中均有出现。从 1905 年被发现开始,这一概念经历了十年的讨论和发展,到 1915 年时已经成为重要的性冲动之一。和精神病学将其放在性倒错的领域中不同,弗洛伊德不仅把"看"(窥淫癖)与"被看"(裸露癖)作为某种特定的病理现象,还认为它们分别处于窥伺冲动发展的不同阶段①。他在《冲动及其命运》中提出了窥伺冲动一般性的动力学轨迹,而这一过程伴随着主体确立自身与外部的区分:"首先,看作为一种主动性将个体的投注引向自身之外,指向外部客体;其次,放弃外部客体,冲动的投注返回到自身的某个部位;与此同时,被动性与新目标确立:被看;最后,新主体的引入,我们被他看。"②

对于弗洛伊德来说,所有的冲动都是主动性先于被动性;但与其他冲动不同的是,窥伺冲动始于"自淫"(auto-érotisme)③,也即是说在它主动地去看某个外部客体之前,首先看的是个体自身的某个部位,这是窥伺冲动发展的准备阶段,它属于自恋的范围。这个阶段的重要性在于,它为冲动之后朝着主动性和被动性发展做好了准备。由此,弗洛伊德将该冲动的独特变化过程概括为:"自淫"、"看"和"被看"。需要指出的是,直到冲动发展的第三个阶段,新的主体才出现,这为拉康后来关于镜子阶段的假设提供了基础,对于后者来说,是大彼者在看着主体,并且正是在这一来自外部的目光中,主体确立自身的"存在",及作为主体的欲望。在"目光"先于主体的意义上,拉康将"目光"作为欲望主体确立的原因,称之为客体小 $a$。

## 四、客体小 $a$ 与欲望的主体

在拉康那里,"看"与"被看"的问题在更为基础的层面上被思考。他认为

---

① 弗洛伊德认为冲动具有四个基本特征,动力性特征是其中之一。也就是说,冲动在其动力驱使下会发生、发展,并经历各个阶段,以最终达成其目标。同上书,第18—20页。

② 同上书,第29页。

③ 正如 Alain de Mijolla 所说,代表"窥伺"的希腊语词根 scopt 本意为:通过……自娱。A. Mijolla 主编:《国际精神分析词典》,巴黎:Fayard 出版社 2013 年版,第 1627 页。

如果目光代表彼者的在场,那么这样一种在场也不能被放置于"主体与主体的关系"①当中,反而"从看与被看的相互性这点上来说,主体更容易找到不在场的托词。"②在拉康看来,萨特是在观看者与被观看者的关系层面上讨论目光的问题,但被观看者对主体来说是种"诱惑物"式的存在,主体与它的关系只能是"与诱惑物的关系"。而在此关系之下,主体就成为了面对"诱惑物的牺牲品":"主体在窥伺冲动的支配下面对外部世界,在这里他所遭遇到的并非真正的客体小 $a$,而是后者的补充,镜像 $i(a)$,$a$ 是从他身上掉落的东西。"③因此,这里主体并非作为他自身,而他看到的也并非是他真正想要看到的,客体小 $a$ 作为主体欲望的原因,让他确信他想要看到的能够在大彼者中重新被找到④,但幻想的逻辑让这个过程最终只能陷入无限循环。

　　从弗洛伊德开始,精神分析在对客体这个概念进行再制作的维度上重写了围绕主—客二元对立构建起来的人类个体与外部世界的关系。在精神分析中,客体的身份由两部分构成:作为爱的对象的"整体的"客体和作为冲动投注对象的"部分的"客体。在拉康那里,作为爱的对象(本身带有缺失的标记)在镜子阶段得以形成,在弗洛伊德的基础上,他将作为冲动投注对象的客体推进到远远超越传统客体概念的位置上:"我们(精神分析家)不相信客体,我们只观察到欲望,通过对欲望的观察,归纳出它的原因是被客体化了的。"⑤欲望的原因作为可以被客体化的东西,这就是拉康的发明:客体小 $a$。由此,他由存在于客体的整体性和局部性之间根本的差异出发,将作为冲动投注对象的客体与定义主体的欲望相关联,并对弗洛伊德的名句做出了回应:"我们在爱的地点没有欲望,而在欲望的地点无法去爱。"⑥

---

① J.拉康:《精神分析的四个基本概念》,第 11 个教学班,巴黎:Seuil 出版社 1973 年版,第98 页。

② 同上书,第 90 页。

③ J.拉康:《父姓》(1963),巴黎:Seuil 出版社 2005 年版,第 81 页。

④ 在拉康早期关于"镜子阶段"的讨论中,我们可以通过光学图式清楚地理解这一点;即,只有在镜子所代表的大彼者规定的范围之内,我们才能真正"看到"大彼者想要让我们看到的东西。参见 J.拉康:《对 Daniel Lagache 的报告"精神分析与人格结构"所做的评论》,收录于《文集》,巴黎:Seuil 出版社 1966 年版,第 674—675 页。

⑤ J.拉康:*Sinthome*,第 23 个教学班,巴黎:Seuil 出版社 2005 年版,第 36 页。

⑥ S.弗洛伊德:《爱情生活中普遍的贬低倾向》,收录于《性生活》,巴黎:PUF 出版社 2002年版,第 59 页。

　　这样去"描述"精神分析的客体并非是要让这一概念变得更加抽象或匪夷所思,相反这使得作为"部分的"客体在主体的构建中扮演着具体而"现实"的角色(从"精神现实"的意义上讲),而主体最根本的"现实"在于其"部分的"丧失,即被缺失的客体所标记的存在,它支撑着主体的欲望。拉康早在他关于镜子阶段的理论中就指出,外部世界并非完全是镜像,其中总是会有不能被镜像化的东西。而当这些不能在镜子中看到的"缺失"呈现出来时,由于其自身在外部世界中不能和镜像一样被符号所标记,当主体突然置身于本应是缺失所在的地点时,焦虑就会在此产生,而这种特殊的情感(l'affect)的出现是分析治疗中重要的信号,因为这预示着主体正趋近客体小 $a$①。这就是拉康在他关于客体小 $a$ 最重要的教学班之一《焦虑》中所讨论的"看"与主体的关系问题。不难看出,相对于萨特将"焦虑"等体验作为存在的基本内容和组成部分,拉康对这一问题的思考更接近克尔凯郭尔,因为对后者来说,是焦虑从根本上揭示了人类个体存在的可能性②。

## 五、"目光"与拉康意义上的"存在"

　　"看"与"被看"在精神分析的理论框架下与视觉或眼睛无关,它更多涉及的是在被欲望支撑的空间中主体就位的地点,而这一地点始终与拉康意义下的"身体"概念紧密相连。拉康在《四个基本概念》教学班中明确指出目光作为客体小 $a$,它标记着主体的缺失:"世界上的东西,在它们被看到之前,早已有目光在'看着'它们了。……通过以上内容你们可以理解,目光与客体小 $a$ 是等同的。"③对于拉康来说,个体从出生开始就处在与彼者的关系中,但这个关系一开始并不利于个体从与彼者身体的融合中独立出来,因为这取决于后者(一般由母亲代表)是否在其无意识层面接受父亲的阉割,这意味着对"整体的"对象的享乐被限制在一定的范围之内,主体只能在对"部分的"对象的

---

① J.拉康:《焦虑》,第 10 个教学班,巴黎:Seuil 出版社 2004 年版,第 74 页。
② S.克尔凯郭尔:《焦虑的概念》,收录于《哲学片段》,巴黎:Gallimard 出版社 1990 年版,第 202 页。
③ J.拉康:《精神分析的四个基本概念》,第 11 个教学班,巴黎:Seuil 出版社 1973 年版,第 303 页。

享乐中启动自身的欲望。换句话说,孩子出生之后,他/她与母亲之间通过"目光"的挂钩建立起关联,从此只能在"看"与"被看"拉开的身体的距离中去欲望母亲的注视,而母亲将不再在一种完整性中专属于"我"一人。

以对享乐的限制为代价,主体完成了符号性认同(l'identification symbolique)。只有通过被拉康称为对 l'Un 的符号性认同的过程,主体才能确立其作为主体的身份①。相比于萨特的存在概念(être),拉康区分了"存在"(existence)和"是/在"(être)。当他谈到"大彼者不存在"(l'inexistence de l'Autre)时,意味着作为"不可能性"的实在是存在的(l'existence de l'Un)②。"存在"(existence)相对于"是/在"(être)是其逻辑上的前提和依据,它保证了所有被言说的东西(tout ce qui peut être dit)可以通过"是/在"在大彼者中被串联起来,但这种串联以其相互间根本的差异性作为基础,而正是作为"不可能性"的实在的存在规定了将这一根本的差异性作为能指的法则和言说的前提。换句话说,"存在"作为不可能性的实在,它让言说成为可能,而言说的地点是"是/在"的地点,即大彼者的地点,也是主体去寻找他永远失掉的、"不可能作为它本身被找到的"客体小 a 的地点。

客体小 a 这一概念的理论发展可以从词源学的角度加以追溯,因为"a"在拉康那里最早表示的是小彼者(l'autre),而后者首次出现于他文本中是在1955 年的 L 图中。随后,在幻想公式中( $ \diamondsuit a$ ),a 被构思为主体欲望的原因,而它可以被其镜像(l'autre)所补全。为了进一步深入阐述目光作为客体小 a 的理论及其与能指的关系,拉康在他的《焦虑》教学班中,首先阐明了"声音"作为另一个欲望的客体与能指的关系,也许由此能进一步帮助我们更好地理解关于目光这一特殊客体的精神分析内涵。在该教学班中,他强调指出总是指向其他能指的能指通过"声音"在能指链条中得以具体化,而这只有通过与身体相分离(或者说从身体上脱落)的声音将其承载。这里涉及的并非个体的声音,或者换句话说,无人称的"声音":

　　　声音回应的是被说出来的东西,但它本身无法去做回应,也即是,为了让它能做回应,我们不得不将声音赋形为与被说出之物有差异的东西。

①　参见 J.拉康:《认同》,第 9 个教学班,未出版,1961 年 11 月 29 日课和 12 月 13 日课。
②　L'Un 的表达主要出现在拉康第 19 个教学班 Oupire 中,他用 Yad'lun 来表述(和补充)"没有性关系",以及由它所代表的不可能性的实在而确立的能指的法则。

正是因为如此而非其他,从身体上脱落的声音才会作为一种外部的声响而出现。以大彼者固有的结构来构建某种空,即由它自身的缺失提供担保的空……,正是在这一空当中与声响相区别的声音才能占据其中,并且是以一种相互联结、而非彼此调制的方式。①

更进一步来讲,拉康理论中的"声音"并非是指音乐中的声响,后者是纯粹的、物质的或准确地讲,"物化"——在弗洛伊德意义上的物(das Ding)——的声音,它总是相对于话语的、作为"与被说出之物有差异的"声音,并与能指的功能相关联;而与能指相关联的"空"所具有的功能即是被客体小 $a$ 标记的地点。

与"声音"相同,目光作为客体小 $a$ 在其"空"的功能中代表着身体部分缺失的标记。也许我们能通过拉康谈论艺术来理解:因为对于他来讲艺术在与身体的关系中作为人类精神结构的一种"必要性",而非简单的"疗法"扮演着根本性的角色②。艺术的功能与其说是表达、展现,不如说是一种"诱惑物"、"视觉陷阱"(Trompe-l'œil)、变形图像(L'Anamorphose)或者遮蔽于"客体"之上的画布。对于拉康来说,客体小 $a$ 是不可被镜像化、不可被表象的,而艺术的目的也并非在于将其表象在作品当中,由于这种"不可被表象性",客体小 $a$ 只能在艺术作品中作为不能呈现出来的"空"而被定位,而这一过程的实现离不开能指的操作③。

1960 年的教学班《精神分析的伦理》中艺术与"空"的关系被这样描述道:"(L 图中花瓶的重要性在于)一个空的位置在实在界当中被划定……,而它(实在界)本只是作为虚无(nihil/rien)存在着,这就是为什么陶工能用自己的双手将这个'空'用花瓶包围起来的原因,这是个从无到有(ex nihilo)鬼斧神工般的操作"④。需要指出的是,这个操作与本体论的哲学思考无关,而只是能指的一种具体化工作,因为拉康认为这个花瓶是:"人类用手创造出的第

---

①　J.拉康:《焦虑》,第 10 个教学班,巴黎:Seuil 出版社 2004 年版,第 318—319 页。

②　或原生艺术(L'Art brut);目前法国有部分精神分析拉康学派将原生艺术的概念应用于机构中精神病患者的艺术创作中,并指出前者对于主体精神结构的建立所具有的基础性功能。

③　拉康在艺术作品中对"空"的精神分析思考可参见拙文:《从射影几何模型看精神分析实践中的"真理"》,《江苏社会科学》2017 年第 4 期。

④　J.拉康:《精神分析的伦理》,第 7 个教学班,巴黎:Seuil 出版社 1986 年版,第 146 页。

一个能指"①。而能指的这个工作归根结底是个"手"的工作,在这个意义上母子最原初关系中"触摸"和"皮肤"扮演着关键性的角色,这就是为什么当拉康谈及客体小 a 时始终谈的是与"身体"的关系。

## 六、"目光"的精神病理学

一般来说,目光与欲望主体的建立有关,当与母亲之间通过"目光"的挂钩建立起关联之后,主体的欲望可能会指向对大彼者目光的寻求,希望找回这一失掉的客体,但找到的永远不是真正想要被找到的东西,而只会启动重新寻找的尝试。因为目光只是作为一种残留、剩余,它标记着作为被划杠的主体( $ :Sujet barré)只能在欲望着的状态下(Sujet désirant)确立自身作为缺失的存在。

相信拉康的阅读者都知道他首先作为精神科医生接触过大量精神病的临床。与弗洛伊德的实践不同,他在经过多年与精神病人接触的工作之后提出一个听似有些奇怪的说法:"精神病人的客体在口袋里"②。这里指的就是符号性阉割在精神病人那里没有发生,在缺失的地点占据着的是"完满"的经验,这是一种身体的分离没有实现的结果。"阉割"在拉康的术语中指的是一种会带来实在效果的符号性操作,即是说它作用于实在界并在此产生效果。在 1958 年的文本《论精神病一切可能治疗的先决问题》中关于此问题他使用的是另一个词:拔取(extraction),其中他将被划杠的主体描述为支撑现实领域的东西,而这是通过对客体小 a 的拔取实现的,因为后者给予主体现实的框架③。进入六十年代之后,客体小 a 的概念得到进一步阐明:"(它是)特殊的客体,诞生于某种原始的分离,以及在实在界中发生的一种自我切割"④。

---

① J.拉康:《精神分析的伦理》,第 7 个教学班,巴黎:Seuil 出版社 1986 年版,第 145 页。

② J.拉康:《对精神科医生的小讲话》,未出版,1967 年 11 月 19 日。(准确地来讲:"(在精神病人那里)对客体小 a 的请求从未发生过,他的客体他始终揣着,就如同他的声音一样,始终只为他自己准备着,而从未曾来到大彼者的地点,…正是因为他的原因在他口袋里,我们才说他疯了"。)

③ J.拉康:《论精神病一切可能治疗的先决问题》,见《文集》,巴黎:Seuil 出版 1966 年版,第 554 页。

④ J.拉康:《精神分析的四个基本概念》,第 11 个教学班,巴黎:Seuil 出版社 1973 年版,第 78 页。

通过"目光"所确立的主体的欲望可能通过某些特定的精神病理现象得以体现。比如在上述"窥淫癖"和"裸露癖"中，"看"与"被看"作为获得性满足的条件，它从根本上修改了主体在幻想结构（ $ \diamond a$ ）中的位置。值得一提的是，当以上所述的挂钩或拔取不能完成时，目光进入主体的历史可能是入侵性的、或以迫害等妄想的方式。大量的临床案例显示，尽管孩子与母亲之间目光的挂钩发生在"看"与"被看"的层面上，但其后来的表现形式有可能被泛化，比如妄想障碍患者向我们报告的"被监视"或"被窃听"等核心信念，因为如上所述我们可以看出，客体小 $a$ 的功能在于为主体提供了现实的框架，即是现实核查的能力。我们也常常发现在幼儿孤独症那里，孩子回避他人的注视，往往基于对被目光吞噬的恐惧①。此外，在母子其中一方或双方失明的情况下，两者关系的挂钩是通过声音（呼唤、回应等）的定位来确立的。

归根结底，孩子最初与母亲之间建立起关联取决于孩子能否被母亲的欲望安顿在她的注视或声音中，而这一安顿属于同样被能指所规定的大彼者精神结构的范畴，换句话说，孩子是否能作为欲望的主体诞生，首先取决于他/她作为母亲的客体小 $a$ 被"拔取"，从而实现身体上的（原始的）分离。从这个意义上讲，我们也许更能理解拉康将"目光"作为特殊的客体，在主体精神结构中所占据的关键的、基础性的地位。

**Abstract**：To begin with the famous fragment "watching through the keyhole" extracted from Sartre's work *Being and nothingness*, this article is for the purpose of clarifying one of the key issues: the construction of a subject and his "objects", around Lacan's later works on "gaze" as the object $a$. These two french thinkers have both mentionned during the important stage of their career development the question of "watching" and "being watched", so i consider it necessary (mainly based on the inner necessity) to underline the significant role of the concept "gaze"

---

① 儿童期精神病与孤独症精神结构以及临床诊断上存在区分，由于篇幅限制在此不做赘述。另，法国著名精神分析家香塔尔·大卫兹（Chantal LheureuxDavidse）在其临床工作报告中指出，某些孤独症孩子害怕自己会像食物一样被他人的目光所吞噬，这种恐惧与他们自身"身体意象"有关。参见香塔尔·大卫兹：《幼儿孤独症或相遇的噪音》，Harmattan 出版社，2003 年版，第183—189 页。

as " object  *a* " in  the  psychoanalytic  theory, especially  in  the  lacanian psychoanalysis, to which it has gone far beyond what's been traditionally known as "object".

**Key-words**：Gaze, Object *a*, Desiring subject

# 从"爱梅个案"看拉康精神分析道路的演进[*]

周文莲[**]

**摘要:**拉康在1932年完成了题为《论偏执狂精神病及其与人格的关系》(*Paranoid Psychosis and Its Relations to the Personality*)的博士论文。在博士论文中,拉康通过分析爱梅(Aimée)病例,找到了一条"主体—他人—镜像—欲望"的精神分析道路,从而与以往的精神分析道路相区别。拉康理论认识到自我需要借助于他人而诞生,依靠他人而存在。拉康从社会关系的张力(tension of social relations)角度来寻找爱梅疯癫的原因,而爱梅病例可以看出拉康对于精神分析的一个重要视角即从主体与他人以及社会关系的方面来思考人格的问题。

**关键词:**拉康,爱梅病例,自我,他者,唯物主义

雅克·拉康是自精神分析的创始人与发起者西格蒙德·弗洛伊德(Sigmund Freud,1856-1939)以来最为重要的精神分析学家,拉康不仅仅影响了诊疗室范围内的精神分析学家,也影响了诊疗室之外的现代精神分析思想家。可以说,拉康的思想遍及了电影研究、文学批评、女性研究以及社会理论等领域,而爱梅病例是拉康在1932年期间完成的题为《论偏执狂精神病及其与人格的关系》(*Paranoid Psychosis and Its Relations to the Personality*)的博士论文。

---

    \* 本文属于北京高校思想政治理论课高精尖创新中心一般项目"马克思主义基本原理概论课精细化管理教学方法的设计与实践"(项目号:19GJJC016)阶段性成果。

    \*\* 周文莲,哲学博士,中国人民大学马克思主义学院副教授,主要研究方向为法国哲学、马克思主义。

# 一、爱梅病例

爱梅病例是拉康的传记体叙述性的案例之一。这个案例不是精神分析式的笔记形式,它读起来很像小说,具有很强的虚构性质。在 1931 年 4 月 10 日晚上 8 点,太阳已经落山了,一位最受巴黎人欢迎的女演员①Z 夫人来到了她今晚要进行演出的剧场。她刚要从演员专用出入口进去的时候,一名陌生女子向她快步走来,问道:"您就是 Z 夫人吗?"这名女子戴着手套,拿着女式提包,穿着整洁,语气也很自然,所以 Z 夫人对她没抱任何怀疑。Z 夫人早已习惯了那些想接近名人的追星族的心理,因而明确地回答了她,然后想要快些入场。就在那一瞬间,这名陌生女子神情突然剧变,迅速从提包里取出一把打开的水果刀,眼睛里燃烧着愤怒的火焰,向她挥臂砍去。Z 夫人想躲开这一击,她用手抓住了刀刃,她的两根手指的筋脉被割断了。剧场周围一时大乱,这名女子(以下我们称她为"爱梅")马上就被在场的人制服了……爱梅反复叙述着意义不明的事情,她说几年前,她发现了 Z 夫人做了许多给她带来不幸的"丑事"。她硬说 Z 夫人看不起她,威胁她。在这个对爱梅施加迫害的记忆中,Z 夫人与学会会员、著名文学家 P.B 结合在一起。这个人物在他著作的很多地方披露了爱梅的私生活。也不知从何时,爱梅要求 Z 夫人加以澄清的想法越来越强烈。爱梅之所以袭击 Z 夫人,是因为她亲眼看到她想要逃跑。假如爱梅不被当场逮捕,也许她还要策划第二次袭击。结果,作为受害人一方的Z 夫人没有起诉她。爱梅则被送进拘留所,不久被送到圣·拉扎尔拘留了两个月。1931 年 6 月,根据托留埃尔博士的法医鉴定报告,她又被送进圣安娜医院。这个报告的结论是,她患有伴随夸大妄想倾向和恋爱妄想气质的系统性迫害妄想症。②

拉康对这个病人进行了长达一年半的住院分析观察尤其是对爱梅进行访谈后发现:爱梅出生在一个农民家庭,是家里的第五个孩子。她的名字是袭用了死去大姐的名字。精神分析学者认为:她的出生就带有着一种创伤性的开

---

① 于盖特·迪弗洛斯(Huguette Duflos)拉康在论文中把她成为"Z 夫人"。

② See Elisabeth Roudinesco, JacquesLacan&co.: *A History of Psychoanalysis in France*, 1925-1985, pp.112-113.

始,即我还没有出生就已经经历死亡。而爱梅的两性关系也是一团糟,她在18岁的时候被一个浪荡子勾引失身。在第一次世界大战期间,她和一名女同事发生了恋情。在与女同事维持同性恋期间,她结婚了。在她不幸福的婚姻中,她总是抱怨丈夫对她漠不关心,而丈夫总是抱怨她不做家务。就在他们互相抱怨的时候,她出现了一些奇怪的行为:无缘无故地笑、间歇性地加快脚步、强迫性地洗手。也就是在这时,她的姐夫去世,她的姐姐来到她的家中生活,并开始掌控家庭事务。1921年,爱梅发现自己怀孕,但这并没有给她带来幸福,反而引发了她的迫害幻想,并且伴随着轻微的抑郁症状。她开始越来越严重,在第二年,她产下死婴。后来,她的同性恋对象打来电话时,她把这一切归因于对方,并要求其负责。不久之后,她再一次怀孕,并顺利产下男孩。之后的几年她都为了实现自己的作家梦而努力,她甚至不顾姐姐和丈夫的反对想要搬到美国去发展。她的丈夫和姐姐把她送入到精神病院进行隔离治疗。在这半年的治疗时间里,她的幻想症并没有得到缓解,在1925年,她离开家只身来到巴黎,追查那些她认为会迫害她儿子的人。在巴黎,她找到一份工作,她一边工作,一边继续完成她的作家梦想。1930年她连续写了两部小说,献给她幻想的性对象威尔士亲王,她要求出版,但是遭到拒绝。1931年,她刺杀Z夫人。对爱梅病例的分析包含着以下几个问题:第一,在爱梅的攻击里面包含了"自身的爱梅"究竟意味着什么? 从她的性幻想对象到她所欲望的对象都是社会名流,为什么爱梅总是被社会名流所吸引呢? 根据精神分析学经验我们可以得出:爱梅是在攻击自身的理想形象。而在现实生活中,爱梅经历了被骗、婚姻不幸福、梦想破灭、失去孩子等,可以说她在自我认同的过程中被一次次的侵凌,而她攻击的对象可以看作是一个纯粹的象征,而对这一象征的刺杀根本不能给她带来完全的治愈。不过,通过那一击——这使她成为法律意义上的罪犯——爱梅也攻击了她自己,这带给她一种欲望实现的满足,妄想消失了,已经成为多余的了。诚然,痊愈的本质揭示了疾病的本质。①

---

① 参见福原泰平:《拉康:镜像阶段》,王小峰等译,石家庄:河北教育出版社2002年版,第30页。

## 二、从爱梅到镜像

爱梅病例是镜像阶段的开端,拉康通过爱梅病例发现了镜像阶段。拉康认为爱梅正是彰显了这样的一个真实场景:即她为了把自己确认为自己,为了自己作为真正的自己生存下去,强烈要求向外部对象寻求确定自己的形象的基础。爱梅一开始是向其母亲的形象重叠,然后开始慢慢地转向了 C 小姐和 Z 夫人。对爱梅来说,她们是爱梅使自己作为自己来加以认知,并把统一完整的形象返投给她的、如镜中之像一般的人物①。拉康正是从爱梅窥探到了一个本质性的阶段在人格建构中的重要性。这就解释了爱梅被社会名流所吸引的背后原因——社会名流代表了爱梅心中的理想形象。爱梅虽然从外部形象的欣然认同中获得了肯定性的情感,但是这些理想形象终究是他人,是他人的形象。在现实社会中,有成千上万个爱梅,而爱梅又是如何从一位痴迷的影迷变为一位攻击理想形象的癔症患者呢? 这就需要审视爱梅在自我认同过程中所面临的现实:爱梅经历了被骗失身、失败的婚姻、孩子的离世、梦想的破灭以及理想性对象的背叛等,这样一来,爱梅在自我认同的过程中就上演了一场与外部世界的他者之间争夺理想形象的斗争,很显然,爱梅被现实打败,被卷入到了怨恨与嫉妒的旋涡,她通过攻击女明星而实现对其自身理想形象的攻击。

由此可见,爱梅是用幻想的形式去反抗这样的社会现实,这样就导致了当事人的自我异化。爱梅为了认识自己的形象,为了实现自我确定,也就是说,为其自身作为其本来的自我生存下去,从而通过他者来实现自我的形象的确认。但是现实总是与梦想相互背离,作品被拒绝出版可以看作这种需求没有得到满足的一个特定时刻,爱梅从理想对象 Z 夫人处来寻找自己的镜像,为了使得自己成为自己,为了把自己的结构还原为自己,需要他人对自我的认定,没有他人的介入,自己就不能成为自己。根据拉康的人格理论,我们每个人都需要他人的认可,如果没有他人的认可,我们甚至很难实现自我的确认。可见,人格通常受到三个方面因素的影响:"生平经历"(biographical develop-

---

① 参见福原泰平:《拉康:镜像阶段》,王小峰等译,石家庄:河北教育出版社 2002 年版,第30 页。

ment），即主体对自身经历的反应方式；"自我观念"（self-concept），即主体把自身的形象导入意识的方式；"社会关系的张力"（tension of social relations），即主体在他人那里留下印象的方式。① 而人格被定义为主体、他人与社会关系的总和。拉康曾言之凿凿地为我们断言："一方面是某一精神中具有决定意义的冲突、意向性的症状及冲动性的反应；另一方面是界定正常人格的发展、观念结构及社会张力的理解性关系，这两者之间存在着一种不协调——这一不协调的比例则是由主体情感的历史来决定的。"② 由此可见，主体人格的形成离不开主体的历史，包括他的全部的生活历史。

　　爱梅生活的社会环境是一种"社会关系的张力"（tension of social relations），即主体在他人那里留下印象的方式。很显然，爱梅的生活受到挫折，从她的被骗失身、她的失败婚姻、她的第一个孩子的死产、她的作家梦的破灭，还有她与 C 小姐之间的关系、她姐姐对她的家庭生活的介入以及她对威尔士亲王的性爱想象，这些只是爱梅生活史中的一些偶然性事件，但在爱梅的自我认同过程中，它们成为了强化那一认同悖论的因素，即她通过妄想症的结构形式把这些挫折投射到自己所认同的理想形象的身上，把理想形象置于外部，置于可憎的掠夺者的位置，并从内心里不断强化自我与他人之间的这一紧张关系。③ 福原泰平认为，这样一来，爱梅反而令人目眩地演出了一场与外部的他者激烈争夺理想形象的战斗，结果与其本意相反，她被卷入憎恨与嫉妒的旋涡。④ 爱梅回避了自我的现实，否定了现实的对象，她攻击的对象纯粹只有一种象征价值，那一行动根本不会使她得到任何缓解，反而使他变成了法律意义上的罪犯。

　　根据这些分析，拉康出具了一份诊断书："妄想性精神病。最近的妄想在预谋的刺杀行为中达到高潮。那次袭击后强迫症明显有所缓解。梦一般的状态。解释富有意义、广泛而且集中，大都围绕着一个压倒一切的观念：威胁她

---

① See Elisabeth Roudinesco, Jacques Lacan&co.: *A History of Psychoanalysis in France*, 1925–198,p.45.

② Ibid.,p.54.

③ 参见吴琼：《雅克·拉康阅读你的症候（上）》，北京：中国人民大学出版社 2011 年版，第77 页。

④ 参见福原泰平：《拉康：镜像阶段》，王小峰等译，石家庄：河北教育出版社 2002 年版，第31—32 页。

的儿子。情感灌注:她对她儿子的责任。因焦虑而挑起了多个冲动:想接近一个作家和她未来的受害者;急切想要写作;成果曾寄给英国王室;好争论或者说有乡村野性;咖啡因依赖;饮食不规律;等等。"①就这样,爱梅病例获得拉康研究镜像理论的本源性地位,认为可以把"他者"视作"自我"来生存。拉康摒弃了传统精神分析道路(遗传—退化理论)发展到了"他者—自我",他在1932年认为妄想症受到多层因素的影响。

## 三、从镜像到欲望

　　1932年,拉康开始对爱梅进行个案研究。在爱梅的身上,拉康发现了一条镜像之路。拉康认为,造成爱梅精神分裂症的罪魁祸首是代表着自己的自我理想的形象,是从自我到他人、从镜像到欲望的路径。虽然1933年开始拉康笔下就不断地出现了马克思主义的词汇,试图把弗洛伊德与马克思主义统一起来,在《风格问题和精神病学家有关妄想症经验形式的概念》一文中分析爱梅病例的时候,挪用了一连串马克思主义话语下的词汇,例如:理论革命、资本主义文明、意识形态、上层建筑等,随后拉康却没有挪用马克思主义者耳熟能详的"异化"概念来解读爱梅病例。直到1949年在第十六届国际精神分析学会年会上,拉康做了题为《作为"我"之功能形成的镜像阶段》的学术报告,他提到这是13年前就提到过的镜像阶段的概念,而爱梅病例可以看作拉康镜像理论的直接素材。爱梅幻想症的出现很大程度上与我们日常经验中象征的效果所显现出来的意象有很大程度的关联。在商品社会里,人与人之间的关系被归结为一种物与物的关系,而这种物与物的关系就像一个镜像世界,每一个主体都力图实现一个幻象中的自我,人们在建立内在世界和外在世界的过程中,把自我和理想中的我分裂开来,在整个社会中人与人之间的关系,被归结成无数个"爱梅"和无数个"Z夫人"。这样一来,一个问题在整个社会闪耀:我们是否具有相同的精神结构? 是否具有相同的所谓"人格"? "人的本质"是这样一个实体吗? 由此可见,镜像阶段是一场悲剧,它的内在冲劲从不

　　①　Elisabeth Roudinesco, JacquesLacan & co.: *A History of Psychoanalysis in France*, *1925 – 1985*, p.34.

足匮缺奔向预见先定——对于受空间确认诱惑的主体来说,它策动了从身体的残缺形象到被我们称为整体的矫形形式的种种狂想——一直达到建立起异化着的个体的强固框架,这个框架以其僵硬的结构将影响整个精神发展。由此,从内在世界(Innenwelt)到外在世界(Umwelt)的循环被打破,导致了对自我的验证的无穷化解。① 镜像是拉康早期思想的关键词,但这并不是一个纯粹的形而上问题。如果人基本的心理和精神结构方面不一致的话,那么人要如何超越解剖学和生理学以及精神分析学来谈论人性呢?

很显然,拉康的立场和传统精神分析学家的观点相冲突,尤其是与巴黎分析学会的分析家观点不一致。巴黎分析学会的先生们总是梦想着精神分析可以纳入精神病学领域,而拉康试图给精神分析一个全新的范式:以一种结构主义的超越现实主义的社会关系视角来解读精神病,把社会关系纳入为精神分析的重要环节。当然,拉康也正是通过这一分析,开创了一条新的精神分析道路,使得他成为法国第二代精神分析的重要代表。也正是这样一条“自我—他人—主体—镜像—欲望”的现象学精神分析道路,让拉康打破了自我的镜像,从而认为自我借助于他人而诞生,依靠他人而存在。俄狄浦斯时期的第一个阶段,菲勒斯处于母婴关系的想象三角形的核心位置上,同时作为禁止者的父亲还没有完全介入。如果母亲的欲望是菲勒斯,为了让她满意,儿童愿意成为菲勒斯。主体的欲望其实就是母亲的欲望。人的欲望就是他者的欲望。母亲和孩子是在父亲的干预下,变成了他者,从此分离,也就是拉康所认为的形成人格的“社会关系的张力”,即主体在他人那里留下印象的方式。疯癫源自一种生活,因而源自某种唯物主义的联系——而且这个唯物主义还是一种“历史唯物主义”。矫正孩子幻觉的方式是让母亲对第三者(父亲)表示尊敬。第三者不一定在现实中存在,他甚至不一定活着。但母亲必须对父亲的名字(name-of-the-father)表示尊重。这种尊重给孩子双重信息:母亲不是万能的,而且自己也不是母亲爱的唯一对象。最初,孩子否定这个第三者的出现:干扰父母之间的交流或者希望父亲离开(或死去),然后孩子不得不走向更加建设性的方向。孩子无意识地选择了父亲的形象,他还可能借用父亲的标识作为自己的标识(眼镜、帽子、鞋子等),有效地内化父亲的能指。此时的拉康仍认

① 参见拉康:《拉康选集》,褚孝泉译,上海:上海三联书店2001年版,第93页。

为,镜像阶段是儿童发现了一个统一的身体形象而取代了仅仅作为身体结构的自我,孩子发现了母亲的情感投注于自己。尽管后来拉康受到其学生勒福特(Lefort)观点的影响,认为孩子需要一个统一的身体形象,犹如容纳某些成分的容器。于是他提出著名的花瓶理论即凹透镜让一个人看见花瓶中的花被分开来了。但是,对于主体而言,我们是需求、情感、食物、疼痛、排泄物的容器。

## 四、结语:欲望与现实

在理解人与人之间的关系的时候,文化的重要性跃然而上,文化是人与人关系的重要因素,一切人都是诞生于一定社会文化的框架之中的。这种文化即是人之为人的重要依据,也是学以成人的背景和限制。如同孩童与母亲之间出现文化疏远,并被父亲的存在而强化,父亲的存在是在巨大的欲望之中设置限定。心理学家和哲学家大多认为,人的本质是一张白纸,人们既没有否定人类种族的单一性,也未能指出人性这个概念的内容和实质,在人的本质这张白纸上,多是记录着每一个文化时期的内容。斯宾诺莎是近代动力心理学的创始人,他提出的"有关人的本质的模式"来说明人的本质的状况。他所认识的人,可以与自然界中任何别的存在物一样被人们所认识,而不是指某一个时代或某一个时代中的人。而歌德却认为,每个个人本身不仅具有个性,也具有全部人性以及人的一切潜力。马克思在《关于费尔巴哈的提纲》中指出:人的本质,在其现实性上,是一切社会关系的总和。在爱梅的种种迫害观念中,理想形象(idea image)既是渴望对象也是仇恨目标,而这一病例说明了很多心理特征如自恋、畸形、形象、理想等,而这些特征却无一例外地嵌入复杂的社交网络之中的,这也是拉康精神分析学的核心所指。

显然,拉康并没有把自己局限在精神病学和精神分析的经典著作之上,而是融合了雅斯贝尔斯、黑格尔、海德格尔等人的哲学思想。当然,爱梅病例也可以看作是拉康镜像阶段的重要思想来源,而这一理论正是拉康把儿童心理学和社会学理论相互融合的重要进路。人们是自己的观念、思想的生产者。而人的意识在任何时候都只能是被意识到了的存在,人们的存在是他们现实生活的过程。马克思在《德意志意识形态》中指出:如果在全部意识形态中,人们和他们的关系就像在照相机中一样是倒立成像的,那么这种现象也就是从人们生活的历史过程中产生的,正如物体在视网膜上的倒影是直接从人们生活过程中产生的一样。爱梅的个案表明,人不是从我们所想的、所想象的东西出发去理解自我,而是带着现实生活中某种意识形态的反射,爱梅脑海中的模糊幻象很大程度是通过其自身所遭遇的种种经验来确证的。在爱梅的成长过程中,不断地发展着自己的思维与现实的物质社会相互碰撞,现实在改变爱梅思维的过程中也改变着爱梅自身,不是意识决定生活,而是爱梅的生活现状决定了爱梅最后的癫狂,爱梅虽然是个案,但又不完全是一个个案,是意识形态桎梏下的社会缩影。

在这里还是需要引用拉康的话:"我们在被压抑物的回归中看到的,是某物的已被抹除的信号(effaced signal of something),该物只能通过其符号性的实现(symbolic realization),通过使自己融入主体的历史,才能在未来实现自身的价值。确切说来,它只会成为这样的事物:在它现身的既定时刻,它就已经注定现身了。"①从这个角度来看,主体是在一定意识形态领域被询唤为带着某种特定文化的自我,在某种程度上,所有的文化都是受到限制的,这种限制在很大程度上归结为当时的社会现实。在思辨终止的地方,我们可以毫不费力地找到爱梅个案的终结。我们认为:拉康仅仅停留在抽象的人,并且仅仅限于社会关系的张力角度来寻找爱梅颠覆的原因,把爱梅看作是一个单个人,是个例,而没有把爱梅视为是历史的产物。我们知道,拉康的代言人勒内·阿伦迪曾经在《服务于革命的超现实主义》一文中认为,拉康是新精神分析的代言人,他的唯物主义把我们每个人的个体和社会结合起来,而爱梅也被克雷维尔看作是女性无产阶级的代表。同时,在破除旧的精神分析式唯物主义和资本主义意识形态的束缚中,拉康的精神分析更是被激进的左翼文人圈定义为具有马克思主义倾向的精神分析。尤其是20世纪50年代后期,阿尔都塞对拉康产生了浓厚的兴趣,"马克思把他的理论建立在拒斥'经济的人'的基础上,弗洛伊德把他的理论建立在拒斥'心理的人'的基础上。拉康已经看到且体会到了弗洛伊德的解放性的决裂,他在那个词最丰富的意义上理解了那一决裂,在其最严格的意义上采纳了它,并迫使它不加保留地产生出自己的结论。

---

① Lacan, *The Seminar of Jacques Lacan*, Book I, p.159.

像其他人一样,他在细节上甚或在哲学方向的选择上可能犯有错误,但幸亏有他,我们才有这基本的东西。"①但对于阿尔都塞的表扬,拉康显然是欣然接受了,自此两人开始密切接触,也正是这样的密切接触使得拉康式弗洛伊德与法国马克思主义相互结合,阿尔都塞把拉康推到了马克思主义面前,1969年阿尔都塞在《新"左"派评论》中指出,拉康理论是彻底的反文化主义的。爱梅是拉康早期的研究个案,拉康认为爱梅受到了社会环境的影响,也正是基于这一点,拉康开启了一条与传统精神分析病学家完全不一样的道路,而正是这一道路的开启,为拉康精神分析提供了一个全新的篇章,使得拉康成为了法国第二代精神分析的代言人,而爱梅个案其实也是一种从自我到他人再到主体与欲望的现象学道路,可以说,爱梅是拉康思想的源头,也是该再提爱梅病例的重要性的时候了。

# The Case of Aimée in the Evolution
# of Lacan's Psychoanalysis

ZHOU Wenlian

(School of Marxismstudies, Renmin University of China, Beijing 100872)

**Abstract**: In 1932, Lacan completed his doctoral thesis entitled "Paranoid Psychosis and Its Relations to Personality." In his doctoral thesis, Lacan found a new psychoanalytic path of "subject-others-mirror-desire" by analyzing the case of Aimée, thus breaking the mirror of self, recognizing that self is born by others, relying on others And exist. However, Lacan only stays in abstract people, and is limited to finding the reasons for Aimée's madness from the perspective of the tension of social relations. He regards Aimée as a single person, ignoring thatAimée is a product of the times and history.

**Key Words**: Lacan, Aiméecase, self, other, social tension

---

① Elisabeth Roudinesco, JacquesLacan&co.: *A History of Psychoanalysis in France*, 1925–1985, p.378.

# 欲望中的他者

## ——科耶夫的黑格尔主义源起以及对当代法国哲学的影响

阳育芳*

**摘要:**作为贯穿当代法国哲学的主线,"他者"可追溯到 20 世纪初的科耶夫,确切地说是他对黑格尔"他者"①( Anderes)的解读上。而对于黑格尔,大多数学者包括科耶夫,只关注其《精神现象学》文本中的他者思想,而忽略了为它提供逻辑结构的《逻辑学》。因此,本文根据《科耶夫致陈德草(旧译唐·迪克淘)的信》所强调的科耶夫在哲学上的两个贡献,即"二元论"和"欲望的欲望"思想,结合黑格尔《逻辑学》以及《精神现象学》相关内容,剖析黑格尔与科耶夫他者思想的异同,论述在何种意义上能将科耶夫的他者思想追溯到黑格尔那里,以此来澄清科耶夫的"黑格尔主义"源起及其对当代法国哲学的影响。笔者认为,科耶夫草率地给黑格尔贴上"一元论"的标签加以批判的做法,并不恰当,因为黑格尔的"他者"是处于"自关联的否定"的结构中,在自否定中规定自身,而科耶夫的"他者"(Anderer)是处于二元断裂中的"非实存"

---

\* 本文是根据笔者 2018 年 9 月 27 日在罗马智慧大学举办的"世界女性黑格尔主义大会"( World Women Hegelian Kongress,Università La Sapienza di Roma,Dipartimento di Filosofia)所做的德文报告扩展而来,感谢在场的 Daniela Romani 女士、RitaSerpytyte 教授、Carolyn Iselt 女士、Andreas Giesbert 先生、华东师范大学的牛文君副教授等与会学者,给我的报告提供了很多建设性的建议。

① 黑格尔使用的是德文 Anderes,杨一之先生在《逻辑学》中则译为"他物",作为与"某物"相对的逻辑环节,但这种翻译容易让人将 Anderes 与物联系在一起,在《精神现象学》中,Anderes 是作为意识或自我的对象出现,所以笔者认为翻译成"他物"有点欠妥,同时 Anderes 是在自我意识尚未完成时,即真正意义上的人并没有形成,就出现了,因此翻译成"他人"也欠妥,所以就采用一般意义上的"他者"来指代,黑格尔的他者是作为逻辑或意识中的他物环节。而他者也有他人这层意思,科耶夫直接将黑格尔的自我意识解读为"人",他的他者就是"他人"(Anderer)。因此本文使用了"他者"这个术语,但应注意黑格尔与科耶夫的他者所强调的面相并不相同。

的人,也是在否定行动中实现自己真正的实存。可以说,科耶夫的"非实存"是对黑格尔"自关联的否定"的人类学式的解读。同时,"欲望"作为一种缺乏着的否定张力,让"他者"能得以在其中展开。在自我意识的三个环节中,黑格尔的"他者"作为双重化的欲望对象,是"欲望"得以过渡到"自我意识的双重化"的前提。科耶夫则为黑格尔的"欲望"加上了人类学的面纱,欲望是人的本源性的欲望,是欲望着他者的欲望。二者的"欲望"思想看上去相距甚远,但逻辑结构和所发挥的作用是一致的,都是让自我意识在客体中确认自身同时与另一个自我意识发生作用的机制。只是科耶夫的他者和欲望都人类学化了,迎合了当时的法国学界的口味,从而推动法国哲学从精神到存在再到结构的转变。

**关键词**:他者,黑格尔,科耶夫,欲望,自关联的否定

# 一、背 景

20世纪的法国思想界可谓波澜壮阔、跌宕起伏,经历了一个被 Vincent Descombes 称之为"3H 时代到 3 位怀疑大师的时代的过渡"①,完成了从精神到存在再到结构的转向,最后走向了后现代主义和后结构主义。"人",更确切地说是"他者"的概念,作为其中的一条主线,贯穿始终,如列维纳斯的拒斥总体性的他者、萨特的"他人即地狱"、利科的作为他者的自我、拉康的镜像理论的他者、齐泽克的"大他者"等等,或多或少都可以追溯到对 3H 时代黑格尔思想的解读和批判。

虽然在法国最早提及黑格尔的学者,可以追溯到考古和历史领域的 Jean-Geoffroy Schweighäuser、Eugène Lerminier、Maurice Barrès、Victor Cousin、Maurice Blanchot 等②,但在严格意义上讲黑格尔思想在哲学层面上引入法国的是 20

---

① Vincent Descombes, *Modern French Philosophy*, trans.by L.Scott-Fox and J.M.Harding, Cambridge:CambridgeUniversity Press,1980,p.3.

② 参见 Ulirich Johannes Schneider, *Der französische Hegel*, von Akademie Verlag, Berlin 2007,导论部分。严格意义上来讲,黑格尔最早在法国被接受要追溯到 20 世纪上半叶,包括 Jean Hyppolite(1907-1968), Alexandre Kojève(1902-1968), Jean Wahl(1888-1974), Eric Weil(1904-1977)到萨特、阿尔都塞和福柯等。在法国,黑格尔的思想最早并不是在哲学史领域,而是在考古、历史和政治思想领域上出现。

世纪上半叶科耶夫（Alexandre Kojève）所开展长达六年的关于黑格尔《精神现象学》的研讨班。具体来说，科耶夫关注处于他者的欲望中的个人，并将精神现象学解读成了一部哲学人类学的历史。这种解读，在德国黑格尔研究学者Hans Fulda 和 Dieter Henrich 看来，与当时法国人的动机相契合，即"对现代个体的分裂性的克服"①，深深影响了法国年轻一代的学者，包括"雷蒙·阿隆、乔治·巴塔耶、亚历山大·科瓦雷、皮埃尔·克洛梭维斯基、雅克·拉康、梅洛-庞蒂、埃里克·魏尔、费沙神父（le père Fessard）等。"②

　　在科耶夫的哲学人类学解读下，黑格尔的思想第一次较为系统地为当代法国思想家们所接受，形成了某种可被称之为"法国黑格尔主义"的理论思潮。而科耶夫的"人"是在欲望着他者的欲望中，成其为"人"，因此，本文以"他者"为切入点，从其结构和内容两个方面着手，比较黑格尔与科耶夫他者思想的异同，从而尝试将法国哲学的中他者思想追溯到黑格尔处，以此来理清科耶夫的黑格尔主义缘起及其对当代法国哲学的影响。

## 二、他者的结构："自关联的否定"和 "二元断裂"

　　在给陈德草（旧译唐·迪克陶 Tran-Duc-Thao，1917–1993）的信中，科耶夫表明了自己是对黑格尔的有意误读："我放弃了一元论的黑格尔，我有意识的与这一宏大的哲学拉开了距离……最为重要的是二元论……在我的视野中，二元论是辩证的。"③他也在《黑格尔导读》中指出，这种一元论的偏见来源于《逻辑学》，使得《精神现象学》本身也被歪曲了。他认为不能抹平人的存在与

---

① Hans Fulda und Dieter Henrich：*Materialien zu Hegels Phänomenologie des Geistes*，Suhrkamp Verlag Frankfurt am Main 1973，S.25. 德文原文是 die Überwindung der Zerrissenheit des modernenIndividuums。

② Vincent Descombes，*Modern French Philosophy*，p.10. 这份经常参加科耶夫课程的名单是雷蒙·葛诺（Raymond Queneau）在向乔治·巴塔耶致敬的一篇文章《与黑格尔的最初遭遇》（Premières confrontations avec Hegel）中给出的。

③ 亚历山大·科耶夫：《科耶夫致唐·迪克淘的信》，夏莹译，《学海》2010 年第 6 期。原文参见 Jarczyk Gwendoline：Labarrière Pierre-Jean：*Alexandre Kojève et Tran-Duc-Thao*. Correspondance inédite.in：Genèses，2，1990. A la découverte du fait social.S.134–135.

自然的存在的区别。① 与那种连续的一元论结构下的黑格尔的人或他者相比,科耶夫是在人与自然断裂的二元论结构下论述他者思想。

且不说科耶夫的这个"一元论"的标签贴得是否恰当,只看他寥寥几笔贴完后,却并没有给出详细的论述,我们并不能确切知道"为什么说黑格尔的《逻辑学》是一元论的?",也不知道"在黑格尔的一元论中,人的存在与自然的存在在何种意义上是相同的?"。对此,笔者将详细分析黑格尔《逻辑学》文本,并结合人或他者思想,论述科耶夫将一元论与二元论当做是他与黑格尔思想结构的主要区别是否恰当。

**(一)黑格尔的他者结构:"一元论"还是"自关联的否定"?**

科耶夫的他者思想主要集中在对黑格尔《精神现象学》自我意识篇的论述,在《逻辑学》中与之对应的文本是存在论"某物与他物"部分的论述。正如 Jindrich Karásek 所说:"黑格尔的自我意识章是带有逻辑学的环节,即某物与他物的关系,来理解的"②,黑格尔的他者是作为一个逻辑环节"他物"出现的。而下图 1 就展示了黑格尔《逻辑学》从"有"(Sein)到"实有"(Dasein),再到"自为之有"(Fürsichsein)的进展。

首先,处于逻辑开端的"纯有",无任何规定,就是"纯无"。当说出这个的时候,也就说出了"变",而"变"本身意味着状态的不可停留,只能否定自己,过渡到"实有"。这样,"实有"就是有了规定的"有",而这种规定性是通过否定获得的,所以规定的同时就是否定,这一点黑格尔在很大程度上参照了斯宾诺莎的"一切规定都是否定"的思想。而"有"和"无"这两个环节,在"实有"本身中分别体现为"实在"和"否定"。黑格尔的"他物"就是在"实有"部分中的"某物"环节中出现的,这里的某物$_0$、某物$_1$、某物$_2$分别代表了他物的三个阶段。

具体说来,首先,作为"实有自身"部分中"质"的"实在"和"否定"两个环节的后继者,某物和他物作为"实有物"(Daseiendes)出现。"两者都被规定为

---

① 参见亚历山大·科耶夫:《黑格尔导读》,姜志辉译,南京:译林出版社 2005 年版,第 37 页。

② JindrichKarásek:*DasAndere seiner selbst. Zur Logik der Anerkennungstheorie in der Phänomenologie des Geistes*,in:Hegels Phänomenologie des Geistes,hgv. Klaus Vieweg u. Woflgang Welsch,Frankfurt a.M.2008,S.253.

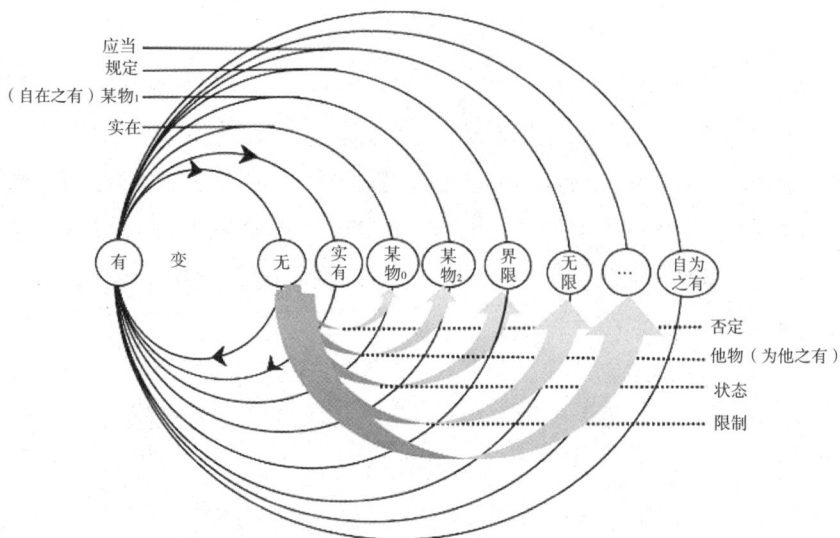

**图 1**

既是某物，又是他物，所以是同一的，其间还没有区别。"[1]如 A.F.Koch 所形容的，"逻辑空间中的两个无区别的被规定的实有物"[2]，虽然每个对另一个是不同的，因为一个是某物的话，另一个就是他物，但是对于我们来说，二者是相同的，因为二者的区别还没有外在的显示出来。在这个阶段，我们称之为他物$_0$。阶段，他物$_0$还处于某物$_0$的关系中，并不是真正的他物。

其后，从自身的关系（in Beziehung auf sich selbst）来看，他物也是实有物，具有"质"，因此自身也具有"实在"和"否定"这两个环节。就否定的环节来看，是他物的否定，即他物的他物（das Andere des Anderen），否定的否定，即自否定的否定（sich negierende Negation）；就实在的环节来看，他物与自身是同一的（mit sich identisches Anderes）。这样，因为他物一开始就是作为"否定"

----

① 黑格尔：《逻辑学》，杨一之译，商务印书馆 1982 年版，第 112 页，对应德文 Gesammelte Werke.In Verbindungmit der Deutschen Forschungsgemeinschafthg.v.d.Rheinisch-Westfälischen Akademie der Wissenschaften.Hamburg 1968ff.GW 第 21 卷，第 106 页，后文缩写为 GW 21 表示。

② Anton Friedrich Koch：*Das Sein. ErsterAbschnitt. Die Qualität*，in：KommentarzuHegelsWissenschaft der Logik，hgv.Michael Quante u.Nadine Mooren，Hamburg 2018，S.83. 原文为"zweiwohlbestimmte，ununterscheidbareDaseiende."

环节的后继者,本身就是否定,并能在持续地否定中指涉自身,不断地返回自身,并与自身保持同一。如同"说谎者悖论"一样,或者举个更简单的例子:"这个命题不是真的","这个命题"作为命题的一个成分,同时指涉整个命题,它是一个指涉自身的否定命题,可以表示为"$P \wedge \neg P$"。无论外加多少否定,都能指涉为自身的否定,我们对它的反驳反而加固了它自身的地位,这种指涉自身的否定,就是自关联的否定(sich auf sich beziehende Negation)①。这样,他物是独立的,"不是某物的他物,而是在它自身中的他物,即它自己的他物。"②同样某物也获得了它的独立性,二者的区别外在地显现出来了,从某物$_0$进展到了新的某物$_1$,他物$_0$也进展到了他物$_1$。因此,"他物作为外在于某物的东西,与这个新的某物相区别。"③

　　最后,他物$_1$不仅是自为的(für sich),即与自身相同一,也是与某物$_1$相对的非实有(ein Nichtdasein gegen Etwas),这样,他物$_1$本身包括两个方面,即自在之有(Ansichsein)和为他之有(Sein-für-Anderes),某物$_1$也是如此。在这个意义上,就像逻辑学开端的无任何规定的"纯有"本身就是"纯无"一样,"他

---

　　①　参见 Anton Friedrich Koch:《黑格尔逻辑学中否定的自关联》,谢裕伟译,《世界哲学》2014 年第 6 期。"自关联"(sich auf sichbeziehend 或 selbstbezüglich)在黑格尔的《逻辑学》存在论的第一章的实有(Dasein)部分就出现了,当他物不再是处于某物的关系中,而是处于自身的关系(das Andere seiner selbst),即自关联中,实有也就是自关联的实有(sich auf sichbeziehendes Dasein,GW 21,p.112)。这样,否定也是返回自身的,即自关联的否定,黑格尔在之后的自为之有(Fürsichsein)部分直接给出了"自关联的否定"。(auf sichbeziehendeNegation, GW 21, p.155)。"说谎者悖论"是一个很好的例子,不是否定或否定的否定,而是指涉自身的否定。A.F.Koch 和他的老师迪特·亨利希就是用这个概念来解释黑格尔的《逻辑学》。具体参见迪特·亨利希:《黑格尔的基本运算:"逻辑学"导论》,载 U.古佐尼(Ute Guzzoni)等主编:《观念论及其当下:维纳·马克思诞辰 65 周年纪念文集》,汉堡 1976 年版,第 208—230 页。根据亨利希的看法,黑格尔的基本运算是"从黑格尔曾用以处理否定的那种方法中"产生出来的(第 213 页),而黑格尔的否定概念则是"按照否定性命题的模式构造出来的",以至于无论对黑格尔式的否定还是"对命题逻辑的经典否定而言都同样有效的是:(1)否定对某物加以否定;(2)否定能被用于自己身上;(3)否定的自指式运用会有一个结果"。(第 214 页)——不过,主要在与(2)的关联中,亨利希立即指向了对命题逻辑的一个反类比(Disanalogie):"在经典的双重否定中,第一重否定否定了一个命题,而第二重否定则否定了第一重否定。于是在这种情形中否定的双重化在严格意义上根本不意味着自指……。而对黑格尔的自律化了的否定来说有效的是:它必然被双重化,而这正是由于它能够以此方式自指地得到实行。"(第 215 页及以下)。

　　②　黑格尔:《逻辑学》,第 112 页,GW 21,S.106。

　　③　Anton Friedrich Koch:*Das Sein. ErsterAbschnitt. Die Qualität*,2018,S.85. 原文为"so ist von diesem neuen Etwas das Anderssein als etwas ihm Äußerliches unterschieden."

物"作为自关联的否定,其对立面(某物),即自关联的否定的否定,还是否定本身,所以他物与某物是同一的(如图2所示)。这样,某物$_1$与他物$_1$本来是作为有区别的两个实有物出现,而在这个阶段,成为了某物$_2$或他物$_2$中的两个环节,即他物与某物从外在区别的关系,转化为对自己的关系,因为某物就是他物,他物就是某物,换句话说,他物从相对于某物的二元结构中,转变为与自身的关系,他者是由自身产生的。

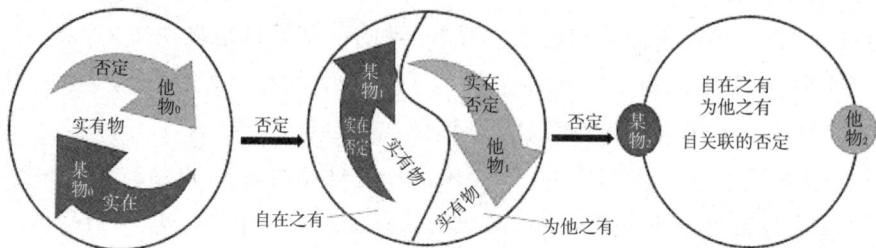

**图 2**

简言之,黑格尔的他物从"在某物的关系中"(in Beziehung auf Etwas)到"自为独立"(selbständig für sich)再到"为他之有"(Sein-für-Anderes)过渡,即某物与他物外在的二元关系过渡到他物与自身的关系,换言之从否定过渡到自关联的否定。

**(二)科耶夫的他者结构:"二元论"还是"断裂"?**

黑格尔的"他物"最终还是要返回到某物中,与某物融合,从连续的这个意义上来说,似乎符合科耶夫对黑格尔一元论的批判,但现在还只能不置可否。与此相对,科耶夫指出,"人是自我意识"①,他者就是他人,是处于二元论中的"空洞"或"非实存"。

科耶夫多次用"金戒指"来描述其二元论思想,虽然从表面上看"金戒指(un anneau en or)"②与黑格尔的"圆圈"比喻差不多,但本质却是大相径庭

① 亚历山大·科耶夫:《黑格尔导读》,姜志辉译,南京:译林出版社2005年版,第3页。

② 参见 Jarczyk Gwendoline, *Labarrière Pierre-Jean:Alexandre Kojève et Tran-Duc-Thao*. Correspondance inédite.in:Genèses,2,1990. A la découverte du fait social. S. 134 – 135. Undvgl. Alexandre Kojève:Hegel.Eine Vergegenwärtigung seines Denkens, übers. v. IringFetscher u. Gerhard Lehmbruch, Frankfurt 1975,S.317.

的,因为按科耶夫的说法,前者是二元论,后者是一元论。在《法权现象学纲要》里,他写道,"如果宇宙是一枚戒指,如果自然是某种类似制造这枚戒指的金属的东西,人就只能是这枚戒指的洞。为了让宇宙成为戒指而非其他,洞和围绕着这个洞的金属都是必需的。"①在《致陈德草的信》中更明确地写道,"金就是自然,洞就是人,精神就是指环……精神只不过是隐含着人的存在的自然,不过是一个隐含着人的存在的真实世界……我的二元论不是空间的,而是时间意义上的。首先是自然,而后是精神,随后是人。存在一个二元论,是因为精神或者人并不能从自然中推导出来,这种断裂是由富有创造性的自由产生的。"②这样,作为空洞的人与自然是处于二元断裂的关系中的。

这种二元断裂,与笛卡尔的二元论不同,不是人与自然的平行共在,而是时间上的非连续的关系,即先有自然,然后有人,二者也不需要其他来联结,而是人存在于自然中,但二者是一种非连续的断裂关系,这是因果关系和平行关系之外的另一种关系。这种处于二元断裂中的作为空洞的人,只能通过另一个空洞即他者来揭示,科耶夫在《哲学笔记》③中,通过批判笛卡尔的"我思故我在",进一步揭示了作为空洞的人的非实存。

具体说来,从笛卡尔的"我思"出发,得到的只是思之对象,而对于思本身,一无所知,"我思"本质上是对"我在"的思,"我在"也并没有走出思的领域,"在"只是在思之中的存在,那么"我思故我在"(cogito ergo sum)与"我在故我思"(sum ergo cogito)本质上是一样的,都只是对我思对象或者说是对象之思的认识,而不是对纯粹的思本身和在本身的认识。这样,"我思故我在"只是同义反复,我思=我在,只是进行了一个"A=A"的逻辑推演,并没有什么意义。相反,我们却可以推出在 A 之前必然有一个"-A"使之成为可能,就像我们说存在什么东西,必然预设了一个前提,即在此之前它还是不存在的,如果它一直都存在的话,那我们这样说就是没有意义的。因此,在"我思"之前必然有"不我思",即还没有进入思考的"我",同样,在"我在"之前,必然有个

---

① 亚历山大·科耶夫:《法权现象学纲要》,丘立波译,上海:华东师范大学出版社 2010 年版,第 264 页。

② 亚历山大·科耶夫:《科耶夫致唐·迪克淘的信》,夏莹译,《学海》2010 年第 6 期。

③ See Alexandre Kojève:*Descartes und Buddha*,Warschau,12. Juni 1920,in:TagebucheinesPhilosophen,Aus dem Russ.von Simon Missal,Berlin 2015,S.45-51.

"我不在",即"非实存","我"就是"非实存"。至此,科耶夫瓦解了笛卡尔的"我思故我在"的基础,将非实存的我作为其哲学人类学的基础。

非实存是什么?是对存在和非存在二者的否定,它强调否定行动本身,而不是与存在僵死对立的另一面。科耶夫"使否定主题化,并予以解释,从而使得一切把否定(Négation)还原为外在否定意义上的'否认'(négatif)概念(或仅仅是作为不是(non-oui)意义上的'否')的解释变得无效;'是'(le oui)本身只是被看作对一个直接肯定项的简单确定(实存者)。非实存的原则则是涉及一种复杂的否定本体论。"[①]在巴门尼德看来,是就是是,非就是非,而科耶夫则是只有通过"非"(否定性行动),"是"的内涵才得以显现,这种"非实存"是东方神秘主义意义上的,是佛教意义上的本空,也是康定斯基的抽象主义绘画原则。它从来不是一个彻底的虚无,它包含着不可或缺的两个方面,一方面它是一种实存,它不是"无",而是"有",是某种存在样态;另一方面,它同时包含着否定性原则,即"非",是对于确定的实存状态的否定。这一否定性作为一种内在的动力,让实存摆脱了传统的僵死固定的形式,拥有了动态的具有无限可能的存在样态,人的具体性就体现在这种非实存性中。

### (三)对科耶夫的批判的批判

科耶夫给黑格尔哲学贴上了一元论的标签。虽然黑格尔的"他物"最后确实要与"某物"融合,二者是连续运动的,而非断裂的,但科耶夫这种忽略黑格尔生动的逻辑过程,只是将它看作是一个僵死的结果的一元论观点,笔者是反对的。因为,即便黑格尔的思想是一元论的,也要看到这个一元论的圆圈是不断运动着的,这样才能看到作为其逻辑学一个环节的他物本身是一个生动形象的过程——从他物$_0$到他物$_2$,从否定到自关联的否定,从与某物外在的二元关系到他物与自身的关系。用黑格尔自己的话来说,二元论或其他概念都能作为环节,纳入他的逻辑结构中。如果科耶夫只是简单地把黑格尔的哲学看做一元论而加以批判的话,那么黑格尔的这些具体的逻辑过程就会被忽略。

同样,虽然科耶夫在给陈德草的信中一直强调自己的二元论思想,但他的二元论是与笛卡尔意义上的二元平行论相区别的,毋宁说,是一种非连续的断

---

① 多米尼克·奥弗莱:《亚历山大·科耶夫:哲学、国家与历史的终结》,张尧均译,北京:商务印书馆 2013 年版,第 85 页。

裂关系,作为空洞的"人"存在于自然之中,通过欲求另一个空洞的他者,人才能看到自己的非实存。因此,笔者认为,将黑格尔与科耶夫的他者结构看做自关联的否定和二元断裂,而不是一元论和二元论,更为确切。

另外,虽然黑格尔的他者是逻辑层面的他物,科耶夫的他者是人类学意义上的他人,但科耶夫确实看到了黑格尔否定思想的重要性,构建了其非实存的人的思想。黑格尔富有生命力的不断指涉自身、返回自身的自关联的否定,在科耶夫的解读下,就是作为否定的空洞的人本身,通过不断的否定外在的实存之物(如通过劳动改造自然),将其变为自己的本质,在不断否定和返回的自身中,获得自己真正的存在。而黑格尔逻辑中同时包含着有和无的结构,摇身一变,成了科耶夫作为无的有,即非—实存。

## 三、他者在欲望中的展开

处于自关联否定或二元断裂的结构中的他者,在自我、欲望中具体展开。作为双重化对象的他者是欲望的对象,是黑格尔的自我意识环节的展开。相应的,科耶夫进行了人类学式的解读,欲望是人的本源性的欲望,人在欲望着他者的欲望中发现了自身。

### (一)作为双重化的欲望对象:黑格尔的他者

在《精神现象学》的自我意识章中,黑格尔在对象、差别或否定意义上提及了他者。他者作为"双重的对象"(gedoppelter Gegenstand),"一个是直接的感觉和知觉的对象,这对象从自我意识看来,带有否定的特性的标志,另一个就是意识自身,它之所以是一个真实的本质,首先就在于只有第一个对象和它相对立。"①可见,对象也就是他者,首先作为否定与意识相分离,二者是相区别的。然后通过他者,意识看到了差别,从而走出自身,却发现他者就是意识本身,从而返回自身,获得同一。这个返回自身并把差别或他者包含在自身之内的意识,就是自我意识。

那么,意识是如何走出自身以及返回自身呢? 黑格尔在自我意识完成的

---

① 黑格尔:《精神现象学》,贺麟、王玖兴译,北京:商务印书馆1979年版,第117页。对应德文 Gesammelte Werke. In Verbindung mit der Deutschen Forschungsmeinschaft hg. v. d. Rheinisch-Westfälischen Akademie der Wissenschaften. Hamburg 1968ff. GW 第9卷,p.104. 后文缩写为 GW 9。

三个环节中个给出了答案,即"纯粹无差别的自我"、"欲望"、"自我意识的双重化"①。通过欲望,纯粹的自我获得差别或者是他者,并在他者中确认自身,从而过渡到自我意识的双重化,即"自我应当首先指涉他者,并同时对这个他者这样指涉,即把与自己相区别的他者理解为与自己相同一。"②

但是,自我意识的欲望一开始并不是针对另一个自我意识的,而是针对客体,在摧毁客体中,自我意识看到了作为主体的区别,从而获得作为单个主体的统一。黑格尔《精神哲学·哲学全书第三部分》明确地将欲望作为自我意识的第一环节,即"欲望"、"承认的自我意识"、"普遍的自我意识"。指出欲望的自我意识"向我们呈现出直接的、与自己简单统一的、同时与此相矛盾地与一个外在客体相联系的、单个的自我意识。"③而在第二个阶段,"客观的自我获得了一个别的自我的规定,并因此产生了一个自我意识对一个别的自我意识的关系,即两者之间承认的过程。在这里自我意识不再只是单个的自我意识,相反地,在它里面已经开始了一种个别性和普遍性的联合。"④粗略可见,《精神哲学》中欲望的对象是客体,而承认才是自我意识与另一个自我意识的关系。

这看上去似乎与《精神现象学》的"欲望"有所区别,因为欲望在《精神现象学》中的对象是另一个自我意识,即"自我意识只有在一个别的自我意识里才获得满足。"⑤其实不然,因为无论是从"欲望"过渡到"双重化的自我意识"还是"承认的自我意识"阶段,欲望都承载着自我意识如何获得自身同一,并与另一个自我意识发生作用的功能。对应上文"他者"作为"双重的对象",作为欲望对象的他者也是双重的。这样,我们可以将欲望分为两个阶段:欲望₁是自我意识与客体的阶段,欲望₂是自我意识与另一个自我意识的阶段。

①　参见黑格尔:《精神现象学》,贺麟、王玖兴译,北京:商务印书馆1979年版,第121页,GW9,S.106。

②　Georg W. Bertram: *Hegels "Phänomenologie des Geistes". Ein systematischerKommentar*, Stuttgart 2017,S.95. 引文原文"das Ich sollsicherstens auf etwasanderes und sich auf dieses anderezugleich doch so beziehen,dass es das andere,von dem es sich unterscheidet,als mit sichselbsteinsweiß."

③　黑格尔:《精神哲学·哲学全书第三部分》,杨祖陶译,人民出版社2006年版,第221页。

④　同上书,第221—222页。

⑤　黑格尔:《精神现象学》,贺麟、王玖兴译,北京:商务印书馆1979年版,第121页,GW9 S.108.

与《精神哲学》一样,首先自我意识在客体对象中获得自身统一,意识本身就是欲望₁。黑格尔指出"以自我意识和它自身的统一为它的本质。自我意识必须以这种统一为本质,这就是说,自我意识就是欲望一般。"①但"这种满足本身只是一个随即消逝的东西,因为它缺少那客观的一面或持久的实质的一面。"②因为自我是通过扬弃对象而返回自身,但通过消灭客体所带来的欲望满足,并不能让自我获得自我意识,因为自我意识是将对象保留在自身之内,而不是去消灭,对象的消灭不能稳定地建构自我意识的统一,就像 Robert Pippin 所说的,这种欲望只是"暂时的自我关系"(provisional self-relating)③。

所以它需要一个对象,这个对象不仅独立,而且能返回自身。这个对象,在黑格尔看来,就是另一个自我意识。"在自我意识的这种满足里,它经验到它的对象的独立性。欲望和由欲望满足而达到的自己本身的确信是以对象的存在为条件的,因为对自己确信是通过扬弃对象才达到的;为了要扬弃对象,必须有对象存在。因此自我意识不能够通过它对对象的否定关系而扬弃对象;由于这种关系它毋宁又产生对象并且又产生欲望。"④这样,欲望的对象是独立的且不可消灭的,即另一个自我即他者,借此自我返回自身,同时将他者包含于自身,这样才能到达自我意识的双重化。

因此,与《逻辑学》的三个不同阶段的他者相对应的是,《精神现象学》中他者作为"欲望"的对象也是双重的,从最初作为自我意识的对象客体到另一个自我意识,欲望也从欲求客体进展到欲求另一个自我意识,从而从欲望过渡到承认。

**(二)科耶夫的欲望是欲望着他者的欲望**

在科耶夫的哲学人类学式的解读下,黑格尔的"自我意识"直接变成了"人",即"人是自我意识,当人第一次说出我的时候,人意识到自己。"⑤他强

① 黑格尔:《精神现象学》,贺麟、王玖兴译,北京:商务印书馆1979年版,第121页,第116—117页,GW9 S.104.

② 同上书,第130页,GW9 S.115.

③ Robert Pippin:Hegel on Self-Consciousness:Desire and Death in the"Phenomenology of Spirit",*Princeton*,2011,S.37.

④ 黑格尔:《精神现象学》,贺麟、王玖兴译,北京:商务印书馆1979年版,第121页,GW9 S.107。

⑤ 亚历山大·科耶夫:《黑格尔导读》,姜志辉译,南京:译林出版社2005年版,第3页。

调了欲望的作用,只有通过"欲望","我"才能发现自身,而像笛卡尔式的"我思"并不能真正发现"我"。上文已经论述过了笛卡尔"我思故我在"推论所存在的问题,即"我思"所思的只能是思之对象即"我在",而并不是"我思"本身。这样,进行沉思的人被其沉思对象所吸引,思之主体被羁绊在客体之中,而无法返回到我思本身。于是,我们只能说出"我思之物是什么",对于"我思"本身即"我"是什么这个问题是无能为力的。

科耶夫认为,"被他沉思的客体'吸引'的人,只能通过一种欲望'返回自己'"。① 比如说,当人觉得疲倦、口渴或饥饿的时候,通常会说"我困了"、"我饿了"等等,而不会只说"困了"、"饿了","正是一个存在的(有意识)欲望构成作为自我的这种存在,并在促使这个存在说出'我……'的时候揭示了这个存在。"②因此,正是在这种本源性的欲望中,人第一次说出我,从而意识和发现了自我。

为什么欲望可以呈现人的非实存呢? 因为在科耶夫看来"欲望"是具有超越性的,是能够言说自身所不是之物。比如,我们只能说"这个杯子是红色的"或者是说"这个杯子不是绿色的",而不能在面对一个红色的杯子时说它是绿色的。但是"欲望"却可以,欲望本身就是针对一个缺乏,或者一个否定的概念,"欲望是空虚的一种揭示,是一种现实的不存在的显现"③。因为我们都只能欲求我们所没有之物,或者不存在之物,一旦我们拥有了或者它存在了,也就失去了"欲望"的必要了。

在此基础上,科耶夫区别欲望的两个阶段:首先是在肉欲阶段,欲望的对象是作为自然的他者,并将自然转化成人的客体,即"欲望,是同化(欲望的)对象、使之成为自己的东西、使之成为自己本身(食,性)的欲望"④,"他者(自然)的虚无把人的存在的确定性给予人"⑤;其后,欲望指向一般对象,"是一般的肉,而不是这块肉。不管被食用的肉是什么,欲望继续存在,对象也继续

---

① 亚历山大·科耶夫:《黑格尔导读》,姜志辉译,南京:译林出版社2005年版,第3页。
② 同上书,第4页。
③ 同上书,第5页。
④ 同上书,第53页。
⑤ 同上。

存在"①,这个一般对象对于作为非实存的自我来说,只能是另一个非实存,即他人,即"人的欲望必须针对另一个欲望"②。在这个意义上,科耶夫将黑格尔作为自我意识一个环节的欲望,解读为"作为人类发生活动的起源的欲望"③,同时欲望是欲望他者的欲望。因为"只有当欲望针对一个非存在,而不是针对一个给定存在时,他者才是可能的。欲求存在,就是用这种给定的存在填满自己,就是制服这种给定的存在……为了成为人类发生的欲望,欲望必须针对一个非存在(Nichtseiendes),即针对另一个欲望,针对另一个贪婪的空虚,针对另一个自我。因为欲望是存在的缺乏(饥饿,就是缺乏食物):一个在存在时成为虚无的虚无,而不是一个存在的存在。"④但是,欲望的否定性使得每个人都想要自己的欲望在他者中满足,而不想去肯定、去满足他者的欲望,这样欲望就永远不会满足,在欲望的否定张力中,人永远保持着自己的非实存,不让它陷入实存中。这样科耶夫的自我与他者的斗争,其实是欲望之间的斗争,即"能相互欲求的多种欲望的存在,其中的每一种欲望都试图否定、同化、内化、制服作为欲望的另一个欲望。"⑤

**(三)科耶夫的解读对当代法国哲学的影响**

虽然科耶夫直接将黑格尔的自我意识解读为人,自我意识本身的复杂结构随之被忽略,这种做法让黑格尔在逻辑结构上的生动形象,下降为人类历史中的具体生动而已,这个遗憾后来被萨特的《存在与虚无》所弥补,但是科耶夫对黑格尔他者思想的这种人类学意义上的解读,并没有抹消其否定和欲望的张力。

科耶夫处于二元断裂中的他者,彰显了人的"非实存",是对黑格尔的"他者"的自关联的否定思想的人类学意义上的发挥。黑格尔这种否定在不断否定的过程中,指涉回自身,构成了自身的规定,而科耶夫作为"非实存"的人,就是通过"非"(否定性行动)来彰显"是"的内涵,即在这种否定的动力驱使下前进,人同时不断返回自身,获得自己的真正存在。这种否定的动力在二者

① 亚历山大·科耶夫:《黑格尔导读》,姜志辉译,南京:译林出版社2005年版,第53页。
② 同上书,第6页。
③ 同上书,第51页。
④ 同上书,第198页。
⑤ 同上书,第199页。

的哲学中都具体展开为"欲望"思想。尽管二者的欲望思想看上去相差甚远，但发挥的作用是一样的。与德勒兹欲望的生产理论不同的是，二者的欲望都是因为缺乏而产生的，欲望都是作为否定的动力。"欲望"在黑格尔那里，作为自我意识的环节，让意识在客体中确认自身同时与另一个自我意识发生作用，即从个别到普遍，而科耶夫则将黑格尔的欲望解读得更加具体，欲望是人的本源性的欲望，是欲望着他者的欲望。

　　总之，科耶夫对黑格尔的他者的哲学人类学式的解读，为法国思想发展带来了两条不同的道路：其一，人作为有血有肉的人，在他者中彰显了自己的非实存，迎合了法国哲学当时的"非理性"或"非实存"的思潮，推动了法国哲学从精神到存在的转向，形成了以萨特为代表的存在主义；其二，在欲望的他者中，人掏空了自己的本质，走向了无人的结构，促使法国哲学从存在转向结构，形成了以阿尔都塞为代表的结构主义。因此，无论是凸显以人为本的存在主义，抑或宣扬无人的结构主义，还是今天的"主体空位"思想，都可以追溯到科耶夫的这种黑格尔主义思想。无论是巴塔耶还是福柯，都继承了科耶夫的欲望中的绝对的否定，都走向了否定理性秩序，批判现代社会的道路，成为了后现代思潮的旗手。而作为科耶夫欲望理论最全面的接受者拉康，在发生学的意义上分析了人的主体性的生成，直接将"欲望着他者的欲望"的欲望理论推向了虚无主义的境地，直接将欲望理论演绎成了一曲主体性的挽歌，法国哲学走向了无人的结构主义，开启了后现代主义的思潮。

# The Other in Desire
## ——The origin of Kojève's Hegelianism and its influence on contemporary French philosophy

Yang Yufang

**Abstract**：As the main thread of the contemporary French philosophy, the "other"canbetraced back to Kojève in the early 20th century, specifically his interpretation of Hegel's "Anderes". For Hegel as the source of Kojève's thought, most scholars, including Kojève, only pay attention to the other's thoughts in the text of *Phenomenology of Spirit*, but ignore the *Science of Logic* that provides a logical structure for "other". Therefore, according to *The letter from Kojève to Tran-Duc-Thao*, this article emphasizes the two philosophical contributions of Kojève, namely the "dualism" and the desire of desire. Combining the content of "something and other" in *Science of Logic* and the "self-consciousness" capitel in *Phenomenology of Spirit*, we can analyze the similarities and differences of thoughts between Hegel and Kojève from structure and concrete two aspects, to analyze in what sense can trace Kojève's other thoughts back to Hegel, und to clarify the origin of Kojève's "Hegelianism" and its contribution to contemporary French philosophy influences.

I think that it is not appropriate for Kojève to criticize Hegel with the label of the "Monism", because Hegel's "other" is in the structure of "self-association negation". Like the "The Liar's Paradox", it affirmit self by self-negation, and Kojève's "other" is a person as "non-existent" in a binary break, and also realizes himself in a negative action. Then it can be said that Kojève's "non-existence" is an anthropological interpretation of Hegel's "object ofdesier". At the same time, "desire" as a negative tension allows the "other" to be able to unfold in it. In the three links of self-consicouness, Hegel's "other" is the dual object of desire, which is the premise that "desire" can be transferred to "dualization of self-consciousness". Kojève added a veil of anthropology to Hegel's "desire". Desire is the human desire of the human being, the desire to desire the other. Their "desire" thoughts seem to be far apart, but the logical structure and the role played are the same, i. e. the mechanisms that allow the self-consciousness to identify itself in the object and interact with another self-consciousness. Just Kojève make the other and the desire anthropological, to cater to the tastes of the French academic circles at that time, thus to promote the transformation of French philosophy from spirit to existence to structure.

**Key Words:** other　Hegel　Kojève　desire　negation of self-association

# 心物二元论的完成

## ——从普罗丁、奥古斯丁到笛卡尔*

杨小刚**

**摘要**:笛卡尔被认为是现代心物二元论的奠基者,而他的思路和方法可以在奥古斯丁及其继承的新柏拉图主义那里找到起点。尽管他们都被冠以二元论的名号,但彻底的心物二元论包含三个命题,分别涉及心和物的实体地位、对心和物的理解原理以及心和物的关系,这些命题在他们那里并非全部都同时成立。关于心与物的理论从新柏拉图主义、奥古斯丁到笛卡尔的推进可以概括为这些命题在不同理论预设下,一步步得以全部确立的过程,最终造成心灵与世界彻底分离的世界观。

**关键词**:心物二元论,普罗丁,奥古斯丁,笛卡尔,内向化

心物二元论是现代世界观的基本特征之一,尽管物理主义或者唯物主义成为当代哲学家中流行的观点,反对一方也很少有人将心灵看作可以脱离物质世界的实体,而是提出种种兼容和调和的方案,但心理现象和物理现象无论在存在论上具有什么地位以及有什么样的关系,它们作为两个截然可分的领域是基本的共识,人们也无法提出令人满意的关于心与物的统一解释。① 这

———————————

\* 基金项目:中山大学 2017 年青年教师培育项目"斯多亚派决定论中的自由概念"(1709105);广州市 2015 年软科学研究组织项目"西学东渐与广州 21 世纪海上丝绸之路"(2016-11300-42050001)。

\*\* 杨小刚(1982— ),男,哲学博士,中山大学哲学系副研究员,研究方向:奥古斯丁思想、古希腊晚期哲学、情感理论、行动理论。

① See Howard Robinson.Dualism [EB/OL].The Stanford Encyclopedia of Philosophy(Fall 2017 Edition), Edward N. Zalta ed., forthcoming URL = https://plato. stanford. edu/archives/fall2017/entries/dualism/。

一二元论通常会追溯到笛卡尔,他被认为是现代主体性哲学的开创者,是许多现代性观念的开端。当然,对现代性的各种研究已经让人疑惑现代性究竟具有哪些标志性的观念特征,这些特征又是否有可严格确定的起点。① 就归之于笛卡尔,由主体性概念、内向化方法奠定的心物二元论来说,也可以在奥古斯丁那里找到相同学说。不过本文不打算纠缠于笛卡尔与奥古斯丁相比究竟有哪些现代特征②,也并非宣称笛卡尔的思想在奥古斯丁那里早已有之,而是打算就心物二元论视域下心灵与世界的分离如何在不同的理论预设之下一步步推进做一探究。

本文认为彻底的、极端的心物二元论(radical dualism)同时持有如下三个命题:

命题一:心与物是两种不同的实体;

命题二:对心与物的理解依靠不同的原理;

命题三:心理现象与物理现象之间没有必然的联系。

奥古斯丁和笛卡尔对心物问题的思考都处于新柏拉图主义发展了的柏拉图传统中,他们和新柏拉图主义者都认为心与物是不同的实体,但并非都同时有意识地持有上述三个命题。本文将分别梳理普罗丁、奥古斯丁和笛卡尔关于心灵与世界及其关系有着怎样的概念图景,在什么程度上主张二元论,内中的变化机理又是什么。

# 一、新柏拉图主义中心灵与世界的同源

心灵与世界分离的基本表现是心灵认识到自身是与外在物质世界不同的

---

① 德国当代语文学家施米特(Arbogast Schmitt)在其著作《现代与柏拉图》中如此列举了关于现代性的各种研究:"分散在各种学科中的现代研究涉及 1300 年间的司各脱主义、14 世纪的唯名论、文艺复兴或者它的某些方面、宗教改革、印刷术的发明、君士坦丁堡的陷落、17 世纪法兰西的'古今之争'、1750 年的'审美转向'、1800 年间的'马鞍型时期'、早期或者晚期浪漫主义、波德莱尔在 19 世纪中叶开创的象征主义直到 20 世纪初表现主义的'偏离对象',这还只是列举出了很小一部分可能的'开端'。"(施米特:《现代与柏拉图》,郑辟瑞、朱清华译,上海:上海书店出版社 2009 年版,第 2—3 页)

② 这一观点已经受到质疑。斯蒂芬·门认为笛卡尔的思想完全是在吸收中世纪奥古斯丁思想传统的基础上发展而来,在多个方面都与奥古斯丁相呼应。参见他的全面研究 Stephen Menn, *Descartes and Augustine*, Cambridge: Cambridge University Press, 1998。

精神实体,不过,仅仅实体性的差异并不能保证心灵与世界的彻底分离。心灵通过自身的认识活动、理性活动确立其精神实体的本质,但古希腊哲学家们经常探讨物质实体与心灵实体的共同本原。苏格拉底以前的哲人总体认为世界由神圣的理性力量主宰,这一力量是世界的理性秩序的源泉。柏拉图继承了这一传统。众所周知,他的理念说既用以解释对感性世界的认识(*Phaedo* 74d9–e4),也用以解释感性世界何以是其所是(*Symposium* 211b1–5, *Phaedo*95e7–97b7)。他论证了,像人的身体因为灵魂中的理性而有力量、治疾病一样,自然世界也因为具有王一样的灵魂和理性而井然有序,他袭用了阿那克萨戈拉的用语将这一客观理性称为 Nous(*Philebus* 28c6–8,30a9–d4)。《政制篇》中著名的日喻则谈到,善的理念既是思考也是被思考之物的原因,就如太阳既是视觉也是可见物的原因(*Politeia* 508b9–e4)。《蒂迈欧篇》中继而用德穆革的创世神话说明感性世界的本原是创世神的理性思考,而创世神德穆革与 Nous 等同(*Timaeus* 30a2 ff.)。柏拉图的二分世界理论碰到的一个问题是智性世界(the intelligible world)如何在感性世界发生作用,《蒂迈欧篇》中的世界灵魂学说对此做了解答。这里继而说道,德穆革发现,Nous 不可能进入没有灵魂的东西中,因此祂让世界成为拥有灵魂的生命体,感性世界因此与智性的精神相似。理性秩序不是从外在强加给以质料为基的形体,而是有形世界内在的灵魂对智性世界的模仿。如同个体灵魂的理性使得人的活动具有理性,世界灵魂的活动也使感性世界具有理性秩序。灵魂成为智性世界与感性世界之间的中介,解释了智性世界如何能够成为感性世界生成的原因。① 从这些学说中可以看到,物质世界的存在和心灵对物质世界的认识都依赖于智性的本原,物质世界的感性性质既不具有存在论上的独立地位也不具有认识的价值,而心灵虽然以其理智活动区别于物质世界,柏拉图的灵魂堕落说也表明了心灵与物质世界的可分,但可分的灵魂也属于智性世界,并非一个自在自为的存在领域。

普罗丁对柏拉图的本原学说做了系统发展,更为深入地解释了 Nous 如何是世界灵魂和个体灵魂的本原,尤其是通过世界灵魂与个体灵魂的亲缘性说明了个体灵魂如何以对感性世界的认识为中介转向自身的本原。在普罗丁的

① See Stephen Menn, *Descartes and Augustine*, Cambridge: Cambridge University Press, 1998, pp.88–89.

三本体(hypostasis)说中,世界灵魂与个体灵魂都源于作为第三重本体的原初
灵魂,在其所处的智性世界中共属一体(*Enneades*,IV 3,4;IV 9,1),被比作同
胞姊妹(IV 9,1),具有相似性和亲缘性(V 1,1)。二者同时又是潜在的多,潜
在地可与感性世界的不同形体发生关系。不同于否认超越于感性世界的智性
世界之存在的斯多亚派,他们认为个体灵魂是世界灵魂的一部分,普罗丁主
张,在智性世界所有的灵魂都是同等的,在感性世界虽然不相等同,但本质上
其活动都是理性的,只不过是理性不同程度的实现。他这样解释二者的统一:
世界灵魂和个体灵魂不是在感性世界中,而是感性世界在统一的灵魂中(IV
3,22;III 9,3;VI 5,9),不同的形体获得灵魂不同的镜像,世界灵魂和人的灵
魂是同一灵魂不同程度和层次的实现(IV 9,4)。进一步的,就如 Nous 是超越
的太一"向外的表达"和实现(V 1,6,45),灵魂是精神"向外的表达"(IV 3,
30,7)和实现(V 1,3,8;VI 2,22,27)。个体灵魂从感性世界开始其认识活动,
继而转向自身,认识到自身与世界灵魂共享的智性秩序,认识到 Nous 是自身
的本原。(IV 3,7;V 1,9)①

　　这些学说继承了《会饮篇》的思想传统。《会饮篇》中所谈灵魂的上升始
于对感性美的认识,经由对感性美的智性本原的反思,最终达到对美的理念本
身的观照。普罗丁强调灵魂——包括个体灵魂和世界灵魂——作为中介才使
得感性世界的美、形式和秩序成为可能,对感性美的察知促使个体灵魂转向自
身,意识到灵魂是自身之美的原因,世界灵魂是外在世界秩序的原因,而一切
感性世界的形式和秩序都在于灵魂遵从智性世界的理念的理性活动,从而促
使个体灵魂转向对智性世界的思索。② 另一方面,按照斯蒂芬·门的观点,普
罗丁和之前的柏拉图派一样融合了亚里士多德《形而上学》中所说的神圣 Nous
(*Metaphysics* XII,7-9,1074b19-21)和《论灵魂》中所说的制作的 Nous
(nouspoiêtikos)(*De anima* III 5 430a13-23),认为个体灵魂是对 Nous 的模仿,但
并非始终实现理智思考,只是处于潜在状态,而 Nous 不遭受任何变动,始终思考
着可思考者,在本质上是现实的活动,故而高于、优于潜在的 nous。按照他的论
述,所有形式或美都由灵魂依靠天性或技艺塑造,而在此之前,灵魂就已拥有这

---

① See Stephen Menn, *Descartes and Augustine*, Cambridge: Cambridge University Press, 1998,
pp.106-129.

② Ibid., p.112.

些形式或美的智性认识。个体灵魂继而认识到自己是潜在的 nous，永远实现自身的神圣 Nous 是自身理智活动的根源。借助亚里士多德的"潜在—现实"学说，普罗丁再次论证了与感性世界和个体灵魂相分离的神圣 Nous 的存在。①

新柏拉图主义同意心与物是不同的实体，但按照本原学说，对心与物的理解基于共同的原理，心理现象和物理现象也没有独立的存在论地位，世界灵魂的学说还保证了个体灵魂与外在世界之间的相互融摄。不过普罗丁明确提出了个体灵魂向自身回转的说法，这为心物二分在奥古斯丁和笛卡尔那里的推进打开了理论通道。投向外在可感世界和向自身回转亦即灵魂堕落和复归的过程。灵魂背离智性世界，离开自身，忘记自身的起源和本性，滞留于有形的物质世界；当个体灵魂从有形世界转向自身，会发现外在世界的非形体式的原理，继而重新发现智性世界是自身和外在世界的本原。（*Enneades*，V 1）②当然，不同于后世，内在回转、认识自身在普罗丁这里不是为了证明个体灵魂是与外在世界相分离的不同实体，而是灵魂由感性世界转向智性世界的必经之路，普罗丁和柏拉图、亚里士多德一样，他关心的自身认识问题限于神圣主体即 Nous 的层面：Nous 始终思考着自身之一中的多——理念，在对理念的认识中实现思与所思的统一，并意识到作为单纯之一的太一是自身的源泉。（V 3,5,7,10,15）③普罗丁没有考虑个体灵魂的自身认识，在他这里，向内回转是为了向上攀升。

## 二、奥古斯丁的内在转向

在奥古斯丁这里，向内回转也是为了向上攀升，他将柏拉图的灵魂上升模

---

① See Johannes Brachtendorf, *Augustins Begriff des menschlichen Geistes*, Uwe Meixner. Seele, Denken, Bewusstsein. Berlin: de Gruyter, 2003, p.110.

② See Menn, Descartes and Augustine, p.110.

③ See Werner Beierwaltes, *Selbsterkenntnis und Erfahrung der Einheit: Plotins Enneade V 3*; Text Übersetzung Interpretation Erläuterungen. Frankfurt am Main: Klostermann, 1991, pp.100–108; id., *Das wahre Selbst: Studien zu Plotins Begriff des Geistes und des Einen*. Frankfurt am Main: Klostermann, 2001, pp.84–94; Ian Crystal, "Plotinus on the Structure of Self-Intellection". *Phronesis*, vol.43, no.3, 1998, pp. 264–286; Gerard J.P. O'Daly, *Plotinus' Philosophy of the Self*. Shannon: Irish University Press, 1973, pp.70–81; Christoph Horn, *Selbstbezüglichkeit des Geistes bei Plotin und Augustinus*, Johannes Brachtendorf. *Gott und sein Bild-Augustinus " De Trinitate" im Spiegel gegenwärtiger Forschung*. Paderborn: Schöningh, 2000, pp.92–93.

式融入了基督教神学。不过,向内回转和向上攀升这两条进路在他这里并非如在普罗丁处那般联结,这使得心灵与世界的关系产生了重要变化。灵魂上升在他这里呈现为一切求索都以对上帝的认识为旨归,他的著作中用不同方式对此加以阐释。《论秩序》中将古典七艺划分为不同等级的知识,从语法、修辞、辩证法到各类数学学科,顶点是哲学,此时他对哲学的理解还有很强毕达哥拉斯—柏拉图传统的印记,强调哲学是对理念数①的洞察。( *De ordine* II 15,43-16,44,18,47-48)《论灵魂之量》将所有生命的能力也划分为七个等级,从生长与繁衍、感知到知识、天使才完全具有的理智直观,灵魂的宏大即在于充分运用自己拥有的最高能力。( *De quantitateanimae* 33,70-35,79)《独语录》中提出心灵从更高处获得真理( *Soliloquiorum* II 20,35),《论自由决断》第二卷扩充了这一观点,讨论了不同认识能力的判断标准:内感官判断外感官是否运作正常,理性判断同时判断外感官和内感官的认知是否正确,而理性判断的真理标准有更高的来源,即上帝。( *De libero arbitrio* II 5,12-6,13)②

　　不过,上述著作除了《独语录》将向内回转作为灵魂攀升的路径外,其他著作均未从方法论上强调内在转向对于认识上帝的重要意义。如上所述,柏拉图式的灵魂上升主张从感性世界脱离,向内回转直接以对智性世界的认识为目的,自身认识是神圣主体层面的活动,个体心灵的自识并非关键环节。但奥古斯丁又在《论三位一体》中特别发挥了内在回转的思路,将新柏拉图主义精神自相关性的思想移用至个体灵魂之上③,视自识为人的心灵的本质属性,并发展出一套系统的有限主体性理论。这一发挥也源自柏拉图传统的影响,但不是新柏拉图主义的自然延伸,而是对新学园派挑战的回应。

　　在现存著作中写作年代最早的《论学园派》中奥古斯丁就开始了这一回应。这部著作针对在古代被称之为"新学园派"的柏拉图哲学继承者。奥古斯丁站在斯多亚派和新学园派之间进行辩驳,他虽然对斯多亚派宣称智者能

---

①　奥古斯丁可能通过当时的流行哲学教材受到柏拉图未成文学说的影响,同时依据圣经经文认为世界的本原、上帝的思想具有数的特征。See Christoph Horn, "*Augustins Philosophie der Zahlen*". *Revue d' Etudes Augustiniennes et Patristiques*, vol.40, 1994, pp.389-415.

②　See Johannes Brachtendorf, *Die Struktur des menschlichen Geistes nach Augustinus: Selbstreflexion und Erkenntnis Gottes in "De Trinitate"*. Frankfurt am Main: Meiner, 2000, pp.24-55.

③　See Werner Beierwaltes, *Denken des Einen: Studien zur neuplatonischen Philosophie und ihrer Wirkungsgeschichte*. Frankfurt am Main: Klostermann, 1985, p.65ff.

获得完满的真理表示怀疑,但新学园派否定任何知识的确定性也让他无法接受。在第三卷,他辩驳了新学园派代表阿尔克西劳斯(Arcesilaus)和卡尔尼德斯(Carneades)的怀疑主义观点。卡尔尼德斯不同意斯多亚派创始人芝诺的如下主张:"感性表象(visum)能够被把握或者感知,它与错误的东西没有任何共同之处。"(*De Academicis*III 9,18)新学园派的极端立场认为没有任何东西可以被认识,奥古斯丁则为芝诺的这一基本主张做了辩护。他回应说,感官所显现的可能确实和真实世界不同,但感官印象的虚假无论如何不能证明世界不存在,因为世界(mundus)就是"所有那些我遇上的,为我提供养料的,呈现(apparet)在我眼前的,让我觉得有大地与天空或者仿佛大地与天空的东西,无论它们是什么"。(III 11,24)奥古斯丁在这里揭示了对于第一人称内在视角而言的感知确定性。感知活动通过什么感官发生以及是否与外在对象发生关系可以从第三人称视角加以判定,但是呈现出什么样的感知内容、形式只可能从第一人称的内在视角获得,这样的呈现对于且只对于第一人称的感知者而言确凿无疑,并且不可能被任何外在视角的判断否定。新学园派本身即反对对柏拉图理念论的教条式解释,奥古斯丁由此开启的内在转向因此已然不同于普罗丁,不是将智性世界而是将心灵自身的活动确立为认识的首要对象,其他的认识都以此为起点。

《论学园派》并未明确内在转向的方法论原则,更未从感知的确定性推论到对自我之存在的认识,这一原则的充分展开要到《论三位一体》中。①《论三位一体》第9卷开篇提出了探究心智(mens)本性的任务(*De trinitate* IX 2,2),随后在第10卷借用新学园派的普遍怀疑方法寻找关于心智的确定知识。不同于早期的反驳,此时奥古斯丁直接跳过了感知问题,径直宣称:"既然说的是心智的性质,我们就想把所有经由身体的外在感官获得的认识从我们的思考中去除,而更加仔细地关注所有那些我们确定是心智从其自身所知且确凿无疑的。"他用普遍怀疑否定了各种当时关于心灵的看法:"人们怀疑过活着、记忆、理解、意愿、思考、认识以及判断的能力靠的是气、火、脑、血、原子还是第五元素——我不知道那是什么,但它不同于通常的四元素,怀疑过肉身的

---

① 转向"内在之人"(homo interior)的说法首次出现于《论真的宗教》中,参见 *De vera religione*,p.72.

联结或有序运行能否产生这些效果。一人持此说,一人持彼说。但谁会怀疑自己在活着、在记忆、在理解、在意愿、在思考、在认识、在判断? 即使怀疑时,他也活着;即使怀疑时,他也记得他所怀疑的;即使怀疑时,他也理解自己在怀疑;即使怀疑时,他也想获得确定性;即使怀疑时,他也在思考;即使怀疑时,他也知道自己不知道;即使怀疑时,他也在判定,不该匆匆认可。故而无论谁怀疑任何别的东西,都不该怀疑这些,倘若这些不存在,则无法怀疑任何东西。"(De trinitate X 10,14)通过对不可否定的怀疑活动本身的确证,奥古斯丁明确了怀疑以及任何思考活动都必须同时以记忆、理解、意愿(meminisse et intellegere et velle)这一心灵的三一结构为基础。换言之,任何思考活动 X 都等于"我记着我在 X,我理解我在 X,我意愿我 X",在进行 X 的时间,我将自己同一为"记着、理解和意愿自己在 X"的活动主体,同时,因为任何思考活动都必然通过记忆、理解和意愿而与自身相关,心灵即便在不进行任何思考活动时也潜在地具有记忆、理解和意愿的三一结构。尽管不同于早期对感知确定性的确证,但向内回转探究心灵活动本身的方法并无二致,奥古斯丁藉此将心灵确认为潜在地或现实地进行记忆、理解和意愿的精神实体,伴随着潜含的自身意识(se nosse)或显明的自身认识(se cogitare)。[1]

探究心灵的三一是为了最终认识上帝的三一,奥古斯丁将灵魂上升的模式与"人是上帝的拟像"这一基督教教义结合,但此时认识的内容与柏拉图传统相比已发生重大改变。无论通过心灵三一认识上帝的三一是否一个成功的方案[2],此时连接起来的向内回转—向上攀升的路径并不保证对感性世界的认识。尽管奥古斯丁将柏拉图传统中的理念世界改头换面为上帝的思想,甚至在某种意义上回应了柏拉图晚期的本原学说[3],但在新学园派怀疑论挑战下开辟的新的内向化进路与传统的以认识理念世界为目的的上升无法顺理成章地整合在一起。毋宁说,奥古斯丁藉此确定的是心灵、主体活动本身的结

---

[1] 这两种自识的区分是约翰纳斯·布拉赫腾多福做出的开创性研究,前者潜在地以所有心灵活动为其相关项,后者通过反思将当下的心灵活动确立为其对象,前者比后者更根本,奠定了心灵的统一。See Brachtendorf, *Die Struktur Des Menschlichen Geistes*.

[2] See ibid., pp.251-281; Luigi Gioia, *The Theological Epistemology of Augustine's De Trinitate*. Oxford: Oxford University Press, 2008, pp.232-297.

[3] See Roland Kany, *Augustins Trinita"tsdenken: Bilanz, Kritik und Weiterfu"hrung der modernen Forschung zu"De Trinitate"*. Tübingen: Mohr Siebeck, 2007, pp.436-455.

构。即便心灵与外在世界均由上帝创造,二者的本原笼统地归于上帝,但对心灵结构的认识并不能合理地引向对外在世界的本质形式的认识。对心灵结构的确认反而同时确认了心灵与世界的差异和可分离性,这种可分离性在内在转向的过程之中即已揭示:《论学园派》中阐明的感知确定性和《论三位一体》中阐明的心灵三一结构的确定性并不等同,奥古斯丁故而会说将感知从对心智的探究中剔除,并确认心灵的本质是具有记忆、理解和意愿能力的实体,感知则不是其本质能力。心灵依靠其本质的三一结构统摄杂多的经验内容,实现自身统一,由此确立了不同于世界的独立领域,对心灵的理解由其自识而非对智性世界的沉思奠基。

　　与此相应,世界灵魂学说在奥古斯丁这里失去了有效性。奥古斯丁没有完全拒绝新柏拉图主义的世界灵魂学说,一者新柏拉图主义的灵魂等级说符合他的存在论等级,二者灵魂的在场赋予存在者以秩序和规则,在他看来也是一个合理的解释,但这个学说在其思想中已无足轻重。他既不同意将所有有形体的灵魂看作一个统一体,也无法确定世界灵魂是否通过天使发生作用,最终对此问题存而不论。① 不过,奥古斯丁毕竟形式上继承了柏拉图的理念说,且将新柏拉图主义的三本原说化入三位一体理论,使理念世界作为上帝之言成为造物的原型,延续了心灵与世界的同源性,对心灵与世界的理解最终还是要依靠对上帝的静观。可以说,在极端二元论的三个命题中,奥古斯丁明确主张第一个,间接论证了第二个的有效性,对感知确定性的论证甚至隐约有了第三个命题的端倪,但他并未完全主张命题二,也从未思考过命题三。心灵与世界的进一步分离要等到笛卡尔对他所开启的新传统的推进。

## 三、笛卡尔的内向化推进和对世界的机械化

　　笛卡尔的"我思"(cogito)概念与奥古斯丁自身认识思想的传承关系学界向已多有讨论。一般认为,笛卡尔所受的耶稣会教育让他不可能没有接触奥

---

　　① See Gerard J. P. O'Daly, *Augustine's Philosophy of Mind*. Berkeley: University of California Press, 1987, pp.62-70. 不过有些学者认为奥古斯丁将世界灵魂与个体灵魂的统一转化为亚当与其后裔联结, See Robert J. O'Connell, *The origin of the soul in St. Augustine's later works* . New York: Fordham University Press, 1987, pp.337-350.

古斯丁的思想。① 他的挚交马林·梅色纳(Marin Mersenne)在《谈谈方法》出版之前三年就曾提醒其阅读《上帝之城》第 11 卷 26 章,并在《谈谈方法》出版之时再次指出"我思故我在"与奥古斯丁"我犯错,我存在"(sifallor,sum)之说的相似之处。笛卡尔对他与奥古斯丁的相似之处表示部分承认,只是否认受其影响。② 虽然没有确凿文本证明他在《谈谈方法》中提出"我思故我在"之时受到奥古斯丁《上帝之城》或者《论三位一体》的影响③,但二者之间的相似性非常明显。

《上帝之城》第 11 卷 26 章所述之"我犯错,我存在"与"我思故我在"的比较学界多有研究④,不管二者间有何差异,后者与《论三位一体》中的怀疑论证

---

① Rainer Schäfer, Gründe des Zweifels und antiskeptische Strategien bei Augustinus und René Descartes(1596 - 1650), Norbert Fischer, Augustinus Spuren und Spiegelungen seines Denkens. Frankfurt am Main:Meiner,2009,p.25.

② 参见 1637 年 5 月 25、1640 年 12 月 3 日及 12 月未知日期致梅色纳的三封信。科尔维乌斯(Andreas Colvius)也向笛卡尔提到他与奥古斯丁的相似,参见 1640 年 11 月 14 日致科尔维乌斯。See René Descartes,*The Philosophical Writings of Descartes*.J.Stoothoff,R.Cottingham,D.Murdoch trans.,3 vols..Cambridge:Cambridge University Press,1985,vol.3,pp.56-57,pp.159 - 161.

③ See Schäfer,Gründe des Zweifels und antiskeptische Strategien bei Augustinus und René Descartes(1596-1650),p.26;Johannes Brachtendorf,The Reception of Augustine in Modern Philosophy,Mark Vessey.A Companion to Augustine.Malden,MA:Wiley-Blackwell,2012,pp.479-481.

④ 很早就已处理过这一问题的雅克·辛提卡(Jaakko Hintikka)认为,"我犯错,我存在"这个推论并未比"我走,我存在"或者"我看见,我存在"说得更多,它们所表明的不过是心灵和身体的各种活动必须以生命或说存在为前提。如果我的身体和心灵的任何活动都必须以我的存在为前提,那么还可以提出无数"我……,我存在"形式的命题,并且都在"所有身体和心灵的活动都必须以我的存在为前提"这个意义上成立。相关讨论参见 Jaakko Hintikka."Cogito,Ergo Sum:Inference or Performance?".*The Philosophical Review*,vol.71,no.1,1962,pp.3-32;id.,"*Cogito,Ergo Sum as an Inference and a Performance*".*The Philosophical Review*,vol.72,no.4,1963,pp.487-496;M.J Coughlan,"'SiFallor,Sum' Revisited".*Augustinian Studies*,vol.13,1982,pp.145-149;Christoph Horn.*Welche Bedeutung hat das augustinische Cogito*? Id.Augustinus,De Civitate Dei.Berlin:Akad.-Verlag,1997,pp.117-118. 雅克·辛提卡还认为:"尽管在笛卡尔和奥古斯丁之间存在大量相似之处,但二人之间仍存在截然的差别。就我所知,没有任何一处文本表明奥古斯丁曾意识到他的'我思'是一种展示(performance)而非推论(inference)或者说事实观察。就奥古斯丁关心的而言,会很难去推翻伽森迪和其他人针对笛卡尔的我思论证提出的'逻辑式'解释。他着意的仅仅是'若非存在则思维不可能'。"见 Hintikka,"Cogito,Ergo Sum",p.23. 辛提卡所说的展示论证指的是正在说或正在想"我存在"的行为在当下就确证了说者或思者的存在。嘉雷特·马修(Gareth B.Matthews)认为这种解释只适合"第二沉思"中的说法,而《谈谈方法》以及《沉思录》其他地方的论述中也可以解释为三段论式推论或者分析的蕴含。See Gareth B. Matthews, *Thought's Ego in Augustine and Descartes*.Ithaca:Cornell University Press,1992,pp.20-22.

表达的是同样意思。《谈谈方法》中的论证一开始同样针对新学园式的怀疑论①,但没有诉诸感知确定性,而是径直指明我是作为一个理智思考者存在:"可是我马上就注意到:既然我因此宁愿认为一切都是假的,那么,我那样想的时候,那个在想的我就必然应当是个东西。……然后我仔细研究我是什么,发现我可以设想我没有形体,可以设想没有我所在的世界,也没有我立身的地点,却不能因此设想我不是。恰恰相反,正是根据我想怀疑其他事物的真实性这一点,可以十分明显、十分确定地推出我是。"(AT Ⅵ 31-33)②这与《论三位一体》中靠普遍怀疑推论自我的理智存在,思路完全相同。③ 笛卡尔在探究心灵的本质时同样将其与身体感官剥离。《第一哲学沉思录》开篇就为《谈谈方法》中即已展开的这种剥离式的思考做了辩护,笛卡尔声明,他是按照思维的次序,根据是否确凿地知道我是什么而从我的本质中排除了感官能力。(AT Ⅶ 8)"第二沉思"进一步用更充实的论证继续了这一思路。在像奥古斯丁一样检讨了自我作为身体的存在,检讨了灵魂是某种元素之类的通常观点后,笛卡尔用知名的恶灵思想实验质疑了自我的身体存在。(AT Ⅶ 26-27)

---

① 笛卡尔与当时的人文主义者对新学园派怀疑论的了解可能一样来自西塞罗。参见 Menn,*Descartes and Augustine*,p.220.

② 笛卡尔著作原文见 *Oeuvres De Descartes*,Charles Ernest Adam and Paul Tannery ed.,revised edition,12 vols.,Paris:Vrin/C.N.R.S.,1964-1976. 该版本学界一般简写为 AT。英译参见 René Descartes,*The Philosophical Writings of Descartes*,J.Stoothoff,R.Cottingham,D.Murdoch trans.,3 vols.. Cambridge:Cambridge University Press,1985. 中文翻译据笛卡尔:《谈谈方法》,王太庆译,北京:商务印书馆 2001 年版。该处引文见第 26—27 页。

③ 若万·威廉姆斯(Rowan D.Williams)考虑到了《论三位一体》中的论证但仍旧否认奥古斯丁和笛卡尔之间的一致,他认为"奥古斯丁更靠近《论确定性》中的维特根斯坦而非笛卡尔"。See Rowan D.Williams,*The Paradoxes of Self-Knowledge in the De Trinitate*,Joseph T.Lienhard.Augustine:Presbyter factus sum. New York et al.:Lang,1993, pp.130-131. 对他的反驳可参见 Brachtendorf,*Die Struktur des menschlichen Geistes*,p.179. 其他就《论三位一体》中的怀疑论证认为奥古斯丁和笛卡尔一致的研究可参见 Bruce Stephen Bubacz,"St.Augustine's'Si Fallor,Sum'".*Augustinian Studies*,vol.9,1978:35-44;John Arthur Mourant,"The Cogitos:Augustinian and Cartesian".*Augustinian Studies*.,vol.10,1979:32-35;Horn,*Welche Bedeutung hat das augustinische*;Gerard J.P.O'Daly,*The Response to Skepticism and the Mechanismus of Cognition*,Eleonore Stump.*The Cambridge Companion to Augustine*.Cambridge:Cambridge University Press,2001,p163;Marko J.Fuchs.*Sum und Cogito:Grundfiguren endlichen Selbstseins bei Augustinus und Descartes*.Paderborn:Schöningh,2010。奥古斯丁比笛卡尔多出来的是认为记忆、理解、意愿是心灵存在的核心结构,笛卡尔并未将哪一种或几种心灵活动置于基础地位。

　　仅就上述比较而言,笛卡尔完全延续了奥古斯丁的内向化思路,证明了心灵是以理智为其本质的实体。如果说笛卡尔在这条进路上有何推进,反而表现在他对感性现象的理解上强化了身心的分离。恶灵假想剥离的是身体感官,而非像一般认为的那样否定了感性现象,在这之后笛卡尔像《论学园派》中的奥古斯丁一样指出:"我就是那个在感觉的东西,也就是说,好像是通过感觉器官接受和认识事物的东西,因为事实上我看见了光,听到了声音,感到了热。但是有人将对我说:这些现象是假的,我是在睡觉。就算是这样吧;可是至少我似乎觉得就看见了,听见了,热了,这总是千真万确的吧;真正来说,这就是在我心里叫做在感觉的东西,而在正确的意义上,这就是在思维(cogitare)。"(AT VII 29)①这里同样表明了感知的确定性,准确地说是表明了"觉得在用感官感知"这一心灵活动中的"觉得"乃确凿无疑,如此的感知呈现也被称作在思维。如人们经常强调的,笛卡尔说的思(cogitationes)包括感觉、想象、理智、意愿等各种心灵活动(AT VII 28,160)②。这和奥古斯丁的用法有微妙的差异。奥古斯丁在《论三位一体》中解释说,外在物体在心灵中留下其形式的相似物,储存在记忆中,在心灵通过内感官有意的注视下,记忆、内视觉和意愿三者统合(coguntur)在一起形成思想(cogitatio)。(De trinitate XI 3,6)思想已然脱离了物体的形式,纯粹发生于心灵内部。在谈到感觉的形成时他则说,物体的形式印在感官上的形象通过身体发生在灵魂里,既不外在于灵魂也不外在于身体,而且,即便用理性加以判断也很难将其与物体的形式相分别。(ibid.XI 2,5)奥古斯丁没有将感觉包含在思想之内,虽然他也说到感官印象和物体形式不同,但仍然认为感官印象不可能脱离物体形式产生,感官印象是可错的,但与外在世界作用的关系是必然的,《论学园派》中对世界的定义可能导致的对这一点的怀疑没有被强化。

　　奥古斯丁继承了古希腊哲学以实在论为基础的认识论,认为身体感官获得的感性印象与物体形式相符,笛卡尔则发挥了二者相分别的想法,将其纳入自己的方法论原则中,这个原则即人们熟知的知识必须清楚分明。在早期的《探究心灵的规则》中,第九条规则即对真理的直观必须分明(distinctè)、清楚

---

① 中译见笛卡尔:《第一哲学沉思集》,庞景仁译,北京:商务印书馆1986年版,第28页。

② See Janet Broughton, *Self-Knowledge*, J. Broughton, J. Carriero. *A Companion to Descartes*. Malden, MA: Wiley-Blackwell, 2007, p.187.

（perspicuè）。（AT X 400）笛卡尔无数次重复的这一认识论原则在《沉思录》中获得了存在论上的含义。在"第六沉思"中他解释说，某东西可以清楚（clare）、分明（distincte）地在脱离（absque）另一东西时被认识，就足以让人确信它们是分开的（diversam），至少是可以被上帝分离的（sersimponi）。因此他确信，可以被理解为广延的、不思想的身体与理解为在思想、无广延的心灵是截然分离的两个观念，因此自我可以没有身体而存在。① 按照这一结论，包含在思想中的感性现象也与身体感官相分离，内在于心灵，其存在不必然依赖于后者。笛卡尔进一步说，自我可以清楚分明地理解没有感觉和想象等能力的自我，即一个智性实体，却不能理解没有自我的感觉和想象等能力。（AT VII 78-79）就最终将心灵理解为可以脱离感性能力的智性实体而言，笛卡尔与奥古斯丁完全一致。但在对感性现象的理解上笛卡尔比奥古斯丁更彻底地分离了身体与心灵。奥古斯丁说的即便用理性判断也不能分别的物体形式和感性印象，被笛卡尔以上帝的视角设想为可以分离的，不过，严格地说，他分离的并非是物体形式与感性印象，因为在他的理解中，并无感性印象与之相符的物体形式，他斩断的是心理现象与物理现象之间的必然联系。

这样的分离在他区分可思者（res cogitans）和广延者（res extensa）时就发生了。外在世界被等同为广延者，其本质属性唯有广延，分离、组合、形体、运动等都是广延的不同模态，而经由感官获得的各种感觉都属于可思者。这些感觉与广延的诸模态之间没有可理解的必然联结。要解决感觉以及基于经验感知的知识的可靠性，笛卡尔的方案是通过奥古斯丁式的内在转向确立心灵的可靠性后，更融洽地将向上攀升的思路与之连接，依靠完满性观念论证上帝的存在②，最后由上帝来确保广延者与可思者之间的联结。这个方案导致了其他问题，但却更好地服务于笛卡尔的思想架构。

在奥古斯丁继承的新柏拉图主义传统中，Nous 超越于感性世界，只认识一切有形存在者的智性原型亦即自身之内的理念，但基督教认为上帝全知全

---

① 正如 M.F.Burnyeat 很早就指出的，是笛卡尔最为彻底地将身体作为外部世界的一部分与心灵分离。See id."Idealism and Greek Philosophy.What Descartes Saw and Berkeley Missed".*Philosophical Review*,vol.91,no.1,1982,pp.3-40.

② 笛卡尔的上帝证明也继承了奥古斯丁"真理的标准来自更高处"的证明方法。See Menn,*Descartes and Augustine*,pp.281-292.

能,物质世界的一切都在其预知预定之中。奥古斯丁没有注意到两者的矛盾,对于笛卡尔来说则是必须解决的难题。他借鉴了中世纪唯意志论的方法,认为上帝知道外在于自身的物质世界是因为上帝知道自身的意志,而物质世界如此存在的唯一理由是因为上帝意愿它。① 如此一来,感觉、经验的可靠性不再依靠对其智性形式的认识,而仅仅由上帝的意志保证,柏拉图式的理念论丧失了其地位。这样做调和了基督教教义和柏拉图传统的矛盾,但自从唯意志论提出后就备受争议,关键的一点质疑是,在柏拉图传统中物质世界以善的理念为本原,因此其存在即是善的,但在这一解释中,物质世界的善失去了根基。

这一问题对笛卡尔而言并非理论上的障碍,反而为世界的机械化理解松了绑,为自伽利略以来的经验科学开辟了道路。可感世界不再是理念世界的具化后,其运动变化也不再具有内在的目的。在伽利略革命性的影响下,宇宙被理解为机械的。对现实的认识就是通过经验观察掌握广延诸模态的量化变动②,确认外在世界以及身体的各种状态间的因果联系,运用力学加以说明。按照笛卡尔的说法,自然物与熟练的工匠制造出来的人造物之间只有大小的差别,钟的走动和树的生长没有差别。( AT VIII 326)③物质世界不再是对理念世界的分有后,其可理解性和心灵一样独自依赖于自身。对柏拉图传统来说,真理在于认识 Nous,感性表象的错误在其自身而不在我们对理念的认识,而对笛卡尔,关于心灵和上帝的形而上学会为物理学奠基,但对感性世界的认识在于物理科学本身对外在世界的符合。④ 思维物和广延物之间于是有了彻底的存在论的鸿沟,对心与物的理解要诉诸不同的原理,心灵依靠对自身活动第一人称的反思性认识,世界依靠对机械的因果规律的掌握,世界的机械化与心灵的内向化同步展开。尽管笛卡尔仍旧靠上帝来确保心的现象和物的现象之间的联结,也认为在实存世界中各种感知由身体的物理变动引起( AT VII 74,79),但在形而上学上认为感知内在于心灵,并非由物理原因决定(AT VIII

---

① 斯蒂芬・门非常详细地解释了笛卡尔为何采取这样的策略来解决对物质世界的认识。See ibid.,pp.337-392.

② See Martin Heidegger,*Sein und Zeit*,Tübingen,Niemeyer,1977,pp.90-98.

③ 参见爱德华・扬・戴克斯特豪斯(Eduard Jan Dijksterhuis):《世界图景的机械化》,张卜天译,北京:商务印书馆2015年版,第568—589页。

④ Menn,Descartes and Augustine,p.218.

358-359),心理现象与物理现象之间没有必然的联系。① 极端二元论的三个命题经此在笛卡尔这里都得到了充分确立。

## 四、小 结

普罗丁虽然认为心与物是不同的实体,但也同时提出心灵的活动和有形物的存在有共同的智性本原,在感性世界中智性本原通过世界灵魂发生作用,因此仅仅持有极端二元论中的命题一。奥古斯丁发展了新柏拉图主义的内向化思路,依靠心灵对自身活动的确认获得自身知识,客观上使得对心灵的理解不再依赖对智性本原的认识,极端二元论的命题二得到发展。笛卡尔完全继承了中世纪的奥古斯丁传统,将内向化作为一切知识的起点,由上帝的意志保证了心灵对物质世界感知的可靠性,但世界被机械化地理解,对可感物的认识不再依靠对理念的认识而是对机械的因果联系的掌握,心与物的可理解性因此都取决于不同的原理。同时,感性现象在形而上学上内在于心灵,不被物理现象决定,二者间没有必然联系。极端二元论的命题二和三在笛卡尔这里都得到确立,心灵与世界在他这里彻底分离,成为后世各种二元论的开端。

## The Radicalisation of the mind-body dualism FromPlotinus,Augustine to Descartes

### Yang Xiaogang

**Abstract**:Descartes is regarded as the founder of the modern mind-body dualism,but we can find the origin of his thoughts and method in Augustine and the newplatonism heritage,which Augustine had carried on.Although all of them are la-

---

① Raffaella De Rosa 在将要发表于 *Philosophy and Phenomenological Research* 上的"Descartes and the Curious Case of the Origin of Sensory Ideas"一文中认为笛卡尔关于生理原因和感性印象之间的关系可以分为心理学层面的必然的因果关联和形而上学层面的偶然关联两种论述,之所以在形而上学层面是偶然的是因为,假如人类心灵的结构改变,相应的感性印象也会改变,给定人类心灵的结构,则某个生理变动会必然引起某个感性印象。文章见 https://onlinelibrary.wiley.com/doi/abs/10.1111/phpr.12421。

beledwith dualism, not each of them developed a radical dualism, which entails three propositions referring to the substantiality of mind and body, the principles to understand mind and body and the relationship between mind and body respectively. The development of the theory about mind and body form Plotinus, Augustine to Descartes could be sketched as the process of the establishing of these propositions on different premises, which resulted in the complete separation of mind from the world.

**Key Words**: mind-body dualism; Plotinus; Augustine; Descartes; internalization

# 精英教育与教育公平

## ——基于法国案例的考察*

唐佳路　马彦卿**

**摘要**:如何兼顾教育公平和择优而教,是教育政治哲学的基本问题之一,每个时期都提出了契合社会模式和社会动态思想的应对方式。本文从教育社会学思想史的角度,反思性地回顾了法国精英教育思想的源头,分析其外部的社会环境和内部政治逻辑,也展现了对应时期的学术研究。文章将全民教育和精英教育的争论,置身于三个不同的法国历史背景下:启蒙运动时期共和国精英主义的思想基础形成、第二次世界大战以后教育民主化计划的普及,重点分析了20世纪和21世纪之交,精英教育理念在全球化时代的重新建构,法国如何在提升国家在国际竞争中的地位和捍卫文化认同感之间做出平衡。

**关键词**:精英教育,全民教育,教育公平

## 一、引言:短历史和长历史

1960年至1980年期间的主要问题是民主化,特别是出台民主化草案。在这一背景下,关心精英教育是非常政治不正确的。在此期间关于这一主题

---

　　*　资助基金:全国教育科学"十三五"规划教育部青年课题"大众化教育阶段的精英培养与精英再生产研究"(EIA160469),中央高校基本科研业务费青年教师成长项目"代际流动和精英再生产的视角"(A1420502051902-4)。

　　**　唐佳路,西南交通大学外国语学院法语系讲师,法国亚眠大学教育社会学博士、客座研究员。主要研究方向:教育社会学、教育哲学、精英教育和社会流动。马彦卿,西南交通大学外国语学院法语系研究生,主要研究方向:法国现当代哲学和思想史。

的著作十分稀少。在这一大背景下,作为闪光的例外,皮埃尔·布尔迪厄①和莫妮克·德·圣马丁②的论著讨论了精英教育这一焦点问题。除了具有批判性的观点之外,他们著作的特征围绕"再生产"这一主题展开,其内容同时涵盖了精英教育和学业失败。这些作者的研究没有形成一个单独的研究议题,而是围绕这一主题,引发了一个更广泛的社会学讨论。

但盎格鲁-撒克逊世界的情况则截然相反。民主化纲领受到《黑皮书》的质疑,这酝酿了1979年英国保守党的重新掌权。尤其是1983年在美国发表的报告《国家在危机中》响应里根总统的一项指令,严正控诉了对困难群体的支援政策。其中教育投资的收效遭到严重怀疑,但主要的批评还是关于学业水平的下降和精英教育领域投资的减少。这场危机出现之后的一些再分析表明③,尽管对于公共教育的批评并不完全符合事实,但是新的发展方向被国际组织重新采用,并如同星火燎原之势蔓延开来。

法国的情况似乎又有所不同。左派于1981年重新执政,试图借鉴英国模式革新民主议程。因此,路易·勒格朗的报告《为了民主化的中学》④提议减少11—15岁青少年的课程分量。1967年的普洛登报告和20世纪60年代后期英国"优先教育学区"的研究结论明显启发了法国优先教育学区的创立。优先政策的思想已经长期扎根,即便今天的财力支持已大幅减少,但其原则仍被不断实践。除此之外的其他提案被大多数教师和家庭拒绝,1984年让-克洛德·米尔纳的著作《学校》⑤成功标志着回归传统文化价值观的运动的开始,对于优先政策的不同立场加深了左派的分歧。

在此形势下,政治和学术研究的关注点已转向高等教育。在欧洲,索邦大学(1998)和博洛尼亚大学(1999)的宣言开创了一个以国际竞争为主导的新

———————

① See Pierre Bourdieu, *La noblesse d'État*, Paris, Éditions de Minuit, 1989.

② See Monique de Saint Martin et Mihai Dinu Gheorghiu *Les écoles de gestion et la formation des élites*, Paris MSH, 1997; Monique de Saint Martin, "Les recherches sociologiques sur les grandes écoles: de la reproduction à la recherche de justice", Éducation et Sociétés, n° 21, 2008, pp.95–104.

③ See David Berliner & Bruce J. Biddle, *The manufactured crisis. Myths, Frauds and the Attacks on the America's Public School*, New York Addison—Wesley, 1995.

④ See Paris, *La Documentation Française*, 1982.

⑤ See Paris, *Le Seuil*, 1984.

时期。许多研究着眼于这一新教育思想的表现形式①。在学校教育方面,科尔曼报告的重新分析显示出学校机构之间的差异②。很快,这个问题从结果导向的角度被再次提出:什么是"好学校"③的特点?为了回答这一问题,专家、研讨会和教育机构就组建起了一些新的社会学研究对象:平等与效率的关系,家庭权利和学校的选择权,准市场的建立,精英观念的更新及其培养模式……

本文的目的便是反思性地回顾这些演变,基于一种反思性的而非揭露性的研究方式,旨在理解每个立场的逻辑,并建立起能与当时社会争论相符的外在性。这种反思性的回顾将借用社会学中一种回溯方法,将时局形势置于教育公平争论的漫长历史之中。而对精英教育的关注发生于一段较短的历史中:主要体现为《国家在危机中》这份报告的影响。它将问题简化为在国际教育培训市场中建立竞争的问题,并导致对目前已成为共识的新自由主义的批判,而新自由主义现在已成为共识的一部分。但它并没有考虑主导局势变化的内部因素。

如果准市场化这一新模式这么容易就能被人接受,那么学校民主化这一旧模式就会处于危机之中。④ 深入研究历史,就要重新引入布尔迪厄的方法,即兼顾全民教育和择优而教。从一开始这就是教育政治哲学的基本问题之一。每个时期都提出了契合社会模式和社会动态思想的应对方式。

以下的陈述即从这一视角出发。首先回顾十八世纪末的教育大纲和乐观主义,即设想在全民化学校和精英学校之间建立一个连续统一体,以及寻求两

---

① See *Éducation et Sociétés* n°12, L'influence des organisations internationales sur les politiques d'éducation, coordonné par Jean-Émile Charlier, 2003; Sarah Croché "Qui pilote le processus de Bologne?" *Éducation et Sociétés*, n° 18, 2006, p.203-218; *Éducation et Sociétés*, n° 24, 2009, Le processus de Bologne et ses effets, coordonné par Sarah Croché et Jean-Émile Charlier.

② See Christopher Jenks et alii, *Inequality: A Reassessment of the Effect of Family and Schooling in America*, New York, Basic Books, 1972; Wilbur B. Brookover et alii, School Systems and Student Achievement: Schools make a difference, New York, Praeger, 1979.

③ See Sarah Laurence Lightfoot, *The Good High School: Portraits of character and culture*, New York, Basic Books, 1983; Robert Ballion, *La bonne école. Évaluation et choix du collège et du lycée*, Paris, Hatier, 1991.

④ See Jean-Louis Derouet, Éric Mangez & Luciano Benadusi, «What about the comprehensive project in Europe?», *European Educational Research Journal*, vol.14(3-4), 2015.

者之间的平衡。一旦清除了旧制度的特权,通往卓越的通道似乎就向每个人打开。这种理想主义在十九世纪受到质疑,各种争论都在讨论如何使这一平等承诺变得更为真实可行。然而,这种理想主义传统在今天共和精英主义的肯定下仍然非常活跃。观点在 20 世纪初有了变化。社会民主使学校成为其再分配计划的工具之一,并为普通大众阶层提供了教育平等机会的可能性,使他们的孩子能够进入资产阶级学校。

当民主化学校没有兑现其质量平等的承诺时,这种分配显然受到质疑。第二部分会分析这种演变。再分配的计划在 20 世纪 90 年代过时了,由于社会排斥问题和要求承认差异的呼声高涨①,社会或多或少地放弃再分配计划。社会期望学校进行有效的教育,但更多的是希望学校能把所有生活在法国的孩子融为一体。这种情况以非常不同的方式探究全民教育与精英教育的关系。

最重要的是,它接受了缓慢演变,甚至设置了不同的课程。这些原则激发了其他问题:如何区分教育多元化,能考虑到精英与平民差异,同时也要考虑到所有学生达到共同目标,以及兼顾加剧不平等的市场多元化?

## 二、启蒙运动的乐观主义:从共同
## 人性原则到共和精英主义

关于全民教育与精英教育之间关系的辩论年代久远,在公立学校项目确立之前便已经存在。在旧制度之下,耶稣会士和基督教学校的兄弟会互不信赖②。耶稣会士依附于精英教育,并假想让群众跟随其后③。兄弟会则希望给予所有人一些基本启蒙以便能做一个好基督徒④。他们这种教学经常受到

---

①　See Axel Honneth *The struggle for recognition*:*The moral grammar of social conflicts*,trans.Joel Anderson,Cambridge:Polity Press,1995,Traduction française,*La lutte pour la reconnaissance*,Paris,Cerf,2000.

②　See Guy Avanzini,*Pédagogies chrétiennes*,*pédagogues chrétiens*,Lyon,Éditions Jean Bosco,1996.

③　See François de Dainville,*L'éducation des Jésuites(XVI° - XVIII° siècle)*,Paris,Éditions de Minuit,1978.

④　See Georges Rigault,*Histoire générale de l'Institut des Frères des Écoles Chrétiennes*,Paris,Plon,1937-1953.

贬低,还被冠以"无知兄弟会"①的绰号。启蒙运动建立了一个新模式。起因是路易十五于 1763 年驱逐耶稣会士。该决定斩除了精英教育,并开启了教育计划的繁盛期,是公共教育计划的雏形②。这一计划的实施十分漫长,历史学家通常把新旧教育制度的过渡确定在七月王朝时期③。然而,这些记录在今天仍然是构成共和传统基础的参考。最著名的是孔多塞的贡献,被用作激进共和派和社会民主派的共同参考。教育的目标是通过向儿童灌输一种普遍认同观来建立公民身份。它必须从一门共同语言、一些基本知识和简单的价值观出发来确保国家统一。平等的概念同样得到表述,但主要是关于将个体从家庭、社区或宗教关系中解放出来,试图使之接纳一种普遍的共同价值观。它绝不是财富的重新分配问题。

这一概念启发了所谓共和国学校的创始者们。儒尔·费里关于教育平等的讲话④在这一点上非常明确:目标是为所有人提供一切实现其公民身份的方法,而绝不会撼动其社会地位。对公民教育的关注可以追溯到社会学早期著作和涂尔干⑤的论著:集体意识的产生。

在这个概念中,人们完全有可能把全民教育和精英教育设想成连续统一体。除少数属于病理的情况外,所有的孩子在学校和知识面前生来平等。接着,获取知识和构建普遍认同感必须要做出一些牺牲:摆脱空想和玩乐的诱惑、脱离恋家的舒适、脱离社群共识,在不能保证任何收益的情况下也投身于严峻的工作,等等。并非所有人都赞同这种禁欲主义。这些观念重新定义了学校的价值观,即是有收获就有回报。

今天人们很容易批判这种理想主义,并指出它使资产阶级的子女受益。

---

① André Prevost, *L'enseignement technique chez les Frères des écoles chrétiennes au XVIII° et XIX° siècle*, Paris, Ligel, 1964; Michel Fievet, *Les enfants pauvres à l'école : la révolution scolaire de Jean Baptiste de La Salle*, Paris, Éditions Imago, 2001.

② See Bronislaw Baczko, *Une éducation pour la démocratie : textes et projets de l'époque révolutionnaire*, Paris, Garnier, 1982.

③ See Françoise Mayeur, *Histoire Générale de l'enseignement et de l'éducation en France*, t. 3 (17891930), Paris, Perrin, 2004; Christian Nique, *Comment l'École est-elle devenue affaire d'État?* (18151840), Paris, Nathan, 1990.

④ See Jules Ferry *De l'égalité d'éducation*. Conférence populaire prononcée à la salle Molière, Paris, La Société pour l'instruction élémentaire, 1870.

⑤ See Émile Durkheim, *L'éducation morale*, Paris, PUF, 1925.

对于形式平等的批判和为推进实质平等所做的努力,占据了整个 19 世纪以及 20 世纪初,但最终的遗产仍然存在:肯定人类共性原则,反对天生不平等观念尤其是智力遗传的假设。人类共性原则构成了城市政治的创建要素之一①:如果有一个上等种族和下等种族,那就没有民主讨论的空间。历史表明,如果不奋力抗争,这一原则就无法使人接受。从一开始,一场运动就反对法国大革命的思想:不平等现象在自然界中无处不在;追求平等的计划是一个危险的乌托邦②。在十九世纪,该理论依赖于达尔文主义对优生学的贡献③。这一运动的历史和它衍生的可怕结果是众所周知的④。拒绝达尔文主义是共和主义文化的基础之一。与此同时,它难以考虑到现实的某些方面。

天才儿童这个词无疑是愚蠢的,社会学家和教育学家也很好地引领了对天才观念的批判⑤。称其为早熟儿童则无疑更为恰当,但是共和国的学校在解决这一问题时遇到了困难。而这方面的问题却得到了私人教育的支持,甚至是家庭教育的支持。国际间比较研究则对这一盲点从法国国家内部⑥进行探讨。在所有社会类别中判定天才儿童,是中国民主化议程的重要组成部分⑦。

重要的遗产,催生了今天的共和精英主义的概念。共和国精英主义的目标是用献身于共和国的高尚情操来取代旧有的贵族统治。这是精英大学的起源,在法兰西第一帝国时期稳定下来,还包含了一个法国式悖论:首先高等教育组织具有高门槛性,与此同时它也符合共和主义传统,具有民主化教育的特点。这一传统标志着之后一段时期的来临。在 20 世纪 60 年代,围绕民主化

---

① See Luc Boltanski & Laurent Thévenot, *De la justification. Les économies de la grandeur*, Paris, Gallimard, 1991.

② See Albert Hirschman, *The Rhetoric of Reaction: Perversity, Futility, Jeopardy*, Harvard University Press, 1991.

③ See Francis Galton, *Hereditary Genius. An Inquity into the law and consequences*, London, Mc Millan, 1869; Alexis Carrel, *L'homme cet inconnu*, Paris, Plon, 1935.

④ See Anne Carol, *Histoire de l'eugénisme en France*, Paris, Le Seuil, 1995; Pierre-André Taguieff *Dictionnaire historique et critique du racisme*, Paris, PUF, 2013.

⑤ See GFEN, *L'échec scolaire: doué ou non doué?* Éditions sociales, 1976.

⑥ See Claude Thélot, *L'origine des génies*, Paris, Le Seuil, 2003.

⑦ See Yiping Huo, Philippe Savoie, Jean-Louis Derouet & Jean-Émile Charlier dir. *La fabrication des élites en France et en Chine (XVIIe-) 0Cle siècles)*, Louvain-la-Neuve, Academia, 2016 (à paraître).

计划实施的讨论与英国的发展趋势完全不同。雷蒙·威廉姆斯借鉴英国工党地方教育机关的经验,提出了一个基于简单知识并贴近生活的课程项目①。经过好几年的争论,法国则做出了相反的选择:人民的子女享有最好的权利,这项最好的权利就是享有经典文化②。经验证明了这种赌注的难度;社会科学有时会谴责它是虚伪的:如果教学内容重建无形壁垒将大众阶层的子女与上层阶级的继承者们分隔开,那么废除专业课程毫无意义。随着民主化模式的破灭,这一批评本身也受到了质疑:社会科学的相对主义是否可能导致研究水平的下降,甚至是思想上的失败③? 在争论过程中一个新的概念已然成形,共和国精英主义已经发展出咄咄逼人的一面④。这些著作在大众传媒上的成功表明,在教育中强调才智和职业的区分,大部分人对此十分敏感,即使它继续受到了社会科学的批评⑤。

## 三、第二次世界大战之后:介于与学业失败作斗争和 维护文化传统之间的民主化计划

相较于法国第三共和国初期提出的国家一体化目标,第一次世界大战起到了至关重要的检验作用:巴斯克和布列塔尼⑥的年轻人在法国东部边境上赴死,一刻也没有动摇捍卫自己国土的信念。如果1870年普法战争被认为是德国教育家们的胜利,那么第一次世界大战战壕中法国士兵的优良作风则认可了法兰西共和国教育者们的美德。甚至在战争尾声,一小撮高等师范学校的年轻人公布了一个新计划:中学教育的民主化⑦。这个计划在两次世界大

---

① See Jean-Claude Forquin *École et culture. Le point de vue des sociologues britanniques*, Bruxelles,De Boeck,1989.

② See Antoine Prost, *Histoire générale de l'éducation en France*,t.4,XXᵉ siècle,Paris,Perrin, 1981.

③ See Alain Finkielkraut,*La défaite de la pensée*,Paris,Gallimard,1987.

④ See Pierre Deheuvels,*L'excellence est à tout le monde*,Paris,Robert Laffont,1987.

⑤ See Christian Baudelot & Roger Establet,*L'élitisme républicain.L'école française à l'épreuve des comparaisons internationales*,Paris,Seuil,2009.

⑥ 译者注:巴斯克地区位于比利牛斯山附近、法国西南部,接壤西班牙;布列塔尼大区位于法国西北部的布列塔尼半岛,英吉利海峡和比斯开湾之间。以其文化的独特性而著称。

⑦ See Bruno Garnier,*L'Université nouvelle.Les compagnons*,Lyon,INRP,2009.

战期间被重新润饰,特别是在人民阵线时期。计划在第二次世界大战后进行了汇总,随着经济与合作发展组织执行民主化计划,对这一问题的讨论逐渐占有了一席之地。这一新目标深刻地梳理了大众教育与去精英化之间关系的问题。反思从定义民主化以应对精英的扩招,跨越到提高全球人口教育水平。心理学家亨利·瓦隆和物理学家保罗·朗之万负责提出一份教育改革报告,记载了二战时期法国抵抗运动的提议。由于保罗·朗之万和亨利·瓦隆都是共产党员,所以他们的结论在冷战开始时被拒绝了,但朗之万—瓦隆计划①作为一项重要参考,仍旧处于当代教育争论的核心地位。计划清晰地描述了这种演变:

　　　有两种构思民主教育的方式。首先,在两次世界大战之间似乎有一种个人主义的方式占了上风:每个人,每个孩子,无论他的社会出身如何,如果他才智突出,都应该能够取得最高统治地位。[……]。这是贯彻了个人主义的设想[……]。今天,我们考虑以更为普遍的形式进行教育的民主改革[……]。我们的民主教育观的要义在于它代表着一个国家总体素质的提升,无论一个人处于何种地位,从事无论何种工作以及在社会中扮演何种角色。②

朗之万—瓦隆计划构思民主教育的第一个概念中,对民主化和精英教育的关注是相辅相成的。第二个概念内部即使不存在对立的情况,至少还有优先级的层次结构:集体素质水平的提升比去精英化更为重要。学业失败问题加剧了这种压力。直到20世纪50年代,差生通过一种笨蛋的形象被审视:经常是友好的,有时才华横溢,但无论何时都是一种个体特征。第二次世界大战之后运算的社会统计编码③将父母的社会地位与儿童教育成功联系起来:社会学规律表明,无论是在政治层面还是科研层面,学业失败成为人们大量投入精力探究的主题④。对于精英教育的关注肯定会在一些特殊利益层面上被否

---

①　See *Le rapport Langevin Wallon*, *commenté* par Claude Allègre, François Dubet et Philippe Meirieu, Paris, Éditions des Mille et une nuits, 2002.

②　Discours du 29 mars 1946 à Besançon.

③　See Alain Desrosières, *La politique des grands nombres. Histoire de la raison statistique*, Paris, La Découverte, 2000.

④　See Éric Plaisance *L'échec scolaire. Nouveaux débats*, *nouvelles approches sociologiques*, Paris, CNRS, 1985.

决,并且变得非常政治不正确。于是它就从政治话语和科研对象中消失了。但学业失败这一社会现实仍然存在,并且经历着自己的演变:黄金三十年时期精英大学相对开放招生,之后由于逐渐出现危机而停止招生,但这一变化只在事后被研究①。

幻想的破灭始于20世纪70年代。舆论逐渐放弃了对社会流动的期待并改变了诉求:对教育质量的关注导致对评估的需求,对国家管理失去信心催生了家庭对选择学校的需求。知识界认为,这种取向采取了长青哲学的报复形式从而反对社会科学的相对主义。主要参考文献来自汉娜·阿伦特②。其论著重申了一些基本原则:知识,致力于普遍利益,工作等。捍卫文化传统不再专属于右派,比如米尔纳③和芬基尔克劳④等作者就来自极左阵营。因此,对精英教育的关注在全球化的背景下卷土重来并更新了论据:既要提升国家在国际竞争中的地位,又要捍卫文化认同感。在20世纪90年代末,政治和科研的目光转向了高等教育。先是在索邦大学召开的会议,然后是博洛尼亚大学的会议提出建立一个新的组织,主张让大学深入国际竞争,并号召进行大量的研究⑤。

对精英教育的关注也可以追溯到中学教育。在20世纪70年代,科尔曼报告的再分析揭示了学校机构对教育质量的影响。这些研究显然是从民主化计划的角度出发的。研究表明,能容纳弱势群体的学校可以取得良好的效果。这一结果很快转化为对精英学校的研究:如莱特福特⑥、巴隆⑦的研究。逐渐

---

① See Michel Euriat & Claude Thélot, «Le recrutement scolaire de l'élite sociale en France. Évolution des inégalités de 1950 à 1990», *Revue Française de Sociologie* ) 00*NI*, 1995, pp.403 – 438; Valérie Albouy & Thomas Wanecq, Les inégalités d'accès aux grandes écoles. *Économie et Statistique*, n° 361, 2003, pp.27–52.

② See Hannah Arendt, *Between Past and Future. Six Exercices on Political Thought*, New York, 1961, Traduction française *La crise de la culture*, Paris, Gallimard, 1972.

③ Ibid.

④ Ibid.

⑤ See *Éducation et Sociétés*, n° 24, Le processus de Bologne et ses effets, coordonné par Sarah Croché et Jean-Émile Charlier, 2009.

⑥ See *Éducation et Sociétés*, n° 24, Le processus de Bologne et ses effets, coordonné par Sarah Croché et Jean-Émile Charlier, 2009.

⑦ Ibid.

地,选择学校成为家庭的首要诉求其中一个结果就是学术界围绕这个问题的研究:国家的衰落和自由市场的开放能成为这一诉求的最佳答案吗①?

## 四、20世纪和21世纪之交:当精英教育面对
## 公平的重构和全球教育市场的形成

20世纪末,民主化学校所带来的重新分配社会地位的理想因为经济危机和明显的排斥问题而受到质疑②。在发达社会内部,有少部分人,他们除了深陷贫困之外,还缺乏最低标准的生活条件和最基本的社会技能。如此,社会融合就重新成为学校的首要任务③,公民所占的职位等级和工资等级则成为次要因素。与此同时,在多民族和多文化的社会中,社会融合已成为一个复杂的系统性问题。公平的定义必须包括承认差异的要求。这是关于女孩在学校是否能戴伊斯兰头巾的辩论中所显露的④,但辩论很快就采取了更为宽泛的形式,由社会科学整合成主题导向⑤:重新审视源于启蒙运动的价值普遍主义。性别问题的例子表明,一般来说社会民主在面对差异时是不够坚固的⑥。

法国的紧张局势特别尖锐:共和国公民身份的定义基于去独特化,在此过程中个人需要抛开其家庭、文化、宗教关系。当部分人拒绝这一过程时会发生什么? 当强调的差异令人重新审视男女平等之类的长期稳定共识时又会发生什么? 随着世俗化斗争的回归,这一辩论的登场使得反对派变得更为激进。欧

① See Nathalie Bélanger, Phyllis Dalley, Liliane Dionne & Geneviève Beaulieu, "Les partenariats école-communauté et le marché scolaire de langue française en Ontario", *Revue des sciences de l'éducation*, vol.37(2), 2011, pp.375-402; Georges Felouzis, Agnès van Zanten, Christian Maroy, *Les marchés scolaires. Sociologie d'une politique publique d'éducation*, Paris, PUF, 2013.

② See Serge Paugam dir. *L'exclusion. L'état des savoirs*, Paris, La découverte, 1996.

③ See Robert Castel, *La montée des incertitudes: travail, protection sociale, statut des individus*, Paris, Le Seuil, 2009.

④ See Romuald Normand & Dominique Chazal, "Le foulard dévoilé: le proche à l'épreuve du droit dans l'espace scolaire", *Éducation et Sociétés*, n° 19, 2007, pp.33-51.

⑤ See Axel Honneth, op.cit., 1995.

⑥ See Gosta Esping Andersen *Les trois mondes de l'État-providence. Essai sur le capitalisme moderne*, Paris, PUF, 1999.

洲的草案明确提出社会融合的理想,以及正在进行许多反思,以确定种族民主①
的条件②或寻求一种新的妥协,既会考虑到效果,在尊重差异的同时也不忽略
再分配的问题③。安迪·哈格里夫斯④所推进的建议奠定了他认为是第四种
方式的教学基础和条件。

在此背景下,大众教育与去精英化之间的关系以一种新方式被探讨。一
方面,看待知识和职业的态度向传统价值回归,另外一方面,国际竞争印证了
投资精英教育的良好收益,社会融合的理想基于教育提供的多样化:职业道路
的多样化,课程的多样化……

然而,教育领域被深入重建。面对欧洲乃至全球高等教育空间的构成,预
科班和精英大学展示了他们的批评者难以料及的适应能力。根据博洛尼亚大
学宣言的议程,它们改编自己的日程表,并加入了硕士级别的共同卓越体系。
精英大学的地位明显十分突出,是为了与国外的大学达成一致。教师资格会
考在这个系统中没有地位,它的存在甚至会定期地受到质疑,但它的声望似乎
没有动摇。

对公平和社会凝聚力的一些关注仍然存在。政策必须首先判别出错误的
市场多样化,因为它会加剧不平等,而良好的多样化能实现一切的融合和最佳
的进步。这不仅革新了对国家的定义,而且还意味着产生了新的工具能够用
来监测区域范围内群体的演变并防止社会排斥问题。在一个所有人都可以获
得批评工具的社会,在一个以评论工具为基础的社会中,对学业优异的肯定,
也需要社会潮流的推动。

在萨科齐担任总统期间,自由主义右派提出了关于"平权法案"的一些建
议。2001 年,著名的巴黎政治学院院长理查德·戴国安向优先教育学区提出
签订协议,向学生开放进入巴政学习的特殊渠道。尽管这一举措引发了争议,
但其他学校很快就效仿跟进,部长甚至宣布了精英大学设置 30% 奖学金的目

---

① 译者注:种族民主是指,在兼顾种族特点的情况下,实现一种民主化的教育。

② See Axel Honneth *Le droit de la liberté. Esquisse d'une ethnicité démocratique*, Paris, Gallimard, 2015.

③ See Nancy Fraser, *Qu'est-ce que la justice sociale? Reconnaissance et redistribution*, Paris, La. Découverte, 2005.

④ See Andy Hargreaves & Dennis Shirley *The Fourth Way. The Inspiring Future for Educational Change*, Thousand Oaks, Corwin, 2009.

标。虽然这些措施的效果在统计数据上微不足道①,但它们仍具有重要的象
征意义。②

在中学教育中这一运动采用了另一种形式:创立精英寄宿学校,出身大众
阶层的学生如果符合相应条件,可以在这里避免受到城市中的不良影响,并接
受适合他们需求的教育。这项措施也引出一个问题③:出身大众阶层的年轻
人是否应该与家人分离,以便取得学业上的成功? 尽管如此,在 2012 年法国
左派重新执政后,这项政策还是继续实行。

最重要的是,精英的定义已经进行了深刻的自我革新,并产生了新的划
分。法国大革命和法兰西第一帝国依据文化传统的传播和秉承为国家服务的
理念,建立了精英的定义。从十九世纪末开始,埃德蒙·德莫兰④批评道:共
和国的学校培养了只懂得服从的公务员,而经济发展需要有主动性并能承担
风险的企业家和殖民者。

德莫兰借用了勒普莱的思想,也就是要寻求一个保留旧制度价值的社会
组织,同时整合工业世界的必要收效。他创办了一所私立学校,即奥诗国际学
校,以培养他所认为的精英,并借鉴了英国公立学校的模式。这个教育思想适
合于后代的长期培养。除了传统的精英大学,巴黎高等师范学校和巴黎理工
大学还开办了私立或公立的商学院,这些学校都符合这一新的精英定义。

矛盾的是,布尔迪厄在《学术人》⑤中又重新采用了一部分批评:他质疑学
术世界与现实生活、经济和政治利害关系之间的脱节。他的观点在很大程度
上又被现在欧洲思想界恢复使用,这种言论促进了现代学术培养中企业家观
念的形成⑥。在以网状组织的社会中⑦,获得的成就取决于动员不同社会力

---

① See Stéphane Beaud & Bernard Convert, *30% de boursiers en grandes écoles...et après?* Actes
de la recherche en sciences sociales, 2010.

② See Chantal Dardelet, *Ouverture sociale des grandes écoles. Livre blanc des pratiques. Premiers
résultats et perspectives.* Paris. La Documentation Française, 2011.

③ See Patrick Rayou & Dominique Glasman *L' internat ; un nouveau modèle pour la réussite sco-
laire?* Lyon, Institut Français de l'Éducation-Centre Alain Savary, 2012.

④ See Edmond Demolins, *L'éducation nouvelle. L'École des Roches*, Paris, Firmin Didot, 1898.

⑤ See Pierre Bourdieu, *Homo academicus*, Paris, Éditions de Minuit, 1984.

⑥ See Sheila Slaughter & Gary Rhoades, *Academic capitalism and the new economy. Market, State
and Higher education*, Baltimore, John Hopkins University Press, 2004.

⑦ See Bruno Latour, *Changer la société. Refaire de la sociologie*, Paris, La découverte, 2005.

量的能力。精英的能力就是由这种能力定义的,作为一个团队工作、沟通、收集属于不同世界的力量,最终为共同目标服务①。这个观点来自《欧洲学术人》②。它显然与传统价值观关系紧张:经典文化和国家服务。不过仍有协商的余地。例如,巴黎的一些规模较大的学校推广了一种新型预科班,集结了文学、科学、数字和企业等多种文化课程,期望定义一种新的卓越形式③。

## 五、结论:未来的一些途径

根据历史演变,任何分析必然与民族传统密切相关。法国大革命和法兰西第一帝国的战争输出了法国式观念,并且激发了欧洲或美洲的无数改革者。然而,法国式观点认为从旧政权过渡到新政权的途径是由暴力破坏来运作的:贵族组成精英,有其专门的价值观、高贵出身、无上荣耀,等等。但突然这些精英被淘汰,为了另一些人的利益让步——依靠天赋且能快速聚财的人。

显然有必要将这种淘汰精英模式与新旧政权过渡更为顺畅的国家进行比较。在十七世纪的危机之后,英国通过迁移和妥协演变为议会君主制。同样,北欧国家通过维持共同体组织和路德教会的价值观,已经向民主进化。所以大众与精英之间的关系可能存在不同的看法。

但是从以上的分析中可以审视已经发展了十多年并在国际上经受大量批判的第一批研究成果相应的对抗手段和资本化运作也在发展,这导致了一些不确定的方向④。整体上,全世界都是以盎格鲁-撒克逊的方式为主导,这突显了法国在市场面前的衰落⑤。关于这一主题有着显著的研究成果,这表明在亚洲和拉丁美洲新兴国家中出现了有关精英教育和竞争发展的国际市场。

① See Luc Boltanski & Ève Chiapello, *Le nouvel esprit du capitalisme*, Paris, Gallimard, 1999.

② See Romuald Normand, The Changing Epistemic Governance of European Education. The fabrication of the *Homo Academicus Europeanus*, 2016 à paraître.

③ See *Le Monde*, *Un cursus pour les étudiants curieux de tout*, 07-10-2015.

④ See *Revue internationale d'éducation de Sèvres*, n° 39, La formation des élites, 2005; Claire Maxwel & Peter Aggleton dir. *Elite Education. International perspectives on the education of elites and the shaping of education systems*, London, Routledge, 2016(à paraître).

⑤ See Agnès van Zanten, Stephen Ball & Brigitte Darchy-Koechlin dir. *Elites*, *Privileges and Excellence: the national and global redefinition of educational advantages*, London, Routledge, 2015.

此类观点无疑引人关注,但也许存在限制。争论不能归结为国家与市场之间的对立。例如,法国和中国保持国家机关的强大并拥有非常积极的精英教育政策①。通过新的公共管理,国家机关在转变过程中融入了一些企业视角,起到了重要作用②。

因此,法语区的社会学原则启发了一种方法论:与理论反思保持距离,但与哲学和历史紧密相连。它的目标是在不断更新正义出处和社会表征的全球动态中整合精英教育问题。当前的政策对应于一个新模式。社会被视为高斯曲线,曲线中部反映的是数量庞大的中产阶级,如此巨大的体量导致它不能算是一个阶级,而是许多个体的集合。而在曲线两端,少数被排斥的穷人和少数非常富裕的人脱离了国家框架③。

教育的作用首先是为中产阶级提供劳动世界所需的技能,并使其在价值方面具备一定的同质性。这也是为了防止排斥现象,并在国际社会精英中融合尽可能多的少年儿童。再分配的问题比过去弱化了很多,尽管它不能被完全忽视。南茜·弗雷泽④定义了一种全新的基于效益、差异识别和再分配之间的折中视角。同时,她的分析可以揭示新形式的不平等。在当前的危机中,受害最深的是那些被困在无法输出技能和资质的短状网络中的人;相反另一方面,其他一部分人享有便于找到工作的社会资源:英语和其他外语的应用、国际学位、人际关系。毫无疑问,我们必须借助新的批判手段来把握和审视这种全球性的动态⑤。

**Abstract**:How to take intoeducation equity and meritocracy is one of the basic problems of educational political philosophy. Each period has put forward a

---

① See HUO et alii,op.cit.,2016 à paraître.

② See Helen Gunter,David Hall,Roberto Serpieri & Emiliano Grimaldi,*New Public Management and the Reform of Education in Europe:Europeans Lessons for Policy and Practice*,London,Routledge,2016.

③ See Luc Boltanski,"Sociologie critique et sociologie de la critique",*Politix*,n° 10-11(3),2000,pp.124-134.

④ See Nancy Fraser,*Qu'est-ce que la justice sociale? Reconnaissance et redistribution*,Paris,La Découverte,2005.

⑤ See Luc Boltanski & Nancy Fraser,*Domination et émancipation.Pour un renouveau de la critique sociale.*Dialogue présenté par Ph.Corcuff,Lyon,PUL,2014.

coping mode that fits the social model and social dynamic thinking. From the perspective of the history of educational sociology, this article retrospectively reviews the source of elite education thought in France, analyzes its external social environment and internal political logic, and also displays academic research in the corresponding period. The article puts the debate on education for all and elite education in three different French historical contexts: the formation of the ideological foundation of the republic's elitism during the Enlightenment, and the popularization of educational democratization programs after World War II and reconstruction of the concept of elite education in the era of globalization. It demonstrates how France can balance the promotion of the country's status in international competition and the defense of cultural identity.

**Key Words**: elite education, education for all, education equity

# 专栏四:译 文

## 关于谦卑与忏悔的沉思[*]

马勒伯朗士/文[**]　　邓刚/译[***]

### 致 读 者

以下的这些沉思的自然而本来的所在,是伴随着《基督教对话录》(*Conversations chrétiennes*)一书。撰写这些沉思的目的,乃是作为这部著作的补充;那些知道如何判断事物的人,也能清楚地看到这些事物与使得事物得以建立起来的诸原则之间的关系。然而,因为有些人想要单独地获得这些原则,因为这些原则简单地展示出某些本质性的真理,这些真理无需要精神过多的专注就足以触动其心灵,人们相信,将这些真理印制成小册子,应当就足以满足他们的虔诚。但是,因为这些真理都非常的简短,于是我们为一周的每一天都补充了"考察"(Considération),在这些考察之中,人们可以提出关于耶稣基督的道德和宗教的最为牢固的真理;再补充以一种"举扬圣体",从而在心灵中和

---

[*]　此文是作者在 1677 年出版的《基督教对话录》(*Conversations chrétiennes*)一书的附录。从中读者不难发现作者的哲学和神学思想的若干重要观点。根据《马勒伯朗士全集》第四卷(Nicolas Malebranche,*Œuvres complètes*,ed.André Robinet,Paris,Vrin:1972)第386—411页译出。

[**]　Nicolas Malebranche,1638-1715,法国哲学家、神学家。

[***]邓刚,哲学博士,现任上海交通大学人文学院哲学系副教授。

在真理之中去爱上帝,以及一些用于在神圣的弥撒之前或者之后的祈祷。

# 敬　告

以下沉思的目的在于推倒精神的傲慢,并使之归于谦卑与忏悔。

人是如此微不足道的东西,只需要对他有所认识就会轻视他;人是如此的放荡不羁、如此的腐败堕落,以至于人们感到不得不憎恨人类,但当人们如此反思自身之际,我想说人的堕落与使万物得以重建的耶稣基督无关。因此,在以下的考察中,只是将人视作被造物,视作一个罪人的儿子,视作一个罪人本身;人们相信对于我们来说,这就足以给予我们自身应该有的情感。

如果人们活生生地感受到了他们的苦难,并严肃地体认到了他们的义务,他们将一直对享乐保持冷漠,不再能够自以为是,并且为一些本质真理所深深感动,这些沉思本来就只属于那些开始了他们的皈依的人。但是我们相信,也可以说,这些沉思对于所有那些想要好好利用真理的人也是有用的,并不是因为教给了他们原本不知道的东西,而是因为使得他们思想一些他们从未充分思考的东西。

# 关于谦卑与忏悔的沉思

## [第一部分]①论人作为被造物

### 第一个考察

人就其自身而言只是一个纯粹的虚无:他之所以存在仅仅因为上帝意愿他存在;如果上帝停止意愿人存在,人将不再存在。因为,如果上帝能够使他的受造物归于虚无,那么并不能是上帝实在地意愿这些受造物的不存在;因为上帝并不能实在地去爱或者去意愿全然无善的虚无。但是,上帝能够摧毁受造物,因为他能够停止意愿他们的存在。因为,正如同受造物不包含所有的善,受造物并非不可辩驳地、必然地是值得被爱的;此外,上帝对于自身而言是

---

①　译注:[第一部分]为译者所加。

自足的,并且占有着受造物所拥有的全部实在性与完美性。

## 举扬圣体①

我的上帝,您持续让我感受到我是完全依赖于您的全能意志。我的存在属于您,我存在的期限或者我的时间也属于您。我是多么的不义啊! 这么说来,我的存在属于上帝的存在:我的时间真正说来就是上帝的时间,因为我更多地属于上帝而不是属于我;或者,我完全不属于我,我不再因我而存在,然而,我活着、我使用着上帝的时间只是为了我。怎么,我弄错了! 我所使用的所有时间都不是为了您,我的上帝啊! 我使用时间不是为了我,我失去了时间:上帝啊,只是在我寻找您、找到您的时候,我才寻找我、找到了我。

## 第二个考察

从其自身来说,人只是脆弱与无能。只有通过对上帝的持续印象,人才会意愿一般的善,这种印象使人发生改变,并不断地使人朝向上帝:因为上帝是确定的、无限的善,是包容了各种善的普遍的善。人通过自身也不能意愿任何特殊的善:他能够意愿特殊的善,只是因为他能够朝向这种特殊的善,只是因为上帝给予他的印象。

只有借助恩典的新帮助,人才能意愿善并且为善,恩典以其光芒照亮他,以其温柔吸引他:人通过他自身只会犯罪。

如果上帝不将他扩展到一切物质之中的一部分运动传达到人的血液和使人吃饱的食物之中,人甚至不能晃动一下手臂;而且,上帝根据无能的人的不同意志,决定了精神的运动,通过在人们所无法认识的神经的秘密管道中引导着这些精神,这样人才能够有所认识。

这样,想要摆动手臂的是人;但是,却仅仅只有上帝能够并且知道摆动手臂。因为,在最终意义上,如果人不吃饭,并且如果他所吃的无法消化,并且无法被内脏和心脏所吸收从而转换成血液与精神,那就无法去期待意志的命令;而且,如果在成千上万的神经管道中没有一只有经验的手来引导精神,那么人

---

① Elevation à Dieu,在《法汉大词典》中,Elevation 的意思有:上升;升级、升职;高处;举扬圣体(宗教)等含义。在宗教中,意思是指神职人员,在举行弥撒的过程中,在祝圣仪式之后,将圣餐和圣杯高高举起。此处兹据《法汉大词典》将 Elevation à Dieu 译作举扬圣体。

想要摆动手臂也是徒劳的，因为人不认识他体内的隐秘器官。

举扬圣体

我的上帝，我知道，若没有您我无法意愿任何东西；没有您我什么都做不了；没有您，我甚至都不能移动我身体上最小的一个部分。您是我全部的力量，我的上帝啊；我将全部的信任和希望寄予您。当我如此忘恩负义、如此轻率冒失以至于用我的手来侵犯您，请用混乱和耻辱来覆盖我，让我在内心感受严厉的指责。哪怕当我移动我身体上最小的一个部分的时候，唯有通过您的意志的效果，而不是通过我的无能为力的努力。

## 第三个考察

人对自身来说是昏暗。并不是人在其自身之中产生了观念，通过这些观念他察觉所有的事物；因为人的光明并不属于他自己。而且，哲学教导我，事物无法在精神之中形成代表事物的观念，必须重新认识到只有上帝能够为我们澄清。伟大的阳光穿透一切，也以其光芒充满一切。伟大的上帝对所有这些来到这个世界的人施加教化：正是通过上帝并且在上帝之中，我们看到我们所看到的一切，我们能够看到我们有能力看到的一切：因为上帝包含有观念或者所有存在的相似性，并且这些观念在上帝之中，就好比我们生活在上帝之中，in ipso vivimus，movemur，et sumus（在上帝之中我们生活、运动、存在）①，也只有在上帝之中，我们才看到或者说陆续地看到所有的存在。最后，正是在可知世界之中，存在着诸精神，在可知世界之中精神才得以察觉到物质世界，物质世界仅通过自身既不是可见的也不是可知的。

举扬圣体

我的上帝，从你那里我获得了我的全部思想，我的精神和我的眼睛的光明，没有这种光明，我连哪怕是耀眼的太阳都看不见，请您让我感觉到您的力量和我的无能，您的伟大和我的卑微，您的明晰和我的昏暗，一句话，请您让我感受到我是什么和您是什么。

---

① 《使徒行传》，17，28。和合本译作："我们生活、动作、存留都在乎他"。

## 第四个考察

人就其自身而言,是无法感知的,如同行尸走肉:围绕着人的各种形体不能对人的精神有所作用。也许一把剑能够将我刺穿,并且在我的肉身中的纤维之中造成些许变化:但是,显而易见,它不能使我感受到痛苦。一曲音乐也许能够使空气振动,继而振动我大脑的纤维:但是,显而易见,我的精神并不因此被它振动。我的灵魂在我的身体之上;在我的两个部分①之间没有任何必然的联系。另一方面,我感觉到我有快乐、痛苦以及其他的各种情感,这些情感在我之中形成却并不取决于我,甚至经常与我的努力相悖。这样,我不能怀疑的是,某种不同于我的灵魂的东西给了我的灵魂以生命和情感。并且,除了上帝的能力之外,我不认识别的能力能够如此这样作用于它的造物。必须成为灵魂的君王,才能对灵魂施以惩罚、奖励,使之喜悦或悲伤。

### 举扬圣体

我的上帝,既然我只能通过您而活,既然我只能为了您而活,既然若没有您的爱,我对一切都将无动于衷。我的上帝,您让我真切地认识到:受造物既不能对我为善也不能对我作恶;它们也不能使我感受到快乐或痛苦;我既不应该怕它们也不应该爱它们;只有您,我的上帝,我才应该怕,才应该爱;既然只有您,才能够奖励我,使我像您的选民一样充满了喜悦;只有您能够惩罚我,使我像遗弃的人那样承受着难以忍受的痛苦。

我的贞洁的无上乐事,因为只有您才是自然的作者,只有您才是我所感受到的快乐的原因,这些快乐使我悲惨地属于大地,而不是与您联接在一起;我祈求您,在您旨在保卫我们的事物的使用之中,不要让我如此粗暴地感受它们。在我的感官对象之上,扩展一种神圣的恐惧和一种拯救的苦涩,从而让我能够远离它们;让我在您的爱之中感受到恩典的愉悦,从而我可以接近你。在爱您时我所感受到的温柔增加了我的爱:我的爱更新了您的温柔的情感;这样,我相信慈爱,直至我最终完全地充盈着您,完全地没有了我自身和一切其他事物,我返回到您之中,我在您之中失去了自己,啊,我的大全,就如同一切

---

① 译注:指灵魂和肉体。

存在的源泉；并且，您的使徒的话，"神在一切之中是一切"，在我之中得到了完成，我在您之中找到了我和万物。

## [第二部分]论作为罪父之子的人

正如我们在此前的考察之中认识到的，人就其自身而言只是一个纯粹的虚无：他只是脆弱、无能、晦暗；他从上帝那里不断地接受生命、情感、运动，接受他所有的存在和所有的能力。如果我们把人仅仅看作受造物，毫无疑问他不得不强烈地感谢上帝、爱上帝，既然他如此强烈地依赖上帝。但是，如果我们把人看作罪父之子，看作罪人，我们就会发现如此众多的基本的、不可缺少的义务都应该归于上帝，同时这样一种无能和这样一种不配也是因为上帝，他必须实施这些义务，因为我们的中介者耶稣基督已经通过其死为人们带来恩典。为此，必须不只是将人视作罪父之子和罪人；必须不停地从耶稣基督来看待他，因为仅仅在耶稣基督之中我们才能够取悦上帝。

## 第五个考察

被视作罪父之子的人，是被上帝弃绝的人；这是一个上帝的敌人：这是一个愤怒的孩童，他的父亲不想再看到他，他也不想再看到他的父亲；因为这样一个孩童，既不为他的父亲所爱，他的父亲也不愿为他所爱。

在亚当的原罪之前，上帝爱亚当，并且上帝愿意为亚当所爱；他愿意与亚当相交流，就好像与他亲如一家。他对亚当说话，就好像对我们说话一样，但却是以一种更清楚、更易于理解的声音：我就是你的善，你只要靠近我，你只应把希望寄托在我之上。亚当的感官和激情对这些话保持沉默；而且亚当听不到这些在我们之中升起的噪音，这些噪音混乱而且谄媚，不知敬重地反对那对我们说话的真理。上帝对他说话，而不低语；上帝照亮了他，没有任何晦暗，上帝给他指令，没有任何抵抗也没有任何反对。他所感受到的温柔和喜悦，在上帝的保护之下，上帝永远不会放弃他，如果他不离开上帝，始终通过一些似乎永远不会中断的联系来靠近上帝。

如果上帝带给亚当以提前的爱的快乐，那是为了亚当更值得他的奖励。上帝留给亚当以自由意志，从而让他能够自行选择；他也给了亚当所有的必要的光明,从而让他能做善的选择。他清楚地看到他应该为了能够坚定而完美的幸福而行动,并且只要他愿意就没有什么能够阻止他这样做。

但是,亚当并没有与自身相分离;并且通过省察自身他感受到一种内在的喜悦或者温柔,这使他感受到,他的自然而然的完美就是他此刻的至福的原因:因为喜悦似乎追随着对于我们自身的完美性的观看,这种完美性自然而然、不依赖于其他事物;因为我们无法总是想到那个在我们之中不停地运作的东西。

或者,亚当有一个身体,他在可感事物的当下使用之中,感受着快乐,只要他想这么做,这些快乐使他感受到(我说的是感受 sentir)这些形体是他的善。毫无疑问,他认识到上帝是他的善;但他感受不到这一点;因为他在他的义务之中感受不到亲切的快乐。他也感受到,可感事物是他的善;但是他不能认识到这一点,因为他不能认识那不存在的事物。

当亚当感受到可感事物是他的善,或者当他想象在自身之中有着他的幸福的原因;一言以蔽之,当他在身体的使用之中感受到快乐,或者当他在观看自己的完美性时感受到喜悦,他的情感就减少了对他的精神的清晰的观看,通过这种精神的观看他才能认识到上帝是他的善。因为情感混淆了认识,因为情感改变了精神,情感将受限的能力分享给精神。就这样,亚当,清楚地认识到所有这些事物,应该不停地保持警惕。由于担心他会放任于消遣,在腐败中迷失了自身,他不应该停留在他感受的快乐之上。亚当应该对上帝的呈现保持坚定,仅仅停留在自己的光明之上,对自己的感官保持沉默。但是,亚当对自己太过信任了:他的光明被感性快乐的趣味所驱散了,或者是被某种混有傲慢的喜悦的情感所驱散了;而且,对于真正造就他的全部力量和他的全部至福的那些东西,反而变得无动于衷;为了讨好他的女人的活跃的情感,使得亚当堕入到违背指令的地步;而且,他是如此心甘情愿地听从于感官,正好已经被他的感官的背叛所惩罚。通过这种处罚,似乎上帝已经完全离开了他,上帝不再愿意为他所爱,上帝已经放弃了可感事物从而成为认识和爱的对象。

上帝对亚当所作的诅咒降临到这个背叛的父亲的所有子嗣身上。上帝从世界隐退了;上帝不再与世界相交流;相反,上帝不断地将世界推得远离自己。当人们奔向上帝,人们感到痛苦;当人们厌倦于通过艰难困苦的道路来追随上帝,人们感受到多种快乐,人们将这些归于他的创造物。人们不能清晰地认识到,他必须爱上帝,或者他必须真正地爱的只是上帝;相反,他以一种非常活跃和非常动人的方式感受到,他必须爱上帝之外的其他事物,结果人们不爱上帝;人们不断地远离上帝,他甚至已经没有能力朝向上帝。人们已经耻辱地从亚当的天堂被驱赶出来;对于人们来说,不再有天堂,不再有上帝,不再有至福;他是永远的受诅咒者。这是一种罪行,而不是对善的意愿;上帝不想要他,也不想考虑他是什么样子。他也不能不犯错,怨恨自身;因为他不能怨恨善而不伤害到正义的不变秩序,不激怒其必然的基本意志是秩序的事物,不增加对于复仇的上帝的反感和憎恨。在这种不幸的状态下应该做什么?愤怒和绝望,寻找虚无,既然人们没有上帝。但虚无也许只是一种便利,而人们完全不配;因此人们将无法找到虚无。人们可以自寻死路;但人们不能将自身虚无化;如果死亡是虚无,人当然不能自寻死路。因此,对于所有这些,应该怎么做?答案在这里。深深地自行谦卑,死死地憎恨自己是亚当的孩子,不要爱自己,也不要把自己看作自身或者其他的,根据耶稣基督,在耶稣基督之中,所有这些事物持存着,借助耶稣基督我们与上帝取得了和解。

## 举扬圣体

我的上帝,我总是回忆起我作为亚当的孩子所带有的不幸品质:这样,我不仅配不上想到您,崇敬您和爱您;我应该不断地处在浓厚的晦暗之中,在可怕的干涩之中;远离您,被您所轻视和抛弃,就像永远的被诅咒者,并且,没有任何权力来抱怨您的严峻的正义,来抱怨您和您的受造物。我的上帝啊,我自我谦逊,我据此状态憎恨自己,既然据此状态我没有能力去爱您;而且,带着谦逊的信仰,我求助于您的儿子耶稣,正是他带给我们平静,通过耶稣我们才能够自由地奔向您,从而归还给您我们所欠的,从而向您请求似乎是我们的苦难的东西。啊,耶稣,我们的解放者,他使您的作品得以完成:把我从旧的人那里剥去,给我以新装。我再也不愿意在我之中爱那些您给我的,或者毋宁是我再也不愿意仅仅在我之中去爱您。您就是我全部的智慧和我全部的力量,你造成了我全部的光荣和全部的幸福。

## 第六个考察

被看作背叛了上帝的儿子的人,是一个不幸的、脆弱而敏感的孩子,没有服饰也没有武器，暴露在空气的损害之中，被遗弃在野兽的愤怒之前。

在犯下原罪之前，亚当曾经是强壮而结实的，处在不可进入之地，受到上帝的保护；没有什么敢攻击他，并且他也能够抵抗一切。在他的堕落之后，一切都与他作对，他什么都无法抵抗。这位反叛的父亲的全部孩子不仅仅分有了他的原罪，而且还分有了他的丧失恩典（disgrâce）。让我们通过一些清楚的观念来解释这些事情。

人的理性大多数时候是漫不经心的，这时正是快乐主宰了人的心灵：因为快乐是善的自然特征；并且人们情不自禁地喜欢善。因此，快乐就成了灵魂的砝码：它使得灵魂一点点地发生倾斜，并且最终将灵魂带向作为快乐的原因或者似乎是快乐的原因的物体，而全然不顾理性有时作出的反对。

亚当在他的原罪之前，感受不到预备的快乐，这些快乐将他带向对于可感事物的爱：亚当那时处在一种完美的自由之中：他完全地持有他自己。他没有倾向，而是非常正直，没有任何肉欲，他依据他的光明而达到了对于真正的善的爱。但是，在他犯下原罪之后，他失去了这种完美的自由。他不再是快乐的主人，也不再能够停止情感，快乐成了他的主人，世间的万事万物的快乐如同暴君一般控制了他的精神和心灵。他完全成了地上的，成了原罪的奴隶，臣服于死亡，也臣服于许多别的笔墨难以形容的苦难。

如同我们第一个父一样，我们所有人出生时都依附在大地上：因为我们都自然而然地、身不由己地感受到了在使用可感事物时的快乐，这些可感事物就成了身体的善；并且，我们再也不能自然而然地感受到那有利于我们的精神的完美的东西。因为正是由于我们的快乐的失序，导致了我们的心灵的失序，这种失序是我们的罪恶得以不断滋生的源泉。

在我们所处的悲惨状态，我们不能通过我们自身去接近上帝；我们甚至不能在整个宇宙之中找到哪怕一个受造物，由于他的人格的崇高和贡献的伟大，足够尊贵、足够纯洁、足够高级到使我们得以与上帝和解：但是，我们在基督教之中找到了我们所缺乏的这一切。

基督教不断地向我们宣传节俭、弃世、心灵的割礼、减轻原罪；同时，它也给予我们一个中介者，通过这位中介者的贡献，我们得以接收沉重的恩典与胜利的愉悦，排除了一切情感，并将我们引入上帝，而不顾及我们的感官的激情与快乐的不合适的重量。因为这两样东西，快乐的剥夺与恩典的愉悦，对于原罪之后的我们来说乃是必要的。必须持续不断地让我们的感官的激情处于死灭，必须减轻将我们引向大地的肉欲的分量；并且通过我们的中介者耶稣基督向上帝请求恩典的愉悦，没有这种愉悦我们就徒然地减少了原罪的分量，原罪就会就变得更严重。但是，原罪是如此的沉重，不可避免地拖动着我们，使得我们依附在大地上，从而受制于我们的敌人的统治。

## 举扬圣体

我的上帝，请让我一直都认识到：我已经被逐出我的国度；我已经四面受敌，敌人们只想置我于死地；世界的空气已经被败坏了，它已经毒害了我；任何一个被造物都只是使我倾向它，使我背离您。但是，我的上帝，请让我清晰地认识到：我最危险的敌人，是我的内在的敌人；我不应该害怕自己，而应该害怕世界；我也不应该害怕世界，而应该害怕魔鬼；被如此众多的敌人包围，我并没有任何力量来自卫，我没有武器来与之作战；我甚至都没有足够的光明来好好认识这些敌人。请让我感受到我所有的弱点，所有的伤口，所有的苦难，我只有一种非常不完美的认识。

噢，耶稣，我只看到了我的弱点，当我只看到自己而没看到您的时候；但是，当我感受到您和我在一起，我感受到一种不可战胜的力量。"他要向恶人密布网罗，有烈火、硫黄、热风、作他们杯中的分。神啊、求你救我，因为你打了我一切仇敌的腮骨、敲碎了恶人的牙齿"①。噢，受到嘲弄、侮辱和鞭挞的耶稣，遭到唾弃，满身是血，受尽侮辱，至死方休，您挫败了我的傲慢和我的敏锐。借助于您的谦逊和您的苦难的德性、您的内在情绪的功劳，请您到我的心中来驱逐全部的内在敌人。啊，我的王啊，您已经穿上了绛紫色衣袍；带上了荆棘的王冠，手上拿着芦苇；您来与这些敌人作战，并且审判他们。请您登上您的十字架上的宝座；在那里您经历了您的死亡，从而永远地消除了罪人的骄傲。最后，我的上帝啊，请将我升起，拉我靠近，让我与您在一起；把我也升上十字架，把我奉献给您；从而让我得以分享这种能力，这种对于内在敌人、对于世界、对于地狱都是如此可怕的能力。

---

① 此处引文原文为拉丁文，出自《旧约·诗篇》，11,6;3,7。

# ［第三部分］论被视作罪人的人

## 第七个考察

要呈现出原罪者所进入到的内在的禀赋是特别困难的：因为并没有与原罪者的低劣、恶念、虚无（néant）等情况相应的受侮辱的状态、对自身的怨恨、虚无化（anéantissement）等状态。如果原罪者被虚无化了，他就太幸福了；他必须存在，才有可能受罚；他做不到恨自己，尽管他应当恨自己；只有一个上帝能够恰如其分地恨他，因为唯有上帝能够正确地评判原罪的分量。

作为亚当之子，人遭到了遗弃；但是他并没有受到下地狱的惩罚。他处在一种极度的忧伤之中，因为他看到他已经被剥夺了最高的善，必然会有这样的结果；但是他不应当被痛苦压倒；因为受到这种惩罚乃是由于他对于自身自由的错误使用。有罪者的孩子们被剥夺了他们的父亲曾经接受过并且希望的全部恩典：但是，他们并不值得受到同样的惩罚。上帝从亚当之孩子们那里隐退，是非常正当的，上帝并不给他们特别的好处，他们也不是亚当的继承人，也不给他们报酬。最后，上帝如果愿意，就可以使他们变成虚无；他们是上帝的创造物。但是，如果不被当作背叛的父亲的不幸的孩子，上帝用他严正的正义来加以报复，这似乎并不公正。

人之所以被认作罪人，并不是如同上述所说的那样。如果罪人能够承受上帝的全部愤怒，上帝用它的全部力量来满足正义的要求，那么就显得非常公正了：因为相对于被惩罚的人的不断增长的过错而言，施加给上帝的过错是无穷的，而且这值得让人为之承受无穷的难以承受的痛苦。

这样，在没有耶稣的情况下来考察一个罪人，相对于带着耶稣基督的满足而罚入地狱而言，乃是更糟糕的事情；既然在耶稣看来他并不必然是罪人，却仍然遭受着依照其全部能力而遭受的痛苦：他们的痛苦是如此的不同，正如他们的罪恶是如此的不同；虽然他们承受痛苦的能力是一样的，并且他们值得据其能力来承受相应的痛苦。因此，没有耶稣的情况下，一个罪人的状态比一个苦刑犯更值得招到怨恨；因为罪人使宇宙的美丽蒙羞，并且用其力量颠倒世界的秩序。

这样一个罪人比所有的苦刑犯和所有的魔鬼，都更值得怨恨：因为耶稣的死,足以为那些缺少上帝的正义的苦刑犯添加上他们所缺少的这种满足,这种神圣的正义是充分的:苦刑犯的请求使之更加荣耀;他们的恶念,属于他们的原罪,只会给耶稣增添荣耀。但是,没有耶稣的罪人,是一个上帝既不意愿也不允许的怪物。他不属于任何一种秩序,既不属于怜悯的秩序,也不属于正义的秩序。在这样一个罪人之中,全然没有善,只会令人害怕;上帝的基本和必然的意志乃是秩序,知道这一点的人,也就知道,对于这样一种受造物,不值得任何的憎恨与讨厌。

因此,我不足以将我当作一个罪人来怨恨,我不足以自我屈辱。我不值得接受赎罪,我的呻吟和我的眼泪只会更新对于我的过错的回忆。我朝向天空大喊,但这也是徒然,上帝不听罪人的声音:上帝在罪人们的困厄中取笑他们,使他们难堪。作为受造物,上帝会去聆听我:作为亚当之子,上帝会轻视我:但是作为罪人,他没有想到我,丝毫没有用他的严厉来惩罚我,或者根据我的承受痛苦的能力来惩罚我。罪人的状态,是多么可悲呀!但是,若没有耶稣,我们不会比这样一种可悲的状态好多少。

### 举扬圣体

啊,耶稣,您来到世上不是为了唤起义人,而是为了唤起罪人;您已经带着罪人的所有印记;您宁愿被看作罪人,被看作罪人的朋友;最终,您渴望为了罪人而在罪人的手下受苦,您的死也只是为了无耻的罪人们:啊,罪人们的拯救者耶稣啊,请让我用作抵抗上帝之怒的盾牌吧,来抵挡圣父压在我之上的手。请把您的呻吟加在我的呻吟之上,将您的泪水混着我的泪水,从而这些呻吟和泪水不再承受上帝的嘲笑和愤怒。我并不请求您将我从地上升起,或者擦亮我的眼睛,还给我最初的袍子:我再也不可能返回到无辜状态,我再也不愿意在痛苦与耻辱之中生活。是的,主啊,我愿意匍匐在地,满脸尘土,泪水婆娑;为了我的罪,我要承担起与我相配的耻辱与羞愧。

### 第八个考察

作为亚当的孩子,人的条件,虽然已经被耶稣基督所赎买,却仍然必然地要求对于一切感官的享乐、一切淫欲的对象加以分享和剥夺。因为,一个亚当的孩子,无论人们想要假设他是如何神圣和正直,总是感觉到一种重力,这种重力使他朝向大地，来抵消恩典对于精神所施加的力量。然而，因为恩典的力量不依赖于我们，这种力量相对于肉欲的重力而言较为轻盈，很显然，所有人都处在一种非常严格的义务之中，这种义务即在于减轻肉欲的重力，小心地避免感官的享乐：既然这些享乐很自然地使我们倾向于对导致享乐的事物的爱，从而激发并且强化肉欲。

但是，剥夺或者忏悔并不仅仅有利于与恩典合作，或者不至于阻碍恩典产生效果，剥夺肉欲或者忏悔本身对于使人配得上恩典也是必要的。显然这是为了获得恩典而可以走的最近的路；它永远不会缺乏恩典，当它是通过一种朝向上帝的精神运动所实践的时候。

当人们认为，正义的不变秩序也就是上帝的意志的不可侵犯的必然原则，人们就完全地理解了，罪人不可避免地不得不进行剥夺肉欲和忏悔；因为，明显，秩序要求罪人受到处罚。

一切人，都如同圣·特雷莎（Sainte Thérèse）那样，渴望受苦和渴望死去：或者如同圣·马德莱娜·德·巴兹（Sainte Magdelaine de Pazzi）一样，去受苦而不要过早死亡。因为，所有爱秩序的人，都宁愿要上帝的意志，而不是自己的意志，尊重宇宙的美；并不是这种作为我们的感官之对象的可见的美，而是作为我们的精神之对象的可知的美；所有那些将自己视作上帝的作品的一部分的人，都不会以自己为目的；最终，一切想到了爱自己不应该超过爱上帝的人，都应该与上帝的大全的意志相应。他应该成为站在上帝这边，为正义的热情所激动，以一种必要的严格性来反对自身：但是，一种严格性使之迅速置入一种秩序，他心甘情愿这么做；因为，如果对原罪的处罚不是自愿的，那么这样的处罚就必然也不是永恒的。

如果人们认为，快乐是一种回报，只有上帝才能够在我们之上产生快乐，并且快乐是自然的秩序所强加的，这一秩序不是别的，而正是上帝的永恒意志，使我们感受到的，当环绕我们的肉身在我们的肉身中产生了一些有利于保持这种快乐的运动；当然，人们不会怀疑，下列做法都是不谨慎的和厚颜无耻的，不去服务于公正的上帝的稳定不动的意志，而是为了在作为罪人而受惩罚的时间之中获得回报，去犯下一些反对上帝的罪行。因为，迫使上帝的好意来满足我们的激情，并且，强迫那些只想要秩序的人去获得无序的回报，这些最终都只是一些可怕的想法。

但是,如果有人考虑到另一方面,疼痛是一种惩罚,只有上帝能够在我们之中产生疼痛,也必然是通过同一秩序来让我们感受到疼痛,当环绕着我们的形体在我们的形体中产生了一些与其自身保持相反的运动;人们也不怀疑,一个罪人会自愿与正义的秩序相符,他利用上帝的意志的不变性来重新置身于秩序之中;因此,一个罪人,将上帝与上帝等同,将自然秩序与本质的、必然的秩序等同,他认识到自己是罪人,使得上帝去考虑其意志,并且上帝将其视作值得存在的东西:我说,人们不怀疑,这样一位罪人,在他自己之上并未引起上帝的怜悯,这位上帝如同我们崇拜的那一位那么善良。因为,最终,这样一位罪人是值得爱的;他增加了宇宙的美;他尽其可能地返回到秩序中;甚至,他完美地返回到这个秩序之中,他的受苦与耶稣的受苦混合在一起,唯有耶稣能够重新建立万物。

在一个贪图享受的人和一个忏悔的人之间,有着多大的区别啊!让我们试着好好地区分一下。一个贪图享受的人,是一个破坏秩序的野兽,破坏了宇宙的美:一个真正的忏悔者重新建立秩序,并且把宇宙被剥夺的归还给宇宙。一个贪图享受的人是一个叛徒,滥用了主的善意,他恶意地利于他对主的意图的洞察,来迫使自己做一些不相称的行为。一个忏悔者是一个忠诚的服务者,他研究着他的主人的意志,执行着主人的意志而完全忽视自己,他坚定地使用自己的关于自己的倾向的知识,从而合法地配得上他的善良恩典。最终,一个贪图享受的人,是一个罪人,不停地制造新的罪恶;这是一个顽固的罪人,如同喝水一样喝着原罪,享受的只有罪恶:这是一个恶魔,但对他的判决尚未宣布:最终,这是一个罪人,养肥自己只为了向主报复,为了成为那永不熄灭的火的食物。真正的忏悔者与之相反,是一个正义的人,最担心原因,不喜欢享乐:这是一颗忏悔的、谦逊的心,不停地在苦涩与苦难中净化自身。这是一个被爱火燃烧着的罪人:一个太想停留在正义的秩序之中的罪人;它应该进入那怜悯的秩序:因为他的苦难是自愿的,不能一直持续。

因此,正如许多人一样,他必定无法说服自己承认耶稣基督的到来免除了众人的受难。耶稣基督不是来颠倒事物的秩序:他来了,是为了使人忏悔,或者毋宁说他是来与众多罪人一起受难的,是为了让他们的受难神圣化,并且让上帝愉悦。通过他的伟大,他的到来是将人所无法承载的伟大带给人们,因为人们的本性的缺陷,因为人们的存在的限制,因为人类的人格的可耻,人类无法承载这种伟大。但是,耶稣的到来并不是为了免除人类的忏悔。相反,他以自身为榜样鼓励他们,以他的恩典加强他们,以他的言语教导他们,去受苦:因为,只有至死都追随耶稣基督的那些人,才能在临死之际宣称他的生命是值得的。耶稣说道,如果有人想要与我一起复活,那就先放弃自己的生命,去背负起酷刑的工具,带上他的十字架,来追随我;因为想要保存生命的人,先要失掉生命。耶稣在他的伟大的使徒那里重复着,因为他想要避免使之受苦。他把它称作撒旦:他要求它从他前面退去;指责它缺乏对于上帝事物的兴趣。但是,"耶稣转过来、看着门徒,就责备彼得说,撒旦,退我后边去吧。因为你不体贴神的意思,只体贴人的意思。于是叫众人和门徒来,对他们说:若有人要跟从我,就当舍己,背起他的十字架来跟从我。因为凡要救自己生命的、必丧掉生命。凡为我和福音丧掉生命的,必救了生命"①。这就是永恒的智慧的情感:这些情感不只是与使徒们有关,而且与一般的所有人有关:"于是叫众人和门徒来,对他们说:若有人要跟从我,就当舍己",如此等等。

## 举扬圣体

　　主啊,您的一切意志都是有效的,您的意旨是不可改变的,您宁愿人在可感的善的使用上来感受到快乐;但是,忘恩负义的人总是喜欢这些虚假的善,蔑视他们的当下幸福的真正原因;或者,毋宁是他根本不曾认识到,主啊,您是唯一能够在他之中活动的。您明智的肯定了,人们通过简短而且无法怀疑的证据,确认了他是否应该与环绕在他周围的物体相联,或者与之分离,从而他不再是被迫地转向您,也不再长时间地关注于这些物体。相反,人们不再想到您。想象着这些物体是快乐的原因,他们就只想到这些物体,只爱这些物体;为了在正义之中保存正义的人,必须让罪人们在罪恶中停止。主啊,您是否要为这些罪人制造一个奇迹? 不,主啊。您的命令一直存在。那些想要试探您的人都会遭受厄运。如果他们想逃避死亡,他们宁愿服食毒药。他们其实很清楚地认识这些毒药,您已经警告过他们。

　　但是,上帝对于你们这些被造物充满了公正,我们能够憎恨这种快乐吗? 我们是否能够憎恨您使我们爱的那东西? 我们作为罪人这就足够了,这是正

---

①《马可福音》,8:33—35。

确的:但是,我们能够爱痛苦吗？这似乎对我而言,是通过一种无法克制的印象去憎恨。主啊,您的智慧没有边界,您让我完美地理解到,您不可能与您自己相对立,您的意志不可能是矛盾的;在罪人身上,快乐并不是坏的,产生快乐的真正原因确实也值得爱和尊敬;我们应该爱我们的心灵的全部广延的原因;但是,我们应该对它表示尊敬,而不是违背它的意志,否则就会受到处罚。

主啊,您在我们的肉眼之前隐藏起来,请您显现您的力量和您的意志;请向我们清晰地、不停地显示,那些环绕我们的物体完全没有能力对我们使好和使坏。也许,人们所爱的只有您,当他们知道只有您才能够给他们带来善:也许他们畏惧的也只有您,当他们理解到,只有您才有足够的力量和能力让他们感受到痛苦。

但是,我的主啊,请给我更多的确信和怜悯。我知道,您的造物并不是我的善,我爱它们。我已经确信,环绕我的一切无法穿透我,即使在我没有想到的时候我的心灵也保持开放:我的心期待着接受您的造物中的最为卑微的存在,只有您能够给我。因此,我的上帝,请带着我一起行动,连同那些在爱的运动之中追随光明的人。请把我与您创造的万物区分开来,因为这些受造物使我背离您。把我的眼睛从感性事物之上移开,因为这导致我把它们视作您,或者爱它们胜过爱您。在此,这是最为确定的医治我的心灵的混乱的方法。

我的哲学,不足以给我的爱带来规则;我的爱使我在您面前,这样的爱才是好的。我的哲学使我知道,我使用自然的秩序来反对正义的秩序;我滥用了您的善意,犯下恶行;我利用了您的不可动摇的旨意,来奖励反叛和罪恶;我的哲学使我清晰地看到,我的不虔诚和我的不义,但却让我沉溺其中。我害怕我自己:但是,我无法控制地爱自己。这样,我追求各种快乐来让自己幸福,至少对于我所生活的时间而言。上帝啊,我是多么愚蠢和不智！就一时而言我是爱自己,就永恒而言我却丧失了自己。但是,我品味这个时刻,却没有品味到永恒。我想到这些,确实如此;我的思想困扰着我的欢乐。但是,通过我的反思,快乐完全被弱化了,很轻易地引导一颗处在运动之中的心灵。因此,我的上帝啊,请从我身上夺去所有刺激我感官、困扰我理性的东西吧。如果您作为大自然的作者,让我在使用这些物体时感觉到了快乐;正如同您作为恩典的作者,也让我对这些物体感到厌恶和害怕。再加上您对我的怜悯,在这段时间中,痛苦是值得的,因为我的罪恶我值得承担这些痛苦。哦,上帝啊,您不能任由罪人不受惩罚,请让我能够不断地返回到秩序之中。在您的圣子那里教育我吧,使我和他一样上十字架;在人们眼中,耶稣的十字架只是疯狂和虚弱,但是,却是我全部的力量、全部的智慧、全部的欢乐。

哦,为了罪人们而被缚上十字架的耶稣,我属于您。带上我和您一起;把我的肉身也缚上十字架,以及它的激情和欲望;摧毁这个罪人的身体,或者通过您的恩典的努力使我从中解脱,而正是您的恩典的努力不断地作用于我的精神。"我们这受洗归入基督耶稣的死";因为您的死我们都受洗了啊;对于一切感性事物我们都已经死去;通过受洗我们为您服务。"我们的旧人、和他同钉十字架、使罪身来绝"①。您伟大的使徒如是说道。和您一起被缚在十字架上,从而罪人的身体可以被摧毁。哦,耶稣啊,您受苦了,旧人却复活了,罪人的身体却依然存在。哦,救世主啊,请完成您已然开始的事业:继续在您的躯体之中受苦;在您的身体之中,将完成您在亚伯那里开始的牺牲,长老们和先知们的事业,您只有通过您的身体的最后的躯体的死亡来完成,您也将是最后一个圣徒,赠予我们的教会。

哦,耶稣的圣灵,对圣父和圣子的爱,把您的爱扩展到我们的心灵之中,从我们的精神之中驱走奴隶的恐惧,在我们之中充满着那种孩子面对我们的圣父的害怕。来吧,安慰我们的圣灵,通过恩典的欢乐,使得我们在忏悔之中找到的苦涩和厌恶都变得柔和。您使我们参与到耶稣的痛苦之中,从而我们也参与到他的荣耀之中。但是,让我们把十字架的重量放轻一点吧;对于自然而言,它是令人无法承受的。唤醒我们对神的承诺的信仰,让我们生动地呈现出我们的巨大的希望;给予我们这一火光,您曾用这一火光呼风唤雨;由这火光,它包含着目标和活力,从而毫无恐惧地宣传耶稣的十字架,带着欢乐去承受鞭刑的耻辱和痛苦,以及严厉的酷刑,甚至为耶稣基督而死。

---

① 参见《罗马书》,6:4—6。

# 互联网社会真的存在吗？

## ——论信息管理的新理念或数据库的中介作用

罗伯特·达缅/文\*　赵　婧　丁剑/译\*\*

随着计算机与互联网信息革命的到来，人类已经迈入了一个全新的时代，随之引起的变化也是全方位的，无论是阅读方式、书写形式，还是文化的传播途径或发展模式，无一不经历着重大的变革。在这一发展过程中，机遇与挑战并存，因此不可避免地会出现一些担忧的声音。

新事物的出现总是伴随着质疑，曾经人们对羊皮纸书和印刷术的问世抱有诸多迟疑。现在，计算机的普及与信息技术的兴起也不可避免地遭受着这种怀疑。

文字作为一种书写的媒介形式并不能完全记录人类所说的话语，因为它只是一种规定的书写符号，在一定程度上会破坏话语的真实性和独立性。一直以来，人们从未停止对书写这种媒介形式的审视与评判：公元 1 世纪左右，得益于羊皮纸书的普及，上帝的思想被广泛传播，并使之成为唯一的造物主，而其他诸神的圣训就销声匿迹了；中世纪时，人们在修道院中虔诚地诵经祈祷，因为这是传播和阐释上帝福音的唯一方式，然而后来，印刷术的出现改变了这一状况；长期以来，学校、博物馆、图书馆等场所被赋予了对公民进行教育的文化职责，这些公共文化机构在一定程度上打破了知识的垄断，使得公民能够接触到各种历史或文化典籍，有机会学习人类共同的精神财富。然而现在，计算机与网络信息工具的普及使得很多文学大家的著作被边缘化。

这无疑是对历史的回顾，也是对当下的启示。

---

\*　Robert Damien(1949-2017)，法国西巴黎南泰尔大学哲学系教授。

\*\*　赵婧，索邦大学；丁剑，巴黎第八大学哲学系博士生。

　　一场知识革命正在悄然发生，人们是否能够趋利避害，切实采取一些措施把潜在的威胁限制在可控的范围内？这就是本文所要讨论的问题。20世纪科技革命以后，哲学家巴什拉提出了"新科学精神"的理论。计算机作为新的知识编码机器掀起了一场网络信息技术革命。在这场革命中，图书馆这种公共机构将何去何从？它所代表的共和思想将如何发展或演变？事实上，网络革命更新了图书馆的概念。在网络的世界里，图书馆成为了一个看不见的机构，没有管理之繁，亦没有阶级之分，读者可以自由地根据个人的意愿输入指令并找到他所需要的东西。我们与其留恋传统的图书馆模式，不如在巴什拉有关阅读与图书馆的认识理论中找寻一些理念，以帮助我们审视这场数字革命的意义，从而获得一种新的信息管理理念。

## 实际的形而上学：信息交流的高速公路

　　在文本与个体之间，不再有图书馆那样不言利润的中间媒介机构，这样类似一段路程或是一个路口的公共机构。取而代之的是一条直达数字文本的高速公路，这条路快捷通畅，能够满足人们所有的个性化要求，并根据不同的需求和特点为每个人带来不同的使用体验。

　　现在，我们正酝酿着一次新的涅槃。这个时代以信息交流的高速公路为标志，向人们打开了一扇新世界的大门，这是一个充满魅力的领域，遍布着一条条普遍通用的大道。这个世界并不存在于我们现实世界的某一边，它是一个新世界，一块布满了元公路的乐土。

　　如同隐喻一样精妙，信息高速公路所带来的满足感是一种新型的超内在的体验，并且避免了虚幻所带来的忧郁感。因此，这种信息公路，或者说这种元公路是一种理想型的信息传播媒介。那么，这种元公路究竟有什么样的魅力能使万千大众为之狂热呢？

　　究其本意，高速公路指的是开放且广阔的道路。没有十字路口也没有红绿灯，因此这种公路具有快速和通畅两大特点。除此以外，高速公路尤其强调的是一种自主性，换句话说，是一种自我规范的驾驶，理论上不需要任何监管并且超越了地域上的约束。诚然，修建公路是为了移动与流通，但高速公路的目的更在于主体（个体）根据自己的意向选择行程并设计驾驶方案，不受任何弯转回旋的限制，而且不会与其他驾驶主体相遇，避免了潜在的危险。在高速公路上，只有与驾驶者同向而行的主体。因此唯一的危险是不同驾驶主体之间的赶超，不同行程中间的重叠，这就需要驾驶主体具有警惕意识以修正驾驶过程中产生的偏差。总之，在高速公路上，人们有平等的使用权，并且可以自主地进行驾驶。因此，我们说，高速公路上的驾驶实践具有异质性。

在信息通信的科技领域，高速公路这一说法指的是一种直接、即时、通畅的交流，同时，这种交流也是非实物性的，没有地域和等级限制的。这种联结不会轻易改变，并形成了多种多样的联系，从而编织成了一个巨大的网络。在这个网络中，任何秘密组织或是小团体都将不复存在，有的只是不同主体之间相同的联系。数字化的信息以非物质的媒介形式流通，这是一种对书写文字，对学校机构，对运输行业的解放。信息公路连接形成的是一个没有疆域的多元的异质世界，它引领了一场没有暴力的革命，促成了一个没有政治特权的和谐体，从某种意义上讲也可以说是一个具有普遍性意义但没有教会权威的宗教。这些新的信息科技的发展成就了科技形而上学的源泉，一个现实的乌托邦。这样的网络是一种对关联信息组合式的创造，它的悄然问世使人们摆脱了有关时间和空间本体论的诸多限制，将我们从因为地域、距离、身份等因素约束的传统的媒体形式中解放出来。普通大众可以沉溺于自己的微醺状态而不用害怕"康德式的冷笑"。与之相左的那些具有卢梭式感性精神的人会在这个用信息交织的网络世界中找到自己的乐趣，这是一种不再受文字书写、所有权、土地分配，不再受住所登记、语言规范和文本材料限制的乐趣。

因此，我们认识到了这条元公路的优势。这是一条用于传递信息的公路，它不像别的公路那样容易受到实体政治机关的约束。这是一条纯粹的公路，一条乌托邦式①的公路。它将人们的需求挖掘出来，通过信息交换，予以反馈补充，而所有的这些操作似乎是一种无政府状态式的操作，或者用比尔·盖茨②的话来说："信息公路传达的是一个没有冲突、非政治的概念。"

不是因为对传统的媒介形式的依依不舍，也不是为了批判新的信息传播

---

① 参见 Melvin M.Webber 的《没有边界的城市》，可以感觉到这种乌托邦的形象。《L' urbain sans lieu nibornes》（《没有边界的城市》），法译版，Aube 出版社 1996 年版。
② 参见 Bill Gates：《La route du futur》（《未来之路》），巴黎：Robert Laffont 出版社，第八章"无冲突"，第196—225 页。

媒介,无论我们对这个新事物有怎样的期待,都应该认真地审视这个新媒介,审视它给我们带来的畅游式的满足感。我们用高速公路这个隐喻是否能使之概念化? 对它的描述是否应该遵循意识形态规则? 如果说元公路的意义在于为了占据主体权,那么是否应该有相应的政治(或政策)与其配套呢?

## 互联网媒介

法国著名音乐人查尔斯·德内(Charles Trenet)曾经在他的作品中提出了这样一个问题:"在枣核中有什么?"这里我们想借用一下他的问题:互联网中有什么? 或者说,互联网的内涵是什么?

为了回答这个问题,我们第一个要解决的存疑就是如何看待互联网这个新事物。首先,互联网体现出了科学技术的原动力,它将所有的信息与知识汇集起来,存入到一个工业化的设备中,这就是信息处理终端①。通过计算机对信息的自动处理功能,将所有数据整合起来,人们只需要打开电脑连接网络就可以获得丰富多彩的知识。如此一来,互联网为人们提供了多元异质的信息,因此,信息提供也就成为了一种非常受欢迎的服务,成为人们的一种需求。

人们可以通过计算机输入指令获得相应的搜索结果,但却并不一定知道实现这一整套搜索指令所需要的运行模式和所需编码公式的原理。

由于无法看到计算机应用程序的各种编程代码,即使是最出色的使用者也无法真正了解计算机的本质。就像计算机专家保罗·马蒂亚斯所强调的一样:"因为计算机的这些隐蔽的功能,人们既不知道自己在哪儿也不知道自己在做什么。"②人们无法想象计算机在实现一个指令的过程中所需要的复杂程序。事实上,这些看不见的程序编码在不知不觉中也将我们格式化,并且在网络世界中给每个人贴上了一种身份代码。通过对每个人的浏览喜好、浏览习惯和浏览选择的记录,在网络世界中,我们每个人都有了一个属于自己的数字个性化特征,即使在我们没有登录的时候,电脑也会推测出我们对信息的潜在喜好和对各种软件的使用倾向。在互联网世界里,能为我们使用的资源数不

---

① 参见 Franck Varennes:*Qu'est-ce que l'informatique?* (《何为信息技术?》),巴黎:Vrin 出版社 2009 年版。

② Paul Mathias:*Qu'est-ce que l'internet?* (《何为互联网?》),巴黎:Vrin 出版社 2009 年版。

胜数,这就衍生出了一个关于知识、行动与思考的新主题:电脑的运行实际上是一种协议,而这种协议带来了新的存在,这种存在的诞生是由于人为的信息整理而生,然而我们却忽略了这一点。

事实上,我们对电脑和互联网的使用都是在这些机器设备的软件所能提供的服务范围之内实现的。为什么会是这样呢?因为使用者往往忘记了互联网终究是一种商品,是一种获利的诱饵。对于使用者而言,这是一张抓不住的网,在这里充满了各种潜在的可能性,若被淹没在其中,可能会引起使用者的忧虑之感。简单地点击就能获得海量的信息,这看似是一场技术的盛宴,但是在这场盛宴的背后,人们感受到的却是无能为力与恐惧。所有的程序在人们不知道的情况下已经被编好了,这实际上是一种新的看不见的强大约束力量,这种约束力垄断了人们在网络世界里的行为并将这些行为标准化,而这一切似乎都不受使用者智力和需求的控制。

在这个虚拟的世界里,我们可以获得所有信息。但是,启动执行一个指令的实际操作力却隐藏在机器中,这使我们产生了一种默然的无力感。很显然,这种无力的感觉会使人们的行动瘫痪,或者至少让人们对互联网机器的使用率大大降低。相比于得到一个一步步计算好的结果,偶然得到的东西能给我们带来更大的满足感。若完全依赖机器,受到其功能的支配,这会使我们丧失决定的能力。即便如此,人们还是在使用互联网,不同人对互联网的使用有着不同程度的热情,这就使得人们对电脑技术的掌握程度不同,技术智力成为了在网络世界里划分等级的标准。搜索引擎似乎成为了一个权威的矩阵,其意义在于对个体能力和沟通力的划分,促进获取和操纵潜在可能性的竞争性表现。

保罗·马蒂亚斯[①]认为,在网络世界里,录入和读取是一个无止境的过程,但这一过程是使用者意向的暂时媒介,同时它也是一个活生生地集合了各种复杂信息的工具,它能从诸多无意识的输入连接中发掘出使用者的特点。每个人不可计数的浏览痕迹相互交叉重叠,编织联系,各种文本相互关联最后形成了网络社会中看不见的图书馆,在这种图书馆里,所有信息都可以通过输

① 参见 Paul Mathias:*Qu'est-ce que l'internet?*(《何为互联网?》),巴黎:Vrin 出版社 2009 年版,第 55 页。

入需求搜索点击而获得。但是我们却不知道信息在哪儿？内容是何时收录？怎样收录的？谁收录的？为什么收录的？在现实的图书馆中，如果我们需要找一本文献，管理员会通过系统先定位文献，了解到文献所在的建筑、楼层、存书区、书架号后，管理员会负责将文献取出转递到我们手上。但在网络世界里，这些将不复存在，取而代之的是一个网络，在网络中满满地存储着各种可能被需要的知识点，这些都来源于数以万计的需求，互联网通过将这些需求不断地汇集起来，找到其关联性，并以此扩展涉及领域，从而丰富自己的存储库。

## 一种新的阅读个体

不管我们是否知晓或是否愿意，我们的浏览记录都会被保存下来并上传到数据库中去，从而分析出每个用户的主体性特征。从人们所输入的没有任何限制的指令中，每个人都被赋予了一种身份，这种身份既看不见，也摸不着，并不像现实中的图书馆那样，有别于我们传统文化的所有标准。网络的普及实际上是一种语言表达的解放。在网络社会中，那些所有现实社会中公共话语的逻辑和准则不复存在。

网络信息设备使得主体不受语言的逻辑性和理解性的限制，也因此使主体对自己语言行为的正确性更加肯定，这对图书管理员逻辑来说是一场真正的变革。人们不再按照标准化的既定程序一步一步地寻找所需文件（文件码，数据集编码，所属清单编码，所属文集编码等等），而是通过互联网提取与主体需求特性相关的所有信息，最终根据各种特殊性的共性找到目标信息。

正如路易斯·梅尔佐在她的文章中提到的一样："人们并非淹没在了这种信息个体化的潮流中，相反地，在信息爆炸时代，人们可以从中归纳出每个人的网络行为特点。"[①]所以，我们在网络社会里的所有浏览痕迹和行为都会被提取和记录下来，并从中分析出每个主体的喜好和特征，这些数据就会像商

---

① Merzeau, Louise: *Du signe à la trace: l'information sur mesure*（从符号到痕迹：定制信息），*Hernes* 第 59 期, Traçabilité et réseaux, 第 23—29 页。

品一样提供给相关网站。网站的信誉得益于庞大的访问量,而网站又会根据这些数据针对有选择性地访问群体提供特定的促销方案。网站通过此类行为完善自己的性能,同时也吸引了以盈利为目的的广告商。像这样信息的聚合实际上就形成了网络社会里的信息资本主义,这些资本家以获取个体在多个领域的不同喜好的信息为资本。

在网络社会里,获取信息,实则是在浏览的过程中根据数据网状的推理被动地接受网络所建议查看的网站。对于个体而言,他在互联网上所有看到的和输入的信息实际上都是接受了其推荐的结果,同时因为个体浏览的网站,网站又可以通过浏览量来提升自身价值。很显然,对个体的提前鉴别可以使网络选择并提供给个体合适的浏览建议,这些建议往往能得到个体的认同,调动了个体的注意力,同时,通过个体的要求进一步获取个体的喜好欲望信息。与此同时,网络还会建立个体喜好信息的数据文件,这些文件是由个体实际被吸引的信息所构成的。通过对个体浏览查询次数进行统计分析,从而建立了有关个体浏览的轨迹,而这个轨迹就是个体的数字身份①。在网络社会里,个体信息喜好的特殊性被记录下来,这不是为了将其消除,而是为了通过对这些特殊性的分析,实现利益的最大化。

那么,在这个社会中,我们所谓的数字身份,这个通过我们在网状交易中不断输入而获得的身份究竟是什么?是由个体在不知不觉中产生的一种存在,就像是信息处理的选择性的接线员或者代理人。

我是谁?这是形而上学家经常要回答的问题。他会说,我是一种思考的存在,一种具有现代性的存在。那么现在,在网络社会中,我们该如何回答这个问题呢?在这诸多数字化网络中,我们每个人都通过与我们的同类交流和组群而寻找自我身份认同。因此,我们可以说,网络社会的个体是一种通过连接而留下痕迹的存在。这些痕迹是我们身份的认证与鉴别,这些痕迹所组成的连接范围就是我们在网络世界中的活动范围,它们划定了我们的数字轮廓。一句话,我们在互联网中的使用信息就是我们在这个社会中的代言人,它就是我们的自画像:物以类而聚,人以信息连接而分。

---

① 参见 Roger T.Pedauque:*Le document à la lumière du numérique*(《数字文件之光》),Michel Melot 序,法国卡昂:C&F 出版社 2006 年版。

以前，人们总是抱怨个体的区分仅仅取决于一个社会和职业身份证上简单的号码。人们批判说，这是一个客观的划分，一个数据规则化、匿名化时代的可悲的开始。现在，在网络社会里，我们每个人可以有很多身份号码和邮箱地址，这些都使我们在这个数字社会里的关系变得复杂化。这些敏感的数据会一直跟着我们，抹不去，擦不掉，使我们在网络中无论何时何地都能被识别出，我们就像一个个带着数字和符号的个体，这些数字和符号就是对我们在这个网络社会里的评价。我们就这样被困在这个网络里就像蚊子被困在灯下一样。所有的路似乎都向我们敞开，但是从那些流动的数据中可以推演出我们每个人的行为惯性，预测出我们的选择与行为。

根据我们在互联网信息设备和渠道中所留下的痕迹，我们每个人都有了一个永恒的个性标志，这种标志来自我们每个人的网络连接，代表着每个人的特性，从而成了每个人的身份标识。每个人都有自己的气味、特征和秉性。除此之外，在网络社会里，每个人还有自己的数字化标识。通过我们的银行信息，购买信息，联系信息，浏览信息，这个标识显示了我们每个人的喜好特点，个性吸引点以及选择的连续性。它还记录着每个人在选择信息时的个人特征。

那么问题来了：在这个社会中，不再是上帝来审视一切并教化人们，除了这些没有名字不会说话的机器以外，谁能监管我们呢？谁能了解我们那些敏感的数据信息呢？如何隐藏自己数字化标识身份呢？怎样保护我们的隐私呢？什么样的界限能够保证我们个人空间的封闭性呢？谁来管理对我们每个人所有信息的获取，谁来鉴别其获取目的的好坏呢？哪一个合法的权威能够使信息交换丰富，使信息传播加强，使信息传送多元化呢？对于这些因为我们的上网行为而获取的信息资源，谁能宣布是它们的所有者，然后利用这个所有权支配甚至是滥用这些信息，比如贩卖或交易信息呢？如何对管理的人进行管理，对看管者进行看管呢？① 如何能进行自我批判，把这些智力机器变为人类思考的理性矩阵，用巴什拉的话说，使理性变得理性？

① 参见 *Citéscoordonné*（《和谐城市》）杂志的第 39 期，Paul Mathias 和本文作者的署名文章 "Internet et la société de contrôle：le piège"（《社会与互联网的监管：陷阱》），巴黎：PUF 出版社 2009 年版。

# 信息管理的新理念

随着数字化虚拟信息技术在我们这个服务型社会的兴起,阅读者将会变成什么样子呢? 如何阅读哪个作者的作品? 什么样的阅读社会契约? 什么样的机构? 哪些是能给出阅读意见的媒介工具? 管理方式有哪些? 领导支配者是谁? 什么样的政治社会契约适用于这个虚拟的、数字化的民主社会呢?[1]

传统的书籍已经被这些虚拟数字技术以及读者自身的脑力工作所改变。人工智能的多项技术使其运行模式、组成条件和关联幅度都成了看得见读得懂的信息。从某种意义上说,诸神已不再仅存在于经典和文献中,除了书籍,他们还存在于阅读文本处理的机器中。与其说是书籍发生了变化,不如说是与书籍有关的工作在不断地个体化、专制化和神圣化,这些变化改变了书的质。由于新科技的出现,书籍消失了,但是选择性阅读量却大幅度增长。

信息处理工具的应用使得印刷术的重要性缩减,相对的,这种技术的使用和意义大幅增加。实际上,书籍文本并没有消失,而是得到了超速发展。作为不同种类阅读需求和多元化信息的载体,书本就像被神化了的作品一样被非物质化,从而成为了一种工作对象,信息承载工具和个体意识的提升手段。

书本,与其相关的阅读方式以及其读者,都被超文本和多媒体所破坏。信息处理程序,因其强大的调查、联系、质询以及代码汇编功能,对我们传统的与阅读和书写相关联的经济产生了冲击。一种互动的、联作的、多功能的阅读模式凸显出了关联阅读的强大力量:我们正处在一场关联阅读的哥白尼式的革命中。

智能的延伸解除了线性阅读的限制,增加了篇章之间的联系。虚拟数字图书馆的诞生,不是抛弃了传统的阅读契约中感应板的图书馆里的矩阵,相反的,它大大增加了其潜在可能性。这种新型的图书馆不是要取消阅读,它促进了旨在加强易读性和文本关联性的工具和手段,这些实用技术为智能提供了持续快速的能量。智能这个词,从词源的角度看,指的是制造联系,将事物与事物联系起来。所以,它能推进图书馆服务的进步,因为这样的服务是一种信

---

[1]　参见作者在 BPI(公共信息库)25 周年纪念会报告上的观点。

息服务,是社会与政治发展的主要力量之一,有助于网状的、可互换的、可传递的、可互动的智能:在网络社会的虚拟图书馆中,读者自己成为了信息资料的管理者,联系的智能创造者。

在数字化和虚拟化的背景下,全能读者诞生了,通过将电脑联网,它可以获得和掌握所有信息。但是,人和人之间私下的关系去哪儿了? 在阅读行为中,那个承担了社会政治关系的主体又在哪儿? 因为,如果每个人都能自己获得百科全书式的丰富知识,都能自我管理信息资料的话,那不得不承认,我们成为了一个很棒的"游览者"。但是这是否就意味着人们不再需要媒介机构或是资源顾问了呢? 或者换句话说,人们不再需要资料信息管理员,也能不受智能机器的能力限制,可以自我管理了呢? 在某种程度上,在这个网络革命的年代里,我们貌似回到了一种本性的状态:每个人用自己的语言方式表达着自己的需求与欲望,然后在不知不觉中被这些欲念的指令所支配。那么什么样的社会契约才能够使我们成为这种满载着我们选择喜好的信息化电脑的主人呢?

事实上,全能读者的权利得到了大大地提升,但同时,他对自己的选择、行为、生涯的责任也大大提升。那么管理浏览行为的团队、设施、成员又在哪里呢? 为了不被文本处理技术和难以估量的潜在性所支配,我们应该有怎样的使用文化,要形成怎样的培训传统呢? 首先我们要从语义的角度审视处理这个词。处理这个词大致有三层意思:其一,在医疗层面,它指的是治疗方案,那么它必须有人们生病的这一前提;其二,处理这个词来源于契约一词,和平契约的前提是人们处于战争中;其三,处理还可以代指报酬,因此它指的是一种有利交换的经济行为。

上文中我们提到了,文献索引系统、资料搜索引擎和登录门户网站使我们丧失了独立性,因为它们是依据对我们注意力喜好数据的分析标准和某些交易成本所格式化了的东西。因此,表面上我们是在搜索信息,实际上,在搜索的过程中,我们已经被格式化了。格式化实际上就是一种格式的编排。所以它是一种规定性的、一种指定性的产物。就像矩阵操作一样,互联网中的数据根据标准化的规定被整合。那么在这一数据处理行为中,我们需要怎样的医生给予我们处理方案,我们怎么控制方案的实施,需要怎样的社会秩序和怎样的政治管理呢?

　　人们不能再回避这些问题了,不能再拒绝进入这个由多种联系组成的网络社会了。财富的获得、自我的提升和完善都需要依靠各种联系的增加。事实上,在这个新型社会里,贫穷和错乱的人就是那些没有任何关联、不能脱离自我、总是困于一个封闭的圈子中,换句话说,就是处于隔离区的人。因此我们就必须增加联系,扩大活动领域,跳出自我中心的怪圈,加入社会的信息流通中去,这就需要网络里的媒介人就像是一类新型的图书信息管理员,建立起一套新的数字信息图书理念。

　　正如丹尼尔·帕罗夏所说[1],互联网虽然是一种数据网状化的工具,一种流通工具,一种自我提升的工具,但是网这个字眼还有另外两层含义:它是我们扑蝴蝶时用的工具;它也可以指代一个喜欢控制别人行动方式限制他人入会权利的团伙。互联网技术所存储的丰富多样的联系一方面是一条能将我们引向更宽更广更多元领域的大道,但是另一方面,当存储信息的个体化消费达到了个人投资和交易所需的费用时,它也可能成为我们走进新领域的绊脚石。用经济学家的话说,这些费用可以造就一个优秀的个体,他可以利用选择性软件来安排个体网络行为的发展方向。那么,如何引导或者如何自我引导以避免朝着网络给我们设定的方向走呢? 因此,为了不被网络所淹没,我们需要一个团队,但是哪里能找到这样一个有能力指导新型阅读行为给人们提供必要训练的团队呢? 也许,我们需要一个超读者,一个受指导于超信息图书管理员的读者,这样才能构建巴什拉所说的:"数字城市中具有积极意识的超我"。[2]

　　在网络社会中,信息虚拟图书馆成为一种有思考能力的元客体,它实行的是一种提议人和提议的信息本体之间的民主制度。就像巴什拉所说的那样,在现象和本体之间,从此多了一个只存在于信息关联管理秩序中的信息本体。

　　信息化的图书室还没有形成一种类似图书管理逻辑的文化,也没有数字图书管理机构。也就是说,既没有政治思想也没有民主实践来使得互联网可视化,从而进一步增加由虚拟数字信息本体所组成的新型图书馆所生成的联系。为了能够摆脱目前我们所处的这种伪自然的状态,摆脱我们在这个网络

---

　　① 参见 Daniel Parrochia:《网络哲学》,巴黎:PUF 出版社 1993 年版。

　　② 参见 Robert Damien, *Le conseiller du prince: de Machiavel à nosjours, genèse d'une matrice démocratique*, Paris, PUF《君主的顾问:从马基雅维利到今天,民主母体的起源》,巴黎:PUF 出版社 2003 年版。

社会里漫无目的的行驶，或许我们需要找到一套相应的哲学理论，也许这套理论正是来源于建立共和国的哲学理论体系中。我们是时候共同努力建立一种新的图书信息管理思维，以服务这个由电脑数字革命而建立的信息服务化的新社会了。

# 论蒲鲁东的社会主义

罗伯特·达缅/文* 李志伟/译**

尽管因其造成的善的悲剧,遭受被抛弃的眩晕之苦以及让位的耻辱,社会主义已经被视作过时,今天仍然没有像过去那般理所当然地要求被赋予一定的现代性。不过它仍留有一些大胡子先辈的守护者,在冷笑的积恨中被抛弃,或者被共同的谴责所掩盖:最好的情况是那些可笑的空想主义者(乌托邦主义者),最坏的情况是那些暴力的破坏者(无政府主义者),从而将其从警察国家干预主义者(社会主义者)的水潭中救出。而在这些微不足道的空想家的无稽之谈和疯癫错乱之间,怎样来摆脱这种习惯性的重写,即把最初的法国社会主义者同化成温和友好的疯子?

在这篇简短的文章中,我们的目的不是空幻的平反,而是实在的哲学赋权。通过构成十九世纪法国社会主义的三位先驱作家——圣西门(1760—1825)、傅立叶(1772—1837)和蒲鲁东(1809—1865),我们希望能理出一条有疑问、有收获且独到的脉络,来重新思考未来,尽管他们被那些夸张的说辞而导致其学说名誉扫地——圣西门的"工业技术官僚主义"、傅立叶的"爱的无序"、蒲鲁东的"所有权就是盗窃"或"上帝就是恶"。

通过承担工业经济的"新劳动"(兰波)来完全实现"幸福新解"(圣茹斯特),可以诠释这些奠基者们的抱负:"社会的进步是通过工业的发展和工具的完善来衡量的"(蒲鲁东:《论人类秩序的建立或政治组织的原则》,1843年)。"这些社会主义先驱",即奈瓦尔后来称之为"空想家"的人,不满足于仅凭智力知识所带来的启蒙,因为这种知识脱离了集体的情感、脱离了合唱团演

---

* Robert Damien,1949-2017,法国西巴黎南泰尔大学哲学系教授。

** 李志伟,自由译者。

员般的兄弟热情,而且更与传闻相反,他们也反对空想的乌托邦理想主义。他们希望以彼此不同并且互为竞争的方式,在社会、道德和宗教等所有维度上都置身于由于科学和技术的革命所带来的全新世界的高度之上,来思考全体、个人以及人际的完全解放。他们就如同将各种可能性加以释放而诞生的新世界的"克里斯托夫·哥伦布"(布列东)。

　　面对混乱秩序的不公正,他们并不鼓励通过某种精神的隐退而转变为怀旧的自我封闭,从而沉浸到形而上学的沉思的自在之中,以便发掘善良意识的主观基础。他们的哲学不是为了重新找到某种(普遍的、善的)意志的时效性原则,这些原则能够重新让每个人足以自我限制欲望与既得利益。"凡是道德——道德仅仅只是科学战车的五个车轮之一——独自与恶战斗的地方,都肯定会遭受失败"(傅立叶:《关于四种运动和普遍命运的理论》,1808 年)。蒲鲁东热衷于反对基于深思熟虑的主体的意志主义,他认为这是革命把戏以及善意纠正的源头。"在君主制下,法律是君主意志的体现;在共和国里,法律是人民意志的体现。抛开意志数量的不同,这两个系统是完美一致的;双方的错误都是一样的,即法律是意志的体现,然而,法律应该是对于事实的一种体现。"(《什么是所有权?》,1840 年)

　　根据他们最新的继承者达高涅(François Dagognet)的观点,科学、劳动、社会和宗教应该归入"哲学的方阵"(弗朗索瓦·达高涅,《重温三种哲学》,1997年)。为了形成实践的现象技术认识论,我们在分析中对其加以借鉴:"政治仅是把道德运用到公共事务管理中,因此我们不得不把道德当作社会组织的科学理论,而政治就是这一科学的实践。"(圣西门,《新基督教》,1824 年)蒲鲁东重复地回应:"权力的要素跟代数的是一样的。立法和政府不过是分级和平衡权力的艺术:所有的法律原则都遵循算术法则……政治是一门科学……立法的功能可以归结为对真理的方法论研究。"(《什么是所有权?》)傅立叶彻底地请求通过他自己的"唯一的科学",来进行"宇宙统一性的计算"(《宇宙统一论》,1822 年)。

　　从他们的局限性(布尔乔亚的金钱的封建主义替代了另一种封建主义),他们的原则(个人至上,牺牲大批"无产底层人民"的财产自由),还有他们的方式(既不赞成总是重新返回到原有秩序的起义暴力,也不赞成总是为保守主义辩护的普选制的民主选举),可以找到他们对法国大革命的共同否定:

"人权理论,曾是'法学家们'在一般政治中工作的基础,如今只不过是把高等的形而上学运用到高等的法律原则中。在这里没有必要再重提那些由这一方法所引发的荒谬的思想以及所造成的糟糕后果"(圣西门:《论实业制度》,1821年)。这愚弄大众的人权大革命赋予那些被征服的人特权,他们信奉财产自由,追求分裂的世界,这既非平均主义,也不是友善博爱。而共和主义的价值,在革命所推动的资本主义经济下,也被宣告无效。

反抗这些理想革命者的背叛的斗争,以及为完成共和理想的战斗,有着多种形式,有时是趋同的,通常却是对立的,不过全都灌输到社会思想和法国政治中:中央集权的雅各宾派共和主义(路易·勃朗)、起义激进主义(奥古斯特·布朗基)、议会改良主义(拉马丁)、请愿空想主义(卡贝)、全面社会主义(马龙)等。

通过重建已经被法律规定为自由的、平等的人与人之间本性的新的差异,来摆脱这种排斥、分离、肢解和孤立的恶意倒置,社会主义者(这个词由勒鲁(Leroux)于1833年所造)寄希望于一场二次革命,而又不至于损害这些共和国口号(自由、平等、博爱)中的任何一项。然而在那同一的"原则性去自由主义"(罗桑瓦隆)的基础上,否决各种利益的和谐的神意论,法国社会主义者们,在取道的多样性冲突之外,展开了一项独特的分析,却被马克思主义者的"末世论"很快放弃并马上掩盖,因为这一学说让他们的妥协失效,并奚落他们的改良主义和解(资本/劳动的联合)。

在诊断的统一性下,对欺骗的揭露呈火线之势展开。但是那面对资本财富的"日常的圣巴泰勒米"时厌恶的愤怒,激起了积极补救的意愿,而没有因此陷入那苦行俭朴的乡野田园主义,以及笃信者的清洁派社区主义。他们不再满足那慷慨的慈善救济,这些救济未触动亏损组织的有害方针。

在由生产的工业增长所引起的令人可耻的贫困化面前,不被新卢梭主义的怀旧所迷惑是有某种好处的,这种怀旧主张回归到自然的真实性、并且对技术恐惧。尽管诱惑重重,我们的这些作者却未沉沦于对秘密技术的手工艺或农艺赞美中。如何掌握科学合理性的技术力量,而又不使其导向伴随而来的贫困、失业、侮辱以及依赖?如何通过给生产(production)一个哲学身份来接受制造的科学创造性,以期彻底地改革社会秩序的道德、宗教和艺术基础?面对新工业的造物主的社会,既不求助于存在的可掩盖的形而上学、或基于自律主体的辩解,也不屈从于那些宣告废除过量和滥用的贵族姿态:它以对精神和实体意识的朴素反省来提倡新完美,以期发现"神圣贫穷"的"真实财富",并从原始的庄严朴素中发掘真实的简朴。这就是我们首选的这三位思想家的赌注。

无法摆脱的哄骗将使他们遭受双重的质疑。他们在多年间经历过多种政体(革命共和制,帝国,君主复辟制,君主立宪制,保守共和制,专制共和制,起义共和制等),有时甚至冒着生命危险,他们将保持非政治的持续隐退态度,这不会阻止某些人的出尔反尔(拿破仑一世对圣西门和傅立叶的支持,拿破仑三世对蒲鲁东的支持):代表选举或起义暴乱中的政治调解在最多数情况下都是次要的。他们不过是勉强地参与其中(蒲鲁东1848年被派遣),宣布普选制的民主神话就如同暴力的致命幻想:"我不知道还有什么场面比由本能驱使的平民造成的更令人痛苦"(蒲鲁东:《论革命与教会的公正,实践哲学的新原则》,1858年)。此外,即使是共和主义者,他们也没把国家理想化成通过普通法来建立集体利益的机构。"政府综合"(蒲鲁东)始终是绝对主义一元论的面具,这种一元论将会消除种种矛盾的活力并麻痹团结合作的创造性(《贫困的哲学》,1846年)。

对于国家或议会都不抱有任何幻想(因此他们被错误地同化为无政府主义者),他们努力用行动的实践有效性来实际地从中得出一个建设性的秩序。他们对于技术转变的分析把生产的运用提升为社会联系的源头和资源:协调把不同的参与者集合联系在一起,这一合作是"宗教式"社会的范式,把时效与情感相结合。经济的社会技术秩序是兄弟般凝结的核心。政治和宗教的"组织"的技术性的"生产科学"构成了实践的"理性主权"(souveraineté de la raison)的认识论基石:"人对人的权力是反借鉴于智力发展的……这一权力的可能持续时间或多或少是通过一个真正的政府(以科学为根据的政府)的或多或少普遍意义上的期望的基础上加以计算的,……意志的主权让位于理性的主权,并最终在科学的社会主义中消失。"(蒲鲁东:《什么是所有权?》)

工业提供了一种欧几里得几何式的"基本词汇",用来重写已产生的秩序的综合科技:"创造和建造,就是结合、连接、匹配、建立,派生出工业(industria)和工具(indu-strumentum)的教育(instruere)或教化(industruere),就是在自身之内的组织和机械化"(蒲鲁东:《论革命的公正》)。既然认识就是对转变所需的语言"系列能够加以理解",那么"(即使)最微不足道的行业,只要其中已经有了特殊性和系列,就实质性地包含了整个形而上学,并且可以作为起点和基础,把劳动者的智力提升到抽象和综合的最高形式。"(蒲鲁东:《论秩序的建立》)组织的多元化和规范的经验论都被从动力学观点写进了劳动的进程中。他们把"人剥削人的资本主义政治经济转变为了联邦制的互助论的社会经济"(蒲鲁东:《论联邦原则和大革命党派重组的必要性》,1863年)。不过这一进步的创造性动力只有保持各个组成部分的互为矛盾才得以可能,而并不宣称可以简化为中央集权的调解或者破坏性的暴力。双方都只是导致了退步的"思想洁癖的"分崩离析(蒲鲁东:《战争与和平,关于人权建立原则的研究》,1861年)。反对"伪工业"(1835年),从生命生产科学的几个生成因素开始,傅立叶欣喜若狂地把所有可能的形态创造的组合都结合了起来(《工业和社团的新世界》,1829年)。

劳动的生产革命诞生于工匠(l'homo faber)的加工生产力并受其指导,我们的这几位作者用激动的言语向其致敬,因为它改变了世界,创造了一个新世界,这个新世界幸运地摆脱了与生俱来的"神圣不平等"(圣西门:《论实业制度》,1821年)。存在神学在其神圣不可侵犯的基础上所降福的自然秩序,从技术角度讲被完全改变了。为什么一些人仅仅对其加以利用?而且这一令人耻辱的不平等是通过什么权力来重建分隔,重设特权(圣西门:《实业家问答》,1823年)?怎样来解释这种没收?怎样来解释这种加剧所有人苦难并阻止对一个活力团结的整体的肯定的错误做法?如何理解并接受在占有权的支持下,对自由的公正确认完全变成了对平等的悲剧性否认,并把任何人性的博爱都变得不可能?推行经济个人主义所导致的苦难等社会问题,从根本上看是关于公正秩序的哲学问题,这一秩序是在一个有安排的指导下建立的,而不是靠和谐的天定善意的偶然。

要回答这些问题,需要有一门实践的新哲学,也需要有一种新的哲学实践。不是神学院里的档案保管员,也不是教授,而是我们的三位作者,尽管他们各自的命运完全不同。三个人都是自学成才,都体会过颠沛流离的生活:破产,流放,监禁,处决的威胁,为了维持生计而不得不通过从事多种多样的职业(像傅立叶的商店主,或是蒲鲁东的排字工人),或者进行遭人怀疑的投机冒险(像圣西门倒卖国家财产,蒲鲁东进行投机)。被迫使用这些权宜之计并且从中体会到劳动的艰辛,他们经常从那些把教义变成救世主学说的传教徒那里获得接济以维生,从而形成了他们这些充满激情里面显得疯狂的文字:在这丰富而蓬乱的作品中,把秘密和抨击结合,把妄想与轶闻相联,把细致的研究与论战的斥骂相融,不过也有约略的参考和非常熟悉情况的分析,一直夸大到来自神示的发展和宣布好消息的末世论的语调,同时伴随着无穷尽的列举和耗费心力的分类。

然而,这样一种风格极易受到奚落,并且不能掩盖其本质:将它们集中起来并作为待培养的积极性的载体。通过有分歧甚至有时对立的作品,一个共同的意志终于确定了下来。面对反技术主义的各种诱惑,他们努力负责科学范式的转变,以期建立一种变革行动的认识论。

各方都将宣告废除新笛卡尔主义的固体主义的机械论模型:按照圣西门的观点,那些总是由"法律黄蜂"(frelon légiste)支持的白痴所构想的只是一个这样的宇宙——在一个不变的、轮廓分离的物质上被分裂、固化的个性化宇宙。因此产生了一种鼓励所有者的主观性的二元论个人主义,这种主观性既封闭又排斥除了抽象思想化的形而上学外的任何团体的参与。不同于这种稳固个性化的绝对化,循环的生理模型充当了通向社会运动新表现的跳板。在确实不同的形式下,我们的三位作者,希望建立多中心社会和联邦制度,这些社会和联邦是由劳动中充满活力的关系所改造的,而这些关系又重新赋予了宗教复杂的本体发生联系的原本含义。

他们对组合的痴迷将是通过网状循环原则从而组织起富有吸引力的集合体。他们的目的是不断反对绝对化的二元论:把陆地与天空分开,把真实与理想分开,把自在和自为分开,把财产和劳动分开,把存在和拥有分开,把工业和艺术分开,把社会和宗教分开。为了退出使差异本体化的这些分离的这一暴力对抗,圣西门将增加运河和桥梁的工程(巴拿马,苏伊士),傅立叶则是激情的吸引力,而蒲鲁东是相互合作。通常社会经济的目标就是通过用"社团的"(傅立叶)原动力有条不紊地覆盖所有可能的组成,来促进互惠的创造性联系。道德不应再"是付诸行动的无能儿",而应是在没有镇压式独裁主义和苦行主义暴力的情况下,最大限度地实现所有写进劳动生产力的多元潜力(傅立叶:《宇宙统一论》,1841年)。这些表面上"乌托邦式"的尝试还包括最低工资、相互保险、家庭补助金、单一货币、欧洲议会、职业和继续教育、劳动法、离婚、大众信贷、工人合作社等。对于这些为了得以实现而确实会找到其他同盟的改革，它们改变了世界，对此谁又能提出异议呢？

考虑到那些强加的限制，我们不能走进他们如此多样的不朽作品的结构和细节中。不过至少我们在第一时间提出了问题的认识论统一性。为了发现其中的关联性和现代性，我们将在第二时间优先选择蒲鲁东和他关于交通的工艺革命的分析。如果圣西门自认水路运输的专家，傅立叶自称铁路的发明家，那么蒲鲁东就表现出是一名这方面令人惊叹的行家。他运用自己的"系列辩证法"模型来构建新的社会秩序。在那里，他的"社会主义"表现得有竞争力，反国家，更甚者反自由主义。展现蒲鲁东是因为他之于我们是定义法国社会主义的典型，也是其启发性价值的象征。

对于蒲鲁东而言，生命的活动性和事物的移动、功能的变化和身份的转换是一个有活力的社会的要素："所有折磨社会机体的疾病都与交通功能的停止和紊乱有关。一旦交通没有了，危机便随之产生。"（1848 年六月革命纲领）

关于物质运动机能的问题，尤其是关于铁路交通的问题，从根本上看是一个完全改变人际关系的政治组织的颠覆性政治问题。人只是通过使其多元化的关系的增加而存在的。孤立是堕落，因为它阻绝了可能的发展并局限在一位格的主观性中。自由随运动和相遇的多元化而增加，而交换的技术能力使得运动和相遇易达到："进步的理论，这就是自由的铁路。"（《进步的哲学》，1851 年）

早在 1845 年，在一篇题为《论铁路与水路之间的竞争》的论文中，蒲鲁东就回答了里昂学院的一个问题：对里昂市来说，修建铁路有何利弊？他就"这一不幸的问题"进行了表态。不幸是因为我们从完全的国家变成了完全的私人，不受控也无分寸。然而，因为一条"铁路"，国家刚决定将索恩河和罗纳河的通航水道加倍。这将会给里昂带来什么？"穿越之城，还是遗失之城？"

水路要被封闭吗？即使在那里里昂作为中心城市。或者反过来说，为了重振里昂不需要一条新的莱茵—罗纳运河吗？一条更注重自然、绿化及植被，更遵守季节周期规律性和工人作息的自然节奏的运河。从他发表的第一篇文章开始，蒲鲁东就强调工人每周均衡安排的重要性。在他的《庆祝周日，之于公共卫生、道德、家庭和城邦关系的考虑》（1839 年）一文中，他欢庆星期日停止工作：除了休息外，劳动者还能参加公共精神的节日，从而感知社会整体对个人群体的优先地位。多亏了集体的闲暇,社会健康也得到了政治生活卫生的滋养。蒲鲁东宣布废除经济剥削所要求的星期日的工作。

再者,投入服务并受迫于公共利益和"低廉价格"的破坏性垄断的唯一利益,铁路的建设和运营需要一个"工业的共和化",否则就只能在无政府主义的竞争下自行运作:"私营产业还不懂得在自由市场的竞争中求发展,只知道垄断;不懂在常设并惠及全体的协会中求发展,只知道短暂的投机:私营产业的发展从来只是垮台的前兆。"如何同时兼顾"以最低价提供运输服务的国有企业和投资资本的竞争商业法则"? 在国家"银行自主化(bancocratie)"的庇护下,难道没有权能的倒置来欢庆"农神节"? 这一"职权的篡夺"带来了爆发的危险:"如果看起来完全属于国家法律的东西变成了个人的法律,而政府又只为了私人利益最大化来行事,那么将会发生什么? 这就是说社会关系将被倒转过来:政府不过是一个支持巨大竞争的商业公司,在官员阶级如此之多的今天,就像一家无力偿还债务的股份有限公司,随时面临倒闭。换言之,急需进行一场革命。"

蒲鲁东总是避开冲突性的言辞。只能在工业生产的国有化和无控制的竞争私有化中进行选择吗? 交通运输是公用事业的关键,它不需要"社会主义的无偿"或"共产主义的荒唐",但至少需要"大众的廉价":铁路和水路的关系是一个政治和社会的经济难题,而非商业技术的问题。"如何在我们所处的这个对立的无政府主义的国家中实现这个关于廉价的理想? 如何建立秩序却又不有损自由? 如何让竞争发挥其功效?"

首先从哲学上衡量铁路的革命特点:"铁路同大部分现代发明一样,首先是人道主义的、世界性的和地方分权的。"它的这些特点赋予了它社会政治原则的权力:"铁路消除了间隔,让人之于人是无处不在的;多亏了铁路,我们才能把帕斯卡用来形容宇宙的话拿来形容国家;中心无处不在,边界却无处可寻。它消除并整平了位置和气候的不平等。"

作为谨慎保守的革命者,蒲鲁东不希望破坏经济和社会的组织。相反,他希望加强区域中心之间的社会联系,以期更好地避免君主制和资本主义的中央集权。蒲鲁东坚持交通的"政治本体论"的原则,以揭示革命的组织逻辑:"通过其服务的本质和惊人的发展,铁路涉及各方面并在其中起决定性作用。"它们决定了文明的基础:"经由从运输传播到交易、从工业传播到农业的驱动器,秩序在社会中建立了起来。"

在另一本书《关于铁路运营中的改革及其可能的后果——要么是公司收入的增加,要么是运输成本的减少,车辆运输业的组织,以及社会的经济构成》(1855年)中,他将建立运输物流技术,作为人与人之间、人与物之间关系的首要问题:"车辆运输业,这一美好而伟大的行业,没有它就不会有社会,就不会有人类。"如果"生产就是运动",那么运输方式,"不论理论上还是实践中,都要先于所有行业。它构成了行业的基础、本质和顶点,因此在经济科学中,运输法则比劳动划分法则占有更高的地位。"在交通字典里,铁路是车辆运输系列的联合,从跟在人身后兜售的脚夫开始,然后又随着动物和机械运输发展,最后是备受赞扬的弗朗什-孔泰人的四轮运货车,因为它通过发动机的自主运行把驾驶员和转向系统分开了。

可惜,铁路的现实并没有与其理念相符。它承受着经济和政治的压力,按照君主政治化和垄断资本主义的双重运动,偏离了生产逻辑和革命目标。

一方面,它充当君主制中央集权的雅各宾派的工具:"我们所有的铁路,就像射线一样,从政府中心发散出去……因此,在这条由陆路和水路构成的棋盘形的网络——平均主义联邦网络之上,我们又迭合了一个铁路的专制集权的网,试图使各部门从属于首都,把一个此前还是自由的大民族变成公务员和农奴组成的人民,并且否认那些一般而言最确定的经济科学定律,尤其是有关车辆运输业的。"

另一方面,以反经济自由主义的名义,铁路被以金融利益为主导的大公司所垄断,只为了赚取最大的投机利润,而不是提供公共服务的公共利益:随着"高速火车"的出现,失衡促使了交通的过分运营。"由于不断地对交通进行研究,公司失去了创立时最崇高的视角,即约束国民,通过有节制的交通,在国家中建立经济卫生体系以及正常的生活。由于每一个错误都会引起亏损,它们认为从旅客的过度兴奋中获得的,也会因他们开支的过度而丢失。"这是真实的大灾难,因为这种通过对火车和服务进行分级的运营扩大了阶级间的不平等。"于是我们开设了专列和混合客货列车,资产阶级专列和人民专列……把如此多东西拉平的铁路要成为人之间不平等的新工具了吗?"

这种把中央集权的独裁主义和非竞争的自由主义结合起来的毁灭性逻辑是内在的吗?这种转移能否被巧妙地纠正,以实现铁路革命全方位的充分发展,从而建立一个新的政治和社会文明？要回答这一问题,需要衡量铁路网带来的变革,因为它在一次变革中发生了多次革命:经济的,国家的,商业的,社会的,城市的,政治的,能量的,美学的(《论艺术的原则》,1865 年)。蒲鲁东全部的抱负就是全面推进这一技术革命。

这样我们就发现了蒲鲁东的全部哲学。他反对根据本体论观点把一个因素绝对化以及把一个历史整体实体化,这使得他主张那些对立因素的平衡组合(没有劳动也就没有资本,没有资本也就没有劳动)。为了灵活地做出和谐的布局,总是需要辩证地建立对立者的联邦并利用进步的追溯力。他关于流通以及他们的革命动力方面的工作就是一个很好的例证。

如今,为了取得正经历的技术经济革命的胜利,我们难道不该重读圣西门、傅立叶、蒲鲁东吗？法国社会主义难道不能从中找到政治哲学的积极的源头和资源吗？

附：

# Proudhon ou de quoi le socialisme est-il le nom?

Robert Damien①

Le socialisme dépassé, soumis au vertige de l'abandon et conduit aux abdications honteuses par les tragédies du bien qu'il a générées, est désormais sans passé dignement revendicable pour une modernité. Lui demeurent quelques figures tutélaires d'ancêtres barbus, abandonnés sous une rancune ricanante ou recouverts d'une commune opprobre : au mieux des rêveurs dérisoires ( des utopistes ), au pire des destructeurs violents ( des anarchistes ) sauvés des eaux par des étatistes policiers ( socialistes ). Comment échapper à cette réécriture convenue qui, entre billevesées et vésanies de piètres rêveurs, assimilent les premiers socialistes français à quelques doux dingues sympathiques?

Notre but dans cette courte note n'est pas de vaine réhabilitation mais de réelle habilitation philosophique. A travers trois auteurs phares constitutifs du socialisme français du XIXe siècle ( Saint-Simon 1760 – 1825, Fourier 1772 – 1837, Proudhon 1809 – 1865 ), enfouis sous des formules caricaturales ( la "technocratie industrielle" pour Saint-Simon, le " désordre amoureux " pour Fourier, " la propriété, c'est le vol " ou " Dieu, c'est le mal " pour Proudhon ) qui discréditent leurs lectures, nous souhaitons dégager une lignée problématique, fructueuse et originale pour repenser l'histoire d'un avenir.

Réaliser pleinement " l'idée neuve du bonheur " ( Saint-Just ) en assumant " le travail nouveau " ( Rimbaud ) de l'économie industrielle, telle peut se définir

---

① Robert Damien, 1949–2017, il a été Professeur de philosophie politique à l'Université Paris Ouest Nanterre.

l'ambition de ces fondateurs : " le progrès de la société se mesure par le développement de l'industrie et par la perfection des instruments " ( Proudhon, *De la création de l'ordre dans l'humanité ou Principes d'organisation politique*, 1843 ). Des " illuminés " dira Nerval pour qualifier " ces précurseurs du socialisme " qui ne se satisfont pas d'éclairer par les " lumières " d'un savoir intellectuel, coupé du sentiment communautaire et des enthousiasmes acteurs de la fraternité chorale mais récusent tout autant contrairement à la légende, l'idéalisme utopique des rêveries. Ils veulent, sous des formes différentes et parfois concurrentes, penser la plénitude d'une libération plénière, intra et interhumaine à la hauteur du monde nouveau généré par la révolution scientifique et technique de toutes ces dimensions sociales, morales et religieuses. Des " Christophe Colomb " ( Breton ) d'un nouveau monde né de la délivrance des possibles.

Devant l'injustice du désordre, ils n'invitent pas au repli nostalgique d'une retraite spirituelle pour creuser dans l'en soi des méditations métaphysiques, les fondements subjectifs d'une ( bonne ) conscience. Leur philosophie n'a pas pour but de retrouver les principes prescriptifs d'une ( bonne ) volonté ( générale ) capable de rendre à nouveau chacun capable de s'autolimiter dans ses désirs et ses acquis : " partout où la morale, cinquième roue du char dans le corps des sciences, combattra seule contre un vice, on est assuré de sa défaite " ( Fourier, *Théorie des quatre mouvements et des destinées générales*, 1808 ). Proudhon s'acharnera contre le volontarisme d'un sujet bien-pensant, il y voit la source de la mystification révolutionnaire comme de ses rectifications charitables : " Sous une monarchie, la loi est l'expression de la volonté du roi ; dans une république, la loi est l'expression de la volonté du peuple. A part la différence dans le nombre des volontés, les deux systèmes sont parfaitement identiques ; de part et d'autre, l'erreur est égale, savoir que la loi est l'expression d'une volonté tandis qu'elle doit être l'expression d'un fait " ( *Qu'est-ce que la propriété?* 1840 ).

Science, travail, société et religion doivent s'inscrire dans un " carré philosophique " selon les termes de leur dernier héritier dont nous nous inspirons dans notre analyse ( François Dagognet, *Trois philosophies revisitées*, 1997 ) pour constituer une épistémologie phénoménotechnique de la pratique : " la politique ne doit pas être autre chose que l'application de la morale à l'administration des affaires publiques, ainsi l'on doit considérer la morale comme la théorie scientifique de l'organisation sociale et la politique comme la pratique de cette science" ( Saint-Simon, *Le nouveau christianisme*, 1824 ). A quoi répond en écho Proudhon : " les éléments du droit sont les mêmes que ceux de l'algèbre ; la législation et le gouvernement ne sont autre chose que l'art de faire des classifications et d'équilibrer des puissances : toute la jurisprudence est dans les règles de l'arithmétique... La politique est une science... La fonction du législateur se réduit à la recherche méthodique de la vérité" ( *Qu'est-ce que la propriété?* ). Fourier radicalement revendiquera d'effectuer par sa " science unique", " le calcul de l'unité universelle" ( *Traité de l'unité universelle*, 1822 ).

D'où leur commune récusation de la Révolution Française dans ses limites ( une féodalité bourgeoise de l'argent remplace l'autre ), ses principes ( la primauté d'un sujet individuel, libre de ses propriétés au détriment d'une masse " d'ilotes prolétaires" ) comme dans ses moyens ( ni la violence émeutière des insurrections qui réactive toujours l'ordre établi ni l'élection démocratique du suffrage universel qui légitime toujours le conservatisme ). " La théorie des droits de l'homme qui a été la base de tous les travaux des ( légistes ) en politique générale n'est autre chose qu'une application de la haute métaphysique à la haute jurisprudence. Il est inutile de rappeler ici les idées absurdes que cette méthode a engendrées et les déplorables conséquences pratiques qui en ont résulté" ( Saint-Simon, Le *système industriel*, 1821 ). La mystifiante Révolution des droits de l'homme privilégie les conquêtes d'un sujet libre propriétaire, générateur d'un univers divisé, ni égalitaire ni fraternel. Les valeurs républicaines se trouvent invalidées par l'économie capitaliste que la révolution a propulsée.

La lutte indignée contre cette trahison des idéaux révolutionnaires et le combat pour l'accomplissement des promesses républicaines prendront plusieurs formes parfois convergentes souvent antagonistes mais qui toutes irrigueront la pensée sociale et politique française : un républicanisme jacobin et centralisateur ( Louis

Blanc), un radicalisme insurrectionnel (Auguste Blanqui), un réformisme parlementaire (Lamartine), un utopisme revendicateur (Cabet), un socialisme intégral (Malon) etc.

Pour échapper à cette inversion maligne qui exclut et sépare, mutile et isole en rétablissant de nouvelles différences de nature entre des hommes pourtant décrétés libres et égaux, les socialistes (le mot est créé en 1833 par Leroux) en appelleront à une deuxième révolution qui ne sacrifie pas l'un des termes de la devise républicaine. Mais sur la base d'un identique " illibéralisme principiel " (Rosanvallon) qui récuse tout providentialisme harmonique des intérêts, les socialistes français, par-delà la multiplicité conflictuelle des voies empruntées, développent une analyse spécifique trop vite abandonnée et rapidement recouverte par " l'es/cathologie " marxiste qui disqualifie ses compromissions et ridiculise ses accommodements réformistes (l'association capital/travail).

Sous l'unité d'un diagnostic, se développe en des traits de feu la dénonciation d'une imposture. Mais la rage d'un écœurement devant les " Saint-Barthélemy quotidiennes " de la richesse capitaliste arme la volonté d'une remédiation positive sans pour autant tomber dans le bucolisme champêtre de la frugalité ascétique ni le communautarisme cathare des purs. Ils ne se satisfont pas non plus des assistances charitables de la générosité qui laisse intacte les principes nocifs d'une organisation déficitaire.

Devant la paupérisation scandaleuse induite par l'augmentation industrielle des productions, il y a quelque mérite à ne pas céder aux sirènes technophobiques du retour nostalgique néo-rousseauiste à l'authenticité naturelle. Nos auteurs ne sombreront pas, malgré les tentations, dans l'éloge artisanal ou agraire d'un savoir-faire secret. Comment prendre en charge la puissance technique de la rationalité scientifique sans autoriser ses dévoiements de la misère et du chômage, de l'humiliation et de la dépendance qui lui font cortège? Comment assumer l'inventivité scientifique de la fabrication en conférant un statut philosophique à la production tout en rénovant radicalement les bases morales, religieuses et artistiques de l'ordre social? Affronter la société démiurgique de l'industrie nouvelle sans recourir à une métaphysique catacombale de l'être ou à une apologie de la subjectivité autonome ni céder aux postures nobles de la dénonciation des excès et abus : elle incite les nouveaux parfaits au repli frugal sur la conscience spirituelle et substantielle retrouvant " des vraies richesses " d'une " sainte pauvreté " et invitant à l'authentique simplicité de l'austérité primitive. Telle est la gageure des trois penseurs que nous privilégions.

La hantise des mystifications alimentera chez eux une double méfiance. Ayant traversé, en quelques années et souvent au péril de leur vie, plusieurs régimes ( République révolutionnaire, Empire, Restauration monarchique, Monarchie constitutionnelle, République conservatrice, autoritaire, insurrectionnelle etc.), ils entretiendront un constant retrait apolitique qui n'interdira pas certaines palinodies ( Saint Simon et Fourier, soutiens de Napoléon I, Proudhon attiré par Napoléon III) : la médiation politique, qu'elle procède de l'élection représentative ou de l'émeute insurrectionnelle est le plus souvent secondarisée. Ils n'y participent qu'à leur corps défendant ( Proudhon député en 1848) et dénoncent la mythologie démocratique du suffrage universel comme l'illusion mortifère des violences : " je ne connais pas de spectacle plus affligeant que celui d'une plèbe, menée par ses instincts " ( Proudhon, La *justice dans la Révolution et dans l'Eglise*, *nouveaux principes de philosophie pratique*, 1858 ). Par ailleurs ils n'idéalisent pas l'Etat, fut-il républicain, comme instance de construction de l'intérêt collectif par l'instrument de la loi commune. La " synthèse gouvernementale " ( Proudhon) est toujours le masque d'un monisme absolutiste qui neutralise le dynamisme des contradictions et paralyse l'inventivité des coopérations solidaires( *Systèmes des contradictions économiques ou philosophie de la misère*, 1846 ).

Sans illusion étatique ou parlementaire ( d'où leur assimilation trompeuse à l'anarchisme), ils s'ingénieront à investir l'effectivité pratique des actions pour en dégager concrètement un ordre constructible. Leur analyse des transformations techniques promeut l'application productive comme source et ressource du lien social : la coordination associe et relie les différents acteurs, cette coopération est le paradigme d'une société " religionnaire " qui lie l'effectif et l'affectif. L'ordre sociotechnique de l'économie est le cœur d'une concrétion fraternelle. La " science de la production " technologique et de " l'organisation " politique et religieuse constitue le socle épistémologique d'une " souveraineté de la raison " pratique : " l'autorité de l'homme sur l'homme est en raison inverse du développement intellectuel...et la durée probable de cette autorité peut être calculée sur le désir plus ou moins général d'un gouvernement vrai c'est-à-dire d'un gouvernement selon la science...La souveraineté de la volonté cède devant la souveraineté de la raison et finira par s'anéantir dans un socialisme scientifique " ( Proudhon, *Qu'est-ce que la propriété?* ).

L'industrie fournit " l'alphabet " des éléments euclidiens d'une réécriture polytechnique de l'ordre produit : " de même que créer ou construire est joindre, lier, unir, égaler, dresser, *instruere* ou *industruere* d'où *industria*, *indu-strumentum*, organiser, machiner, au dedans de soi-même " ( Proudhon, *De la justice dans la Révolution* ). Connaître étant " avoir l'intelligence de la série " des langages nécessaires de la transformation, " le moindre des métiers, pourvu qu'il y ait en lui spécificité et série, renferme en substance toute la métaphysique et peut servir de point de départ et de rudiment pour élever l'intelligence du travailleur aux plus hautes formules de l'abstraction et de la synthèse " ( Proudhon, *De la création de l'ordre* ). Pluralisme organisateur et empirisme normatif sont inscrits dynamiquement dans le processus du travail. Ils transforment l'économie politique capitaliste de " l'exploitation de l'homme par l'homme en économie sociale mutualiste et fédéraliste " ( Proudhon *Du principe fédératif et de la nécessité de reconstituer le parti de la Révolution*, 1863 ). Mais cette dynamique inventive du progrès n'est possible qu'à maintenir les contradictions compositionnelles sans prétendre les réduire par conciliation unitaire ou violence destructrice. L'une et l'autre n'aboutissent qu'à la désintégration " idéomaniaque " d'un regret ( Proudhon, *La guerre et la paix, recherche sur le principe de la constitution du droit des gens*, 1861 ). Contre la " *Fausse industrie* " ( 1835 ), Fourier, avec une folle jubilation, conjuguera la combinatoire morphocréatrice de tous les possibles à partir des quelques éléments générateurs d'une science productive de l'être ( *Le nouveau monde industriel et sociétaire*,

1829).

La révolution productive du travail née dans et par la productivité manufacturière de l'*homo faber* que nos auteurs saluent en des termes exaltés, transforme le monde et générer un nouveau monde heureusement libéré des "saintes inégalités" de la naissance (Saint-Simon, *Le système industriel*, 1821). L'ordre naturel que l'ontothéologie bénit en ses fondements inviolables, se trouve techniquement métamorphosé. Pourquoi quelques-uns seulement en profitent et de quel droit cette inégalité humiliante qui rétablit les divisions et refonde les privilèges? (Saint-Simon, *Le catéchisme des industriels*, 1823) Comment rendre raison de cette confiscation et de ce dévoiement qui augmente la misère de tous et interdit l'affirmation d'une totalité dynamique et solidaire? Comment comprendre et admettre que la juste affirmation de la liberté sous l'égide de la puissance possessive se métamorphose en négation tragique de l'égalité et rende impossible toute humanité fraternelle? La question sociale de la misère asservie par la promotion de l'individualisme économique est en son fond la question philosophique de l'ordre juste à réaliser par une direction ordonnatrice contre le hasard d'une bienveillance providentiellement harmonique.

Répondre à de telles questions requiert une nouvelle philosophie de la pratique et une nouvelle pratique de la philosophie. Non pas des archivistes séminaristes et pas encore des professeurs. Nos trois auteurs aux destins si contrastés y pourvoient. Tous trois autodidactes connaîtront des existences fracturées. Ruinés, exilés, emprisonnés, menacés d'exécutions, ils seront contraints de gagner leur vie en pratiquant de multiples métiers (sergent de boutique pour Fourier ou ouvrier-typographe pour Proudhon) ou en s'engageant dans des aventures douteuses (rachat des biens nationaux pour Saint-Simon, spéculation pour Proudhon). Condamnés aux expédients et connaissant de l'intérieur la misère du travail, ils subsisteront souvent grâce aux soutiens de disciples missionnaires qui transforment la doctrine en Ecole messianique. D'où une écriture exaltée et parfois furieuse, mêlant dans des œuvres foisonnantes et hirsutes, les confidences et les diatribes, les délires et les anecdotes, les examens minutieux et les invectives polémiques. Mais aussi des références approximatives et des analyses très informées, des développements amplifiés jusqu'à l'oraculaire et un ton d'apocalypse pour annoncer la bonne nouvelle mêlée à des énumérations inépuisables et des classifications épuisantes.

Mais ce style trop facilement ridiculisé ne doit pas masquer l'essentiel qui les rassemble et demeure encore porteur d'une positivité à cultiver. A travers des œuvres divergentes et parfois antithétiques, une commune volonté se repère. Contre les diverses tentations de l'antitechnicisme, ils s'ingénient à prendre en charge un changement de paradigme scientifique pour constituer une épistémologie de l'action transformatrice.

Les uns et les autres dénonceront le modèle mécanique du solidisme néocartésien : les brutiers toujours soutenus selon Saint-Simon par les " frelons légistes " ne conçoivent qu'un univers morcelé, solidifié, individualisé dans une sub-stance immuable et séparée dans ses contours propres. D'où un individualisme dual-iste qui promeut une subjectivité propriétaire, enclose et exclusive de toute partici-pation communautaire hormis une métaphysique abstraite et idéalisée. Contre cette absolutisation de l'individuation solide, le modèle physiologique de la circulation sert de tremplin à une nouvelle représentation du mouvement social. Sous des formes certes différentes, nos trois auteurs voudront construire des sociétés pluricentrées et des systèmes fédératifs, régénérés par les liaisons vitalisantes du travail qui redonnent à la religion son sens premier de liens multiples et ontogéniques.

Leur obsession combinatoire sera d'organiser des ensembles attractifs aimantés par un principe de circulation réticulaire. Leur but est de constamment refuser les dualismes absolutisés qui séparent le terrestre et le céleste, le réel et l'idéal, l'en soi et le pour soi, la propriété et le travail, l'être et l'avoir, l'industrie et l'art, le social et le religieux. Pour évacuer l'antagonisme violent des séparations qui ontologisent les différences, Saint Simon multipliera les projets de canaux et de ponts ( Panama, Suez ), Fourier les attractions passionnelles, Proudhon les coopérations mutuelles. Toujours l'objectif socioéconomique est de favoriser les relations créatrices de

réciprocité en couvrant systématiquement toutes les compositions possibles d'un dy-
namisme"sociétaire"(Fourier).La morale ne doit plus"être l'impuissance mise en
action"mais la réalisation maximisée de tous les potentiels pluriels inscrits dans la
productivité du travail sans autoritarisme répressif ni violence ascétique(Fourier,
*Théorie de l'unité universelle*, 1841). Restent de ces tentatives apparemment
"utopiques", le minimum salarial, les assurances mutuelles, les allocations famil-
iales, la monnaie unique, le parlement européen, la formation professionnelle et
continue, le droit au travail, le divorce, le crédit populaire, les coopératives
ouvrières etc.Qui contestera que ces réformes, qui certes trouveront d'autres alliés
pour se concrétiser, ont transformé le monde?

Compte-tenu des limites imposées, nous ne pouvons rentrer dans l'architecture
ni le détail de ses œuvres monumentales et tellement diversifiées.Du moins dans un
premier temps avons-nous montré l'unité épistémologique d'une problématique.Pour
en découvrir la pertinence et la modernité, nous privilégierons dans un deuxième
temps Proudhon et ses analyses de la révolution technologique des circulations.Si
Saint Simon se revendique le spécialiste du transport navigable et Fourier se
déclare l'inventeur du chemin de fer, c'est Proudhon qui s'en révèle un étonnant
spécialiste.Il y applique son modèle de"dialectique sérielle"pour en dégager le
nouvel ordre social.Son"socialisme"s'y affirme concurrentiel et antiétatique mais
plus encore antilibéral.Montrons le car il nous semble exemplaire de ce qui qualifie
le socialisme français et symbolique de sa valeur heuristique.

Pour Proudhon, la mobilité des êtres et le déplacement des choses, la
métamorphose des fonctions et l'échange des identités sont les clefs d'une société
dynamique:"*Toutes les maladies qui affligent le corps social peuvent se rapporter à
la cessation, à un trouble de la fonction circulatoire.La circulation est nulle.Voilà la
crise*"(Programme révolutionnaire de Juin 1848).

La question de la motricité matérielle et plus particulièrement de la circulation
ferroviaire est en son fond une question politique subversive qui métamorphose
l'organisation politique des rapports interhumains.L'être humain n'existe que par
l'augmentation des relations qui le pluralisent. L'isolement est perdition car il

stérilise les développements du possible et enferme dans une subjectivité hypostasiée. La liberté s'augmente par la pluralité des mouvements et rencontres rendus accessibles par la puissance technique des échanges : *"la théorie du progrès c'est le chemin de fer de la liberté"* ( Philosophie *du progrès* , 1851 )

Dès 1845 dans un mémoire intitulé *"De la concurrence entre les chemins de fer et les voies navigables"* , Proudhon répondra à une question de l'Académie de Lyon : quels sont les avantages et les inconvénients qui peuvent résulter pour la ville de Lyon de l'établissement des chemins de fer? Il prend partie sur "cette malheureuse question". Malheureuse car on est passé du Tout Etat au tout privé sans contrôle ni mesure. Or l'Etat vient de décider le doublement de la voie navigable par la Saône et le Rhône grâce à un " rail-way ". Qu ' en résultera-t-il pour Lyon?" Ville traversée , ville perdue" ?

La voie navigable est-elle condamnée et par là même Lyon comme ville centrale ou au contraire ne faut-il pas un nouveau canal Rhin-Rhône pour revitaliser Lyon? Un canal plus respectueux d'une nature , de ses boisements comme de ses végétations , de la régularité périodique des saisons comme du rythme naturel des travaux et des repos de l'ouvrier. Dès son premier texte publié , Proudhon insistera sur l'importance d'une organisation équilibrée de la semaine pour les travailleurs. Dans sa *"Célébration du dimanche considérée sous les rapports de l'hygiène publique , de la morale , des relations de famille et de cité"* ( 1839 ) , il célébrera la fériation dominicale : outre le repos , le travailleur peut participer aux fêtes de l'esprit public et percevoir ainsi la primauté du tout social sur l'agrégat des individus. Grâce au loisir du collectif , se cultive ainsi une santé sociale irriguée par une hygiène de vie politique. Proudhon dénoncera le travail du dimanche réclamée par l'exploitation économique.

Plus encore , mis au service et commandé par le seul intérêt des monopoles destructeurs de l'intérêt public et "du bon marché" , l'établissement des chemins de fer et leur exploitation requièrent une "républicanisation de l'industrie" sinon la régulation s'opérera d'elle-même par la concurrence anarchique : "l'industrie privée ne sait encore produire par la concurrence au lieu du bon marché que le monopole , au lieu d'associations permanentes et profitables à tous que des coalitions passagères: le développement de l'industrie privée n'est jamais que le signe avant-coureur d'une déroute". Comment concilier à la fois l'Etat "entrepreneur de services véhiculaires au plus bas prix et la loi du commerce concurrentiel du capital investi"? N'y a-t-il pas là inversion de compétence sous l'égide d'une "bancocratie" étatique qui fête ses "saturnales"? Cette "usurpation des attributions" alimente le risque d'explosion: "qu'arriverait-il si ce qui semblait devoir être exclusivement la loi de l'Etat devenait la loi des particuliers pendant que le gouvernement se conduirait par les maximes de l'intérêt privé? C'est que les rapports sociaux seraient intervertis: le gouvernement ne serait plus qu'une maison de commerce soutenant une concurrence immense, la classe officielle aujourd'hui si nombreuse, une société anonyme en déconfiture et une faillite c'est-à-dire une révolution serait imminente".

Proudhon constamment refuse les termes du conflit. Le choix est-il entre une étatisation de la production industrielle et une privatisation concurrentielle sans contrôle? Le transport est enjeu d'utilité publique qui exige non pas "la gratuité socialiste" ou le "non-sens communiste" mais du moins "le bon marché populaire": le rapport Chemin de fer/Voie navigable est un problème d'économie politique et sociale et non de technique commerciale. "Comment réaliser cette utopie du bon marché dans l'état d'antagonisme et d'anarchie où nous sommes? Comment établir l'ordre sans compromettre la liberté? Comment rendre à la concurrence son efficacité?"

D'abord en prenant philosophiquement mesure du caractère révolutionnaire des chemins de fer: "le chemin de fer comme la plupart des inventions modernes est par-dessus tout humanitaire, cosmopolite et décentralisateur". Ces caractères propres lui confèrent la puissance d'un principe sociopolitique: "les chemins de fer suppriment les intervalles, rendent les hommes partout présents les uns chez les autres: grâce à lui on pourra dire d'un Etat ce que Pascal disait de l'univers; le centre est partout et la circonférence nulle part. Il efface et nivelle toutes les inégalités de position et de climat".

Proudhon, le révolutionnaire prudent et conservateur ne veut pas d'une destruction du tissu économique et social. Au contraire, il veut renforcer les liens sociaux entre les centres régionaux pour mieux éviter la centralisation monarchique et capitaliste. Proudhon s'élève aux principes d'une "ontologie politique" de la circulation afin de dégager les logiques ordonnatrices d'une révolution : "les chemins de fer, par la nature de leur service et par leur prodigieux développement, touchent à tout et décident de tout". Ils déterminent les assises de la civilisation : "l'ordre se produit dans la société par l'organe locomoteur qui se communique du transport à l'échange, de l'industrie à l'agriculture".

Dans un autre livre "*Des réformes à opérer dans l'exploitation des chemins de fer et des conséquences qui peuvent en résulter, soit pour l'augmentation du revenu des compagnies, soit pour l'abaissement du prix des transports, l'organisation de l'industrie voiturière, et la constitution économique de la société*" (1855), il érigera la technique logistique des transports en cause première des rapports des hommes entre eux et avec les objets : "l'industrie voiturière, cette belle et grande industrie sans laquelle il n'y aurait pas de société, il n'y aurait pas d'humanité". Si "produire c'est mouvoir", alors le mode de transport "précède, dans la théorie comme dans la pratique, toutes les industries; il en forme la base, l'essence et le faîte, et ainsi la loi du transport occupe dans la science économique un rang supérieur à celui de la division du travail". Dans l'alphabet de la circulation, le chemin de fer est une conjugaison de la série voiturière qui s'inaugure avec le porte-faix du colportage à dos d'homme puis se poursuit avec le roulage animalier et machinique pour aboutir au chariot franc-comtois magnifié car il sépare le conducteur de la direction en autonomisant le moteur.

Hélas, le chemin de fer n'a pas la réalité conforme à son concept, il est soumis à des pressions économiques et politiques qui le détournent de sa logique productive et de ses finalités révolutionnaires selon un double mouvement de politisation monarchique et de capitalisme monopolistique.

D'une part, il fonctionne comme un instrument jacobin de centralisation monarchique : "tous nos chemins de fer, comme autant de rayons, partent du centre du gouvernement... Ainsi, sur le réseau en échiquier, réseau fédératif et égalitaire, des routes de terre et des voies navigables, est venu se superposer le réseau monarchique et centralisateur de chemins de fer, tendant à subalterniser les départements à la capitale, à faire d'une grande nation, jusqu'alors libre, un peuple de fonctionnaires et de serfs, et à donner le démenti aux lois les plus certaines de la science économique en général, et en particulier de l'industrie voiturière".

D'autre part, au nom d'un libéralisme anti-économique, le chemin de fer a été livré aux monopoles des grandes compagnies dominées par l'intérêt financier au plus fort gain spéculatif et non par l'utilité publique du service commun: déséquilibre qui pousse à l'exploitation exagérée du trafic grâce aux "trains à grande vitesse": "à force de chercher le trafic, les compagnies perdent de vue le côté le plus noble de leur institution, qui est de discipliner la nation, de créer dans le pays, par une circulation mesurée, l'hygiène économique, la vie normale. Et comme toute erreur engendre déficit, ce qu'elles croient gagner par cette surexcitation voyageuse, elles le perdent par l'exagération de leurs frais". Véritable apocalypse car cette exploitation augmente l'inégalité des classes en hiérarchisant les trains et les services: "c'est ainsi qu'on a fait des trains spéciaux et des trains mixtes, des trains pour la bourgeoisie et des trains pour le peuple...Les chemins de fer qui nivellent tant de choses seraient-ils l'instrument nouveau d'inégalité parmi les hommes?".

Cette logique destructrice qui associe l'autoritarisme centralisé et le libéralisme non concurrentiel est-elle intrinsèque? Ce détournement peut-il être rectifiée habilement de façon à accomplir la plénitude de la révolution ferroviaire dans toutes ses dimensions homogènes pour créer une nouvelle civilisation politique et sociale? Pour répondre à cette question, il faut prendre la mesure des transformations entraînées par le réseau ferroviaire qui fait s'accomplir plusieurs révolutions en une: économique, étatique, commerciale, sociale, urbaine, politique, énergétique, esthétique (*Du principe de l'art*, 1865). Toute l'ambition de Proudhon est de promouvoir cette technorévolution dans toutes ses dimensions.

On retrouve là toute la philosophie de Proudhon. Son refus d'absolutiser ontologiquement un élément et de substantialiser un ensemble historique lui fait prôner des compositions équilibrées des contraires(pas de capital sans travail ni de capital sans travail). Pour conduire avec souplesse une ordonnance harmonique, toujours il faut dialectiquement construire l'association fédérative des antagoniques et utiliser la puissance rétroactive des progrès. Son travail sur les circulations et leurs dynamiques révolutionnaires nous en fournit une remarquable illustration.

Pour maîtriser la révolution technoéconomique que nous vivons aujourd'hui, nedevons-nous pas relire Saint Simon, Fourier, Proudhon? Le socialisme français n'y retrouverait-il pas les sources et ressources positives d'une philosophie politique?

# 征稿启事

　　《法兰西思想评论》(*Etudes de la pensée française*)是由上海交通大学欧洲文化高等研究院主办,并由上海交通大学"985"工程"文科科研项目基金"和"精裕人文基金"资助的开放性中法双语研究论坛和交流平台,从2004年到2010年曾经由同济大学出版社连续出版6卷,从2011年至今,改由人民出版社按年度出版,针对法国思想文化的不同专题、思想家、历史事件及文化成果进行深度研究,南京大学中国社会科学研究评价中心已将本刊收录为《中文社会科学引文索引》(CSSCI)来源集刊。

　　每期集刊一般包括一至两个专题,汇集若干文章,围绕某位思想家或者某一主题展开讨论。在专题之外,也将收录其他文章,从而尽可能全面和深入地反映法国思想的多样性和丰富性。本刊以哲学类论文为主,兼收社会学、人类学、历史学、宗教学、心理学、精神分析学、文学理论、文学批评、艺术理论、电影理论等人文学科的论文。要求来稿具有较强的思想性、学术性、原创性。热诚欢迎各方学者投稿。

　　稿件要求:中文论文通常以1—2万字为宜(特殊情况可酌情处理),法文或英文论文通常以不超过75000字符为宜。另附中文提要。书评,以5千字至8千字为宜,书评的对象著作应为法国近年出版且具有较高学术价值的著作。本刊接受译文,要求提供原文。

　　来稿三个月未获通知,作者可自行处理稿件。

编辑部:
主编:高宣扬
执行主编:姜丹丹　邓　刚
编辑:姜丹丹　邓　刚　洪　琼　蒋　阳　曾　怡

投稿信箱:jiangdandancn@ 126. com;dengphilo@ 126. com

关于本刊最新动态,请关注上海交通大学欧洲文化高等研究院网站: http://iasec.sjtu.edu.cn

# Appel à la contribution

## La revue *Etudes de la pensée française*

*Etudes de la pensée française* est une revue bilingue ( chinois/français ) , publiée annuellement en deux numéros par l'Edition du Peuple à Pékin et édité par l'*Institute for avanced study of European Culture*, Shanghai Jiao Tong Université. Elle contribue au progrès de la connaissance de la pensée française en Chine. La revue est fondée en 2004 sur l'initiative de Monsieur GAO Xuan Yang.

La revue publie des articles qui contribuent au progrès de la connaissance dans tous les domaines de la pensée française, y compris la philosophie, la sociologie, l'économie, la politologie, l'anthropologie, la critique et la théorie littéraire, l'esthétique, la psychologie, la psychanalyse, etc. Les manuscrits seront séléctionnés uniquement en fonction de leur qualité. Elle ne fait la promotion d'aucune école, doctrine ou méthodologie et a pour seul souci de contribuer à stimuler des recherches de la pensée française. La revue publie aussi des comptes rendus sur des ouvrages importants qui sont récemment parus en France.

Chaque numéro de la revue comporte des dossiers spéciaux, consacrés sux sujets, ou aux auteurs majeurs, et un varia, dans lequel l'on recuille des articles qui portent sur la variété de la pensée française et, enfin des «comptes rendus» qui portent sur des ouvrages scientifiques récemment parus révélant le nouvel aspect du développement de la pensée française.

### La soumission des manuscrits

Les articles n'excèdent pas 75 000 caractères ( espaces compris ) , et visent à la discussion, l'élucidation, la défense et/ou l'examen critique de thèses ou de doctrines philosophiques spécifiques. Les comptes rendus n'excèdent pas 15 000 caractères (espaces compris), et proposent une brève appréciation du contenu de publications philosophiques récentes.

Les manuscrits peuvent être soumis en français, en anglais ou en chinois. Ils sont accompagnés de deux résumés en français et en anglais, dont chacun n'excédant pas 1. 000 caractères (espaces compris).

## Sélection des manuscrits pour publication

À l'exception des comptes rendus, tous les manuscrits soumis aux *Etudes de la pensée française* sont évalués par au moins deux experts compétants. La période d'évaluation ne dépasse normalement pas trois mois. Suite à l'acceptation de son texte, l'auteur en envoie une version définitive conforme aux directives. Chaque auteur reçoit deux exemplaires du numéro où il est publié.

Veuillez faire parvenir vos manuscrits à l'adresses suivantes :

Madame JIANG Dandan : jiangdandancn@ 126. com

Monsieur DENG Gang : dengphilo@ 126. com

Pour des informations de la revue, voir le site de *Institute for advanced study of European culture* : http://iasec.sjtu.edu.cn

责任编辑:洪　琼

**图书在版编目(CIP)数据**

法兰西思想评论.2018/高宣扬 主编. —北京:人民出版社,2021.9
ISBN 978－7－01－023450－2

Ⅰ.①法…　Ⅱ.①高…　Ⅲ.①哲学-法国-文集　Ⅳ.①B565.5-53

中国版本图书馆 CIP 数据核字(2021)第 101138 号

**法兰西思想评论·2018**
FALANXI SIXIANG PINGLUN·2018

高宣扬　主编

人民出版社 出版发行
(100706　北京市东城区隆福寺街 99 号)

北京中科印刷有限公司印刷　新华书店经销

2021 年 9 月第 1 版　2021 年 9 月北京第 1 次印刷
开本:710 毫米×1000 毫米 1/16　印张:17
字数:250 千字

ISBN 978－7－01－023450－2　定价:69.00 元

邮购地址 100706　北京市东城区隆福寺街 99 号
人民东方图书销售中心　电话 (010)65250042　65289539